OEUVRES COMPLÈTES

DE

F. DE LA MENNAIS.

TOME V.

PARIS. — IMPRIMERIE DE BRUN, PAUL DAUBRÉE ET Cie,
Rue du Mail, 5.

OEUVRES COMPLÈTES

DE

F. DE LA MENNAIS.

TOME V.

DÉFENSE

DE L'ESSAI SUR L'INDIFFÉRENCE

EN MATIÈRE DE RELIGION.

Magna vis est veritatis, quæ cum per se intelligi possit, per ea tamen ipsa quæ ei
adversantur, elucet ; ut immobilis ma-
nens, firmitatem animæ suæ, dum atten-
tatur, acquirat.

S. HILAR., *Pictav. de Trinit.*, l. VII.

PARIS,

PAUL DAUBRÉE ET CAILLEUX, ÉDITEURS,

RUE VIVIENNE, N° 17.

1836-1837

PRÉFACE

L'incrédulité fut le caractère du dernier siècle; le nôtre est le siècle du doute. La raison, épuisée par un long combat contre la foi, n'a pas même la force de nier. Elle se défie également de la vérité et de l'erreur; et parmi les hommes qui ne sont pas chrétiens, ce n'est plus la persuasion, mais les convenances et les intérêts qui déterminent

les opinions, et celles même qu'on défend
avec le plus de chaleur. On vit dans une sorte
de scepticisme pratique, comme s'il n'existoit
rien de vrai, ni rien de faux, ou qu'il fût
impossible de les discerner. Après avoir tout
soumis au raisonnement, fatigué de ses vaines
promesses, on a perdu la confiance qu'on
avoit en lui. Sur quelque objet que ce soit,
la discussion n'est qu'un jeu de l'esprit, ou
un calcul des passions. On ne parle plus pour
convaincre ; on n'écoute plus pour s'éclairer,
mais pour répondre, ou pour passer le temps.
Répandez une vive lumière sur un sujet quelconque, on dira : *Cela peut se soutenir*. Voilà
le plus grand triomphe auquel la logique et
l'éloquence puissent prétendre aujourd'hui ,
et elles le partagent avec le sophisme. Les
preuves ne prouvent plus , elles étonnent ;
les esprits les sentent sans y acquiescer. Une
chose dont ils doutoient d'abord parce qu'elle
leur paroissoit obscure, ils en doutent ensuite
parce qu'ils présument qu'avec le temps elle
leur paroîtra moins claire : il n'existe pour
eux que des apparences.

Cette disposition sceptique, ils la portent principalement dans la religion. Ce ne sont plus ces efforts du raisonnement contre le christianisme, ces argumentations hautaines du dernier siècle. *Je ne crois pas, je ne puis croire,* voilà maintenant le mot avec lequel on répond à tout, l'unique difficulté, l'unique objection, et l'on ne trouve partout que le doute à combattre. Il règne au fond des âmes, il y étouffe l'espérance, le désir même de connoître la vérité; et combien n'avons-nous pas vu d'infortunés de tout âge et de toute condition, l'emporter jusque dans le tombeau!

Frappé des ravages que fait chaque jour cette funeste maladie, nous en avons cherché la cause, et nous avons cru la découvrir dans la philosophie qui, rendant la raison de chaque homme seule juge de ce qu'il doit croire, ne donne aucune base solide à ses croyances, ni aucune règle sûre à ses jugemens; et nous montrons en effet, dans le deuxième volume de l'*Essai* et dans notre *Défense,* que cette philosophie a toujours

abouti au scepticisme, et qu'elle doit nécessairement y conduire tout esprit qui est conséquent.

Elle commence par placer l'homme dans
un état d'isolement complet ; et puis, comme
nous le montrerons, pour toute règle de certitude elle lui dit : *Tout ce que tu crois fortement être vrai, est vrai.* Dès-lors tout est vrai
et tout est faux ; puisque s'il n'est point de
vérité qui n'ait été crue par quelques hommes,
il n'est point non plus d'erreur qui n'ait été
crue par quelques autres. Mais si tout est
vrai et tout est faux, rien n'est faux et rien
n'est vrai ; et la sagesse consiste dans un doute
absolu.

Il n'est donc point d'égarement d'esprit que
cette philosophie n'autorise. L'hérésie n'en
est qu'une application ; elle consacre même
la folie : car il n'est pas de fou qui ne doive,
d'après ses principes, regarder comme autant
de vérités certaines les rêves de son imagination troublée. En effet, qu'un homme dise :
Je suis Descartes ; que lui répondra le *cartésien ?* Voyons s'il trouvera dans sa philoso-

phie un moyen de lui prouver qu'il n'est pas Descartes.

LE CARTÉSIEN.

Ce n'est pas sérieusement que vous préten- dez être Descartes; songez donc que ce grand homme est mort depuis plus de cent cinquante ans.

LE FOU.

C'est vous qui plaisantez quand vous dites que Descartes est mort; car je suis Descartes, et certainement je vis.

LE CARTÉSIEN.

Quoi! vous êtes l'auteur des *Méditations*, des *Principes de Philosophie*, de ces magni- fiques ouvrages que l'Europe admire depuis près de deux siècles? Allez, vous êtes un fou.

LE FOU.

Une injure n'est pas une raison, et ce n'est point par cette méthode de philosopher que je me suis acquis l'admiration dont vous parliez tout à l'heure. Si j'ai tort, prouvez-le moi; je vous saurai gré de me détromper.

LE CARTÉSIEN.

Eh bien! encore une fois, il y a long-temps que Descartes n'est plus. Vous ne me croyez point? allez en Suède, on vous y montrera son tombeau.

LE FOU.

Si je me pressois autant que vous de juger les autres sévèrement, je serois à mon tour tenté de croire que vous n'êtes guère sage. Comment pouvez-vous me proposer d'aller en Suède, pour me convaincre que j'y suis enterré?

LE CARTÉSIEN.

Jamais homme, vous le savez, n'a vécu deux cents ans.

LE FOU.

Pardonnez-moi; mais, en tout cas, j'en serois le premier exemple.

LE CARTÉSIEN.

Il suffit de vous voir pour être certain que vous ne sauriez avoir cet âge.

LE FOU.

Vos sens vous trompent en cette occasion ;

la preuve en est bien claire, puisqu'étant Descartes il est impossible que je n'aie pas plus de deux cents ans.

LE CARTÉSIEN.

Quelle obstination! consultez tous les autres hommes, ils vous assureront comme moi que vous n'êtes point Descartes.

LE FOU.

Les hommes se trompent sur tant de choses, qu'ils pourroient bien encore se tromper sur celle-là. « Au reste j'avoue-
» rois, en ce cas, que vous argumentez
» très bien de l'autorité ; mais vous de-
» vriez vous souvenir que vous parlez à un
» esprit tellement dégagé des choses corpo-
» relles, qu'il ne sait pas même si jamais il
» y eut des hommes avant lui, et qui par-
» tant ne s'émeut pas beaucoup de leur auto-
» rité (1). »

---

(1) *In quo fateor te recte ab auctoritate argumentari; sed meminisse debuisses, ô caro, te hic affari mentem a rebus corporeis sic abductam, ut ne quidem sciat ullos unquam homines ante se extitisse, nec proinde ipsorum auctoritate mo-*

LE CARTÉSIEN.

Reconnoissez au moins celle de la raison.

LE FOU.

C'est à celle-là que je vous rappelle moi-même; je la prends pour juge entre nous. Dites – moi donc , croyez – vous que vous existez ?

LE CARTÉSIEN.

Étrange question ! sans doute je crois à mon existence : mais quel rapport a mon existence avec votre prétention d'être Descartes?

LE FOU.

Vous verrez tout à l'heure ; répondez seulement : Sur qu'elle preuve croyez-vous à votre existence? Comment en êtes-vous certain?

LE CARTÉSIEN.

Parce que quand je dis, *je suis, j'existe,*

---

veatur. R. Descartes, *Meditat. de prima philosophia*; responsiones quintæ, p. 63. *Amstelod.* 1663.

j'ai une claire et distincte perception de ce que je dis (1).

LE FOU.

Vous convenez donc que *tout ce que l'on perçoit clairement et distinctement est vrai* (2)?

LE CARTÉSIEN.

C'est le premier principe de ma philosophie.

LE FOU.

Et comment êtes-vous sûr que vous avez une perception claire et distincte de votre existence?

LE CARTÉSIEN.

Parce qu'il m'est impossible d'en douter.

LE FOU.

A merveille! je vois avec joie que vous avez parfaitement compris ma doctrine. Venez donc, mon cher disciple, et embrassez votre maître. Vous ne pouvez plus le désavouer

----

(1) *Descartes,* IIIe Méditat.
(2) *Ibid.*

maintenant ; car je vous déclare que j'ai une perception très claire et très distincte, que je suis réellement Descartes ; et la preuve que cette perception est très distincte et très claire, c'est qu'il m'est impossible d'en douter.

LE CARTÉSIEN.

Je l'avois bien dit, il est fou, et de plus incurable. Quel dommage ! car sa folie même annonce une tête très philosophique.

Nul doute que cet homme n'ait perdu l'esprit ; mais le cartésien n'a pas le droit de le déclarer fou : car, en affirmant qu'il est Descartes, il suit rigoureusement les principes de la philosophie cartésienne.

Le grand danger de cette philosophie est d'abandonner chaque raison à elle-même, et de ne donner à l'homme d'autre règle de vérité que ses propres jugemens. Dès-lors il doit croire vrai tout ce qui lui paroît vrai, et faux tout ce qui lui paroît faux. Il n'est point d'erreur qui ne soit justifiée par ce principe, et aussi est-ce de ce principe que partent l'hérétique, le déiste et l'athée. Ils peuvent affirmer ou nier tout ce qu'ils veulent, en disant , cela est clair pour moi, ou cela ne l'est pas (1). Toutes les preuves, tous les raisonnemens qu'il est possible de leur opposer, viennent se briser contre ces deux mots.

A cette philosophie aussi désastreuse qu'absurde nous substituons la doctrine du *sens*

---

(1) Bossuet, quoique cartésien, avoit pressenti les inconvéniens de la philosophie cartésienne, qui commençoient à se manifester de son temps. Il trouvoit qu'on en *entendoit mal* les principes ; mais il n'explique nulle part comment il les faut entendre : nulle part il ne donne de règle qu'on puisse substituer à celle des *perceptions claires et distinctes ;* et il est évident en effet que l'homme considéré *isolément*, n'en peut trouver d'autre en lui-même : car quelle raison auroit-il d'affirmer comme vrai ce qui ne lui paroîtroit pas clairement être vrai ? Sa croyance n'étant que l'expression de ce que son esprit perçoit, ou ses perceptions étant la seule cause, le seul motif de ses croyances, il faudroit, dans le cas supposé, qu'il prononçât ce jugement : *Je crois que telle chose est vraie , ou telle chose me paroît vraie , parce qu'elle ne me paroît pas vraie.* Écoutons maintenant Bossuet; il va nous apprendre quels effets produisoient déjà les principes de Descartes entendus comme tout le monde les entendoit, et de la seule manière dont il soit possible de les entendre sans se contredire , et sans renverser entièrement la philosophie cartésienne :

« Je vois..... un grand combat se préparer contre l'Église » sous le nom de la philosophie cartésienne. Je vois naître de

commun, fondée sur la nature de l'homme, et hors de laquelle, comme nous le faisons voir, il n'y a ni certitude, ni vérité, ni raison.

Quoi qu'on ait pu dire, il ne faut pas de grands efforts d'esprit pour la comprendre ; elle est à la portée de tous les hommes, et

---

» son sein et de ses principes, à mon avis mal entendus, plus
» d'une hérésie ; et je prévois que les conséquences qu'on en tire
» contre les dogmes que nos pères ont tenus, la vont rendre
» odieuse, et feront perdre à l'Église tout le fruit qu'elle en
» pouvoit espérer, pour établir dans l'esprit des philosophes la
» divinité et l'immortalité de l'âme.

» De ces mêmes principes mal entendus, un autre inconvé-
» nient terrible gagne sensiblement les esprits : car sous pré-
» texte qu'il ne faut admettre que ce qu'on entend clairement) ce
» qui, réduit à de certaines bornes, est très véritable), chacun
» se donne la liberté de dire, j'entends ceci, et je n'entends pas
» cela ; et sur ce seul fondement, on approuve et on rejette tout
» ce qu'on veut : sans songer qu'outre nos idées claires et dis-
» tinctes il y en a de confuses et de générales qui ne laissent
» pas d'enfermer des vérités si essentielles, qu'on renverseroit
» tout en les niant. Il s'introduit, sous ce prétexte, une
» liberté de juger, qui fait que, sans égard à la tradition, on
» avance témérairement tout ce qu'on pense. » *Lettre* CXXXIX ;
OEuvres de Bossuet, t. XXXVII, p. 375, *édition de Ver-sailles.*

tous la connoissent sans avoir eu besoin de
l'étudier : tous, et même ceux qui la nient,
prouvent sa nécessité, en réglant sur elle leur
conduite. A quoi se réduit-elle en effet? à ces
deux points :

I. Tous les hommes croient invinciblement
mille et mille choses, et par conséquent cette
foi invincible est dans leur nature. C'est
un fait dont personne ne doute ni n'a le pouvoir de douter; et tout ce que l'universalité
des hommes croit invinciblement, est vrai
relativement à la raison humaine, et doit être
tenu pour certain, sans quoi nulle certitude
ne seroit possible.

II. Tous les hommes ont effectivement un
penchant naturel à tenir pour certain ce qui
est cru ou attesté comme vrai généralement,
et ils déclarent fou quiconque nie ce qui est
attesté de la sorte. Le consentement commun
est donc, au jugement de tous les hommes, la
marque de la vérité ou la règle de la raison
particulière.

Ainsi nous combattons le *sens privé* des
philosophes, des déistes et des athées, par le

sens commun des hommes, ou l'autorité du genre humain, comme nous combattons le sens privé des hérétiques par le sens commun des chrétiens (1), ou par l'autorité de l'Église.

En un mot, nous soutenons qu'en toutes choses et toujours, ce qui est conforme au sens commun est vrai, ce qui lui est opposé est faux ; que la raison individuelle, le sens particulier peut errer, mais que la raison générale, le sens commun est à l'abri de l'erreur ; et l'on ne sauroit supposer le contraire, sans faire violence au langage même, ou à la raison humaine, dont le langage est l'expression.

Cette doctrine a paru tout à fait étrange dans notre siècle ; on s'est beaucoup moqué de la raison générale, très oubliée en effet depuis long-temps. Quelques personnes même se sont crues obligées en conscience de protester conte cette nouveauté suspecte qu'on appelle le sens commun. Nous respectons infi-

---

(1) *Quod ubique, quod semper, quod ab omnibus creditum est.* Vincentii Lirinensis Commonitorium, cap. II.

niment leurs scrupules, mais nous ne pensons pas devoir y céder. Quand il seroit vrai que le sens commun fût aussi nouveau qu'on le prétend, encore ne faudroit-il pas le dédaigner à cause de cela, car ce n'est qu'à son aide qu'on peut combattre avec succès le scepticisme et toutes les fausses doctrines de nos jours. On voudroit qu'on s'en tînt aux preuves anciennes; cela seroit bon peut-être s'il avoit plu aux hommes de s'en tenir aux anciennes erreurs. Sommes-nous dans le même état où nous étions il y a cinquante ans? Ne s'est-il opéré aucun changement dans les esprits et dans la société? L'*arbre de la science du mal* a-t-il cessé de produire des fruits? S'est-on arrêté dans le désordre? Une force terrible emporte le monde ; et l'on dit : Pourquoi marchez-vous?

Au milieu de ce grand mouvement qui a tout déplacé, tout bouleversé, la pensée des hommes se porte sur mille objets nouveaux ; on remue des questions sans nombre ; et il y a de bonnes gens qui demandent : Pourquoi parle-t-on de cela?

D'autres se tranquillisent sur les inconvéniens d'une philosophie sceptique , parce
qu'il est impossible d'arriver au scepticisme
complet. Qu'importe, disent-ils, une doctrine
que la conscience repousse, et qu'on ne sauroit parvenir à mettre en pratique? Nul
homme ne douta jamais sérieusement de son
existence, ni de mille autres choses semblables. Nous en convenons ; mais la philosophie qui obligeroit d'en douter, cesse-t-elle
d'être dangereuse, parce que l'homme ne
peut être conséquent jusqu'à ce point? et ne
suffit-il pas qu'il puisse douter réellement de
la vérité du christianisme, de l'immortalité de
l'âme, de Dieu même, pour qu'on doive
combattre les principes qui conduisent à ce
doute affreux? Il n'y a point de sceptique parfait : non, certes, mais il y a des hérétiques,
des déistes, des athées; et à notre tour nous
dirons : Qu'importe qu'ils croient à leur existence et à tout ce qu'on voudra , s'ils ne
croient pas à la religion, aux devoirs, à une
vie future où les méchans seront punis et les
bons récompensés; s'ils ne croient pas en

Dieu? Qu'importe qu'après avoir suivi jusque-
là un principe qui devroit les forcer encore à
douter d'eux-mêmes, une puissance supérieure
les arrête, et les contraigne de croire à une
existence sans cause comme sans but ? N'y a-
t-il donc que la dernière erreur, la dernière
destruction, que le néant qui soit à craindre?
et tout sera-t-il permis à l'homme, pourvu
qu'il consente à dire : *Je suis?* On rejettera,
nous le savons, cette conséquence avec horreur.
Alors qu'on cesse donc de répéter qu'il n'y a
point, qu'il ne sauroit y avoir de vrais sceptiques; qu'on cesse de demander pourquoi on
attaque une philosophie dont le doute est
l'essence, et dont l'unique danger est de conduire les esprits conséquens à l'athéisme.

On n'y fait pas assez attention ; la raison
de l'homme, séparée de la raison humaine et
de la raison de Dieu par une philosophie
contre nature, a tellement baissé, que les
notions les plus communes du bon sens lui
sont devenues presque étrangères. Aussi tout
est-il en question, tout, et jusqu'aux élémens
mêmes de la société. On ne s'entend sur rien,

la parole n'éclaire plus; on diroit que nous touchons à une nouvelle confusion des langues. La faculté de comprendre s'est affoiblie en même proportion que la foi : et qu'est-ce en effet que le doute, sinon la conscience que l'esprit a de sa foiblesse et de ses ténèbres, et comme le regard troublé d'une intelligence qui s'éteint? Tout ce qui reste encore parmi nous de vérité et d'ordre, nous le devons à la religion chrétienne, à la foi qu'elle conserve, au principe d'autorité qu'elle maintient; et si le christianisme disparoissoit de l'Europe, avec lui disparoîtroit le dernier rayon de lumière, et la société et la raison s'évanouiroient dans la nuit.

DÉFENSE

DE

L'ESSAI

SUR L'INDIFFÉRENCE

EN MATIÈRE

DE RELIGION.

CHAPITRE I.

Réflexions préliminaires.

Lorsqu'en traitant un sujet d'une importance universelle on paroît s'écarter des idées communes, de la méthode reçue, un sentiment de défiance s'empare aussitôt des lecteurs. Cette disposition des esprits tient à la nature même; elle est la sauvegarde de la vérité. La société périroit, ou plutôt nulle société ne seroit possible, sans ce principe de stabilité qui défend les doctrines générales contre les innovations des individus. En ce qui touche aux grands intérêts de l'ordre intellectuel et moral, la nouveauté est su-

specte aux hommes ; ils ne croient pas au pouvoir de
créer des vérités*, et cela même est peut-être de
toutes les vérités la plus importante : car jamais on
ne s'égare que parce qu'on la méconnoît. L'homme
ne crée rien : il reçoit, conserve, transmet ; sa puissance ne va pas plus loin. Sitôt donc que quelqu'un
se présente seul avec ses idées, une juste prévention
s'établit d'abord contre lui : on le rappelle à l'antiquité, à l'universalité, comme à la règle immuable
du vrai dans toutes les croyances nécessaires ; et si sa
doctrine, soumise à cette épreuve, ne la soutient pas,
elle est avec raison condamnée sans retour.

Il est assez singulier peut-être qu'ayant voulu
prouver l'excellence et la nécessité de cette règle, on
nous l'ait opposée pour défendre une philosophie qui
repose sur des principes essentiellement différens ; de

---

* Créer des vérités, ce seroit créer des êtres : car *la vérité*, dit
Bossuet, *c'est ce qui est ;* et les vérités nécessaires, les vérités qui
sont le fondement de la société de Dieu et de l'homme, et des
hommes entre eux, ont été toujours connues : ce qui n'empêche
pas qu'on ne puisse, à certaines époques, en mieux apercevoir le
principe, la liaison, les conséquences ; et c'est en cela que consiste
le progrès de la raison humaine, qui se développe de la même manière que la raison de l'individu. Bossuet, que nous venons de citer,
ne connoissoit pas plus de vérités que l'enfant à qui l'on a enseigné
le catéchisme ; mais il les connoissoit mieux. Dans les sciences
mêmes, que fait-on ? On constate *ce qui est*, on observe des faits,
et on en cherche la liaison soit avec d'autres faits, soit avec des
principes universellement connus : voilà tout. Pour peu qu'on y ré-
fléchisse, on reconnoîtra même que les sciences physiques n'ont
point de principes proprement dits ; elles se composent uniquement
de faits. La raison en est que l'idée de principe renferme nécessairement celle de cause, et qu'il n'y a de véritable cause que dans
l'ordre spirituel.

sorte qu'on a vu les partisans du jugement privé nous combattre par l'autorité dont nous essayons de soutenir les droits, et présupposer par conséquent la vérité de la doctrine même qu'ils attaquoient : tant cette doctrine est profondément enracinée dans notre nature.

Quelque étrange que paroisse la contradiction que j'indique, il est facile de l'expliquer. Les adversaires de l'*Essai*, sans trop considérer à quel point cela s'accorde avec leur système, conviennent au moins implicitement qu'on ne peut sans témérité et même sans folie s'écarter des sentimens anciens généralement reçus ; puis oubliant que la philosophie de l'école n'est ni ancienne, ni adoptée généralement, ils réclament en sa faveur la prescription du temps et le consentement commun : ce qui les conduit à un raisonnement tout-à-fait extraordinaire. Il s'agit de savoir quel est le *criterium* de la vérité : selon nous, c'est l'autorité ; d'après leur philosophie, c'est l'évidence individuelle. Qui a tort d'eux ou de nous, et que répondent-ils aux preuves que nous donnons de notre sentiment ? « Quelque évidentes, disent-ils, » que soient ces preuves à vos yeux, vous vous » trompez cependant, car l'autorité de tous les phi- » losophes est contre vous. » Nous n'examinerons pas le fait en ce moment ; mais, qu'il soit exact ou non, nous devons certes des remercîmens à ceux qui nous l'opposent. Nous croyions les voir lever le bras pour nous frapper ; et point du tout, ils nous tendent la main.

1.

Il n'y a pas lieu de s'en étonner; car, sur quelque point que ce soit, la discussion ramène toujours à l'autorité, comme au dernier principe de décision. Malgré soi il en faut venir là, ou renoncer au raisonnement. Le raisonnement, c'est le plaidoyer; mais que sert-il de plaider s'il n'existe un juge?

Au reste, toutes les personnes qui ont cherché à répandre de nouvelles lumières sur le sujet que nous avons traité ont droit à notre reconnoissance. Quelques objections nous ont été proposées publiquement, on nous en a communiqué d'autres par écrit et de vive voix. Il nous sera, du moins nous le pensons, d'autant plus aisé d'y répondre, que presque toujours il suffira de substituer nos véritables sentimens aux opinions qu'on nous a prêtées; qu'il y ait un peu de notre faute, si quelques lecteurs ne nous ont pas mieux compris, nous sommes très disposés à en convenir : en voulant trop abréger, on néglige quelquefois des développemens nécessaires. Nous croyons cependant que les aveux pourroient être réciproques; car lorsque nous disons formellement le contraire de ce qu'on nous fait dire, l'inadvertance ou l'oubli ne sauroit, à ce qu'il semble, être de notre côté.

On l'a déjà reconnu en partie. Plusieurs reproches qu'on nous adressoit sont désavoués généralement. La réflexion a calmé d'étranges inquiétudes que nous n'avions pu prévoir ni prévenir. Certainement il y a eu beaucoup de jugemens peu exacts portés sur le deuxième volume de l'*Essai*, puisqu'ils ont été si divers. Un grand nombre d'*évidences individuelles* se sont, à l'occasion de cet ouvrage, trouvées en défaut : cela ne prouve pas trop en faveur de la philosophie que l'auteur combat ; et quoi qu'il en soit de sa doctrine au fond, les controverses qu'elle a fait naître suffiroient seules pour montrer la nécessité indispensable d'un tribunal plus élevé que la raison particulière de chaque homme.

Pour ne pas interrompre la discussion où nous allons entrer, nous répondrons ici à une question qu'on a faite. A quoi bon chercher, a-t-on dit, de nouvelles preuves de la religion, pourquoi ne pas se contenter des anciennes ? Pourquoi ! parce qu'on a fait des objections nouvelles, parce que l'état des esprits n'est plus le même, parce que l'erreur, dans ses progrès, étant parvenue au fond de l'abîme, il a fallu porter jusque-là le flambeau de la vérité. Comment s'arrêter quand l'ennemi marche ? Combattoit-on Calvin par les mêmes armes que Luther ? Les réponses faites aux calvinistes suffisòient-elles contre les sociniens ? Oppose-t-on les mêmes preuves aux déistes et aux hérétiques ? Les disputes ne commencent qu'au point précis qui est contesté, on ne discute pas ce dont on convient ; et quand on a nié toute vérité, il a été nécessaire d'établir le fondement de toute vérité, et de chercher la base de la raison humaine.

Nous discuterons ailleurs cette question avec plus d'étendue, en montrant l'importance de notre doctrine. Nous prions seulement de remarquer qu'on auroit pu faire la même demande et adresser le même reproche à tous les Pères, à tous les docteurs, à tous les écrivains ecclésiastiques, depuis l'origine du christianisme ; car, en défendant la foi, chacun d'eux ajoutoit, selon ses lumières et selon le sujet particulier qu'il traitoit, aux réflexions de ceux qui l'avoient précédé : on n'auroit pu sans cela combattre aucune des hérésies qui naissoient successivement ; et en ce qui tient à la controverse, la tradition tout entière n'est qu'une suite de réponses nouvelles faites à de nouvelles objections.

Au reste nulle part nous n'avons dit, jamais nous n'avons pensé, que les moyens par lesquels on prouve la vérité de la religion catholique ne sont pas solides. Et ne sont-ce pas d'ailleurs des preuves d'autorité ? Comment prouve-t-on l'authenticité des livres saints, les miracles et les prophéties, si ce n'est par le témoignage ? Nous emploierons nous-même ces preuves dans notre troisième volume ; et nous les emploierons avec d'autant plus d'avantage, qu'auparavant nous aurons montré que le témoignage ou l'autorité d'où dépend toute leur force est la règle nécessaire et le fondement de notre raison.

C'est donc au moins avec une extrême légèreté que quelques personnes, trop promptes à scruter les intentions secrètes, nous ont attribué celle de vouloir rabaisser les apologistes qui nous ont précédé *, en

---

* Cette intention est si loin de nous, et nous sommes au contraire si convaincu de l'utilité des ouvrages qu'on a publiés pour défendre le christianisme contre les sophismes des incrédules, que nous nous proposons de donner incessamment une *Collection des meilleurs apologistes de la religion chrétienne ;* persuadé qu'ainsi réunis ils produiront une plus vive impression sur les esprits : *Vis unita fortior.*

créant, par un motif de vanité puérile, un nouveau système de philosophie. Un pareil soupçon ne nous atteint pas, et à Dieu ne plaise qu'on ne puisse s'expliquer autrement les efforts d'un défenseur de la religion ! Non, non, nous ne sommes pas de ces chercheurs de bruit si bien nommés, par saint Jérôme et par Tertullien, des *animaux de gloire*. Qu'ils poursuivent ce grand fantôme jusqu'à en perdre haleine ; pour moi, je n'aime pas les chimères. Et y eût-il quelque chose de réel dans cette gloire, encore seroit-il vrai que, puisqu'elle naît et meurt dans le temps, elle n'a rien qui puisse satisfaire un être que Dieu a fait pour l'éternité. Et le chrétien qui sait ce qu'il est a pitié de ces vains rêves de l'orgueil humain, et ne connoît et ne veut ici-bas, à l'exemple de l'Apôtre, d'autre gloire que la croix : *Mihi autem absit gloriari, nisi in cruce Domini nostri Jesu-Christi* (1).

Nous le dirons avec franchise, aucune des difficultés qu'on a proposées contre le deuxième volume de l'*Essai* ne nous paroît solide, ni même plausible pour quiconque a lu cet ouvrage attentivement. Mais, puisqu'elles ont été faites, il est de notre devoir de les éclaircir, et c'est le but de cet écrit. Quant à l'ordre que nous suivrons, il nous paroît convenable d'examiner d'abord l'origine de la philosophie, et de montrer les inconvéniens de ses divers systèmes. Nous exposerons ensuite les principes développés dans l'*Essai*, nous en ferons voir l'importance, et enfin

---

(1) *Epist. ad Galat.*, VI, 14.

nous répondrons aux objections des adversaires. Cette controverse pacifique répandra, nous l'espérons, un nouveau jour sur un sujet qu'on ne sauroit trop approfondir, et nous osons présumer qu'en finissant nous pourrons répéter avec confiance ces belles paroles d'un Père : « La force de la vérité est grande; » et quoiqu'elle puisse être entendue par elle-même, » elle brille encore plus cependant par les objections » qu'on y oppose : toujours immobile, elle s'affermit » par les coups qu'on lui porte (1). »

____

(1) S. Hilar., *Pictav. de Trinit.*, lib. VII.

CHAPITRE II.

*De la philosophie, de son origine, et de ses divers
systèmes.*

L'objet de la philosophie est la recherche de la
vérité ; et presque toutes les erreurs qui sont dans
le monde, et surtout les plus dangereuses, sont nées
de cette vaine recherche. *Il n'y a point d'absurdité
qui n'ait été dite par quelque philosophe* (1), comme le
remarquoit Cicéron. Les philosophes, anciens et
modernes, ont tout contesté, tout nié ; et ce n'est pas
leur faute, s'il est resté quelque croyance sur la
terre.

Cela seul prouveroit qu'il existe un vice radical
dans la philosophie, un inconvénient commun à ses
divers systèmes, quelque chose en un mot d'opposé
à la nature de l'homme : car la vérité est la vie de
son intelligence, il ne subsiste que parce qu'il croit ;
et la raison qui le distingue des animaux, qui le fait
homme, n'est que la vérité connue.

Aussi retrouve-t-on partout certaines vérités premières universellement crues, malgré les efforts qu'on
a faits pour les obscurcir. Elles s'élèvent au-dessus

---

(1) *Nihil tam absurdum dici potest, quod non dicatur ab aliquo
philosophorum.* De divinatione, lib. II, n. XXXVIII.

de la nuit des doctrines philosophiques, et brillent dans une région plus haute, comme l'éternel phare de l'esprit humain.

Les peuples n'eurent d'abord d'autre philosophie que la religion : ils ne cherchèrent point la vérité hors des traditions primitives ; elles suffisoient à leurs désirs comme à leurs besoins. Au lieu de s'égarer dans les rêves d'une curiosité dangereuse, ils se reposoient dans la sécurité de la foi. Les croyances des pères, transmises aux enfans, se perpétuoient naturellement dans la famille et dans la société dont elles étoient la base ; et c'est ainsi que se conservèrent les hautes et importantes notions de la Divinité, de l'immortalité de l'âme, des peines et des récompenses futures, et les grands préceptes de morale qu'on retrouve chez toutes les nations.

Les Hébreux en particulier ignoroient complètement cette science du doute, cet art de chercher et de disputer qu'on a nommé philosophie. La tradition proclamée par une autorité vivante étoit leur règle ; et lorsque dans les derniers temps quelques esprits altiers * s'en écartèrent, on les vit tomber aussitôt dans des erreurs monstrueuses que le corps de la nation repoussa toujours.

L'Orient, si fameux chez les anciens par ses traditions, ne dut sa réputation de sagesse qu'au soin avec lequel on y conservoit les croyances et les connoissances antiques. Ce n'est pas que cette vieille

---

* Les Sadducéens.

terre, où l'homme entendit pour la première fois la voix de Dieu et reçut ses lois, fût exempte d'erreur. Mais, au milieu même des superstitions qu'enfantèrent les passions humaines ainsi que l'orgueil de la raison, les vérités primordiales s'étoient mieux conservées; et c'est là, c'est en Orient, que Pythagore, Platon, et tous les plus grands génies de la Grèce, alloient, pour ainsi dire, les reconnoître et les contempler.

On a remarqué de tout temps que les peuples de l'Asie avoient dans leurs doctrines, leurs lois, leurs mœurs, une fixité qui contraste singulièrement avec l'extrême mobilité des opinions et des institutions chez les peuples de l'Europe, avant l'établissement du christianisme. On a cherché la raison de cette différence dans le climat, et le climat n'y est pour rien. C'est une des folies de ce siècle de vouloir expliquer les choses morales par des causes physiques. Un ciel nébuleux ou serein, la diversité des alimens, quelques degrés de chaleur de plus ou de moins, ne changent pas la nature de l'esprit de l'homme; et tout ce matérialisme, aussi ridicule qu'absurde, ne mérite pas même d'être réfuté. Il n'y avoit anciennement plus de fixité chez les Orientaux, que parce qu'il y avoit plus d'obéissance, plus de foi; et le même principe a produit le même effet dans les nations chrétiennes. Le respect pour les traditions lioit le passé au présent et réprimoit l'ardeur d'innover, fruit de l'orgueil et de cette inquiétude secrète qui tourmente le cœur humain.

Tel étoit, sous ce rapport, l'état du monde, lorsqu'au sein du désordre et des institutions populaires naquit une philosophie distincte de la religion, et essentiellement opposée au principe sur lequel les hommes avoient jusque-là réglé leurs croyances.

Quelques individus séparés de la société ancienne avoient été jetés, par des événemens qui nous sont inconnus, sur les côtes de la Grèce. Abandonnés à eux-mêmes, ils devinrent de véritables sauvages, ç'est-à-dire, des hommes dégradés. La raison et les traditions s'affoiblirent chez eux simultanément *. Ils perdirent surtout l'habitude de l'obéissance et la vraie

---

* « Les philosophes, dit le judicieux P. Thomassin, se donnant la » liberté de raisonner sur des points de fait, sans se régler par l'É- » criture, *ou par la tradition générale du monde*, sont tombés » dans plusieurs extravagances » (*Méthode d'étudier et d'enseigner les historiens*, chap. 1, pag. 14). Plus loin, il observe que l'on trouve dans Ovide des idées plus justes sur la création de l'homme que dans Platon même. « Il confesse, *ce qu'il ne peut avoir ap-* » *pris que par la communication de l'ancienne histoire*, que » l'homme fut formé à l'image de Dieu, pour dominer l'univers » par l'autorité d'une âme raisonnable et intelligente, à laquelle » tout le monde corporel n'a rien d'égal et rien de semblable » (*ibid.*, pag. 18). Parlant ensuite des sentimens naturels de pudeur qu'on retrouve chez tous les peuples, et que certains philosophes ont combattus. « Les cyniques mêmes, dit-il, se laissèrent enfin » entraîner à la violence de la nature *et au consentement de toutes* » *les nations : Vicit pudor naturalis opinionem hujus erroris*, etc. » *Plus valuit pudor, ut erubescerent homines hominibus, quam* » *error, ut homines canibus esse similes affectarent.* (S. Aug.) Ces » philosophes nous fournissent ici une nouvelle preuve de ce que » nous avons dit, que *la philosophie a gâté la raison, quand elle* » *s'est opposée au torrent de la tradition historique, qui étoit* » *venue successivement depuis nos premiers pères jusqu'à nous*, et » dont l'Écriture étoit ou l'origine ou la principale dépositaire » (*ibid.*, pag. 21).

notion du pouvoir ; et lorsqu'après s'être multipliés ils sentirent le besoin d'un gouvernement, ils voulurent garder dans l'état social l'indépendance de l'état qui avoit précédé. De là une multitude d'institutions arbitraires, variables, et, sous le nom de république, une forme nouvelle de police dont les combinaisons changeoient sans cesse, et qui tenoit les peuples toujours agités.

Les passions remuent l'esprit et développent les arts ; et comme il n'y eut jamais plus de passions que dans la Grèce, jamais non plus les arts de l'esprit et d'imitation ne furent cultivés davantage, et ne s'élevèrent à un plus haut degré de perfection.

Cependant ce peuple si brillant n'a rien fondé, rien établi de durable, et il n'est resté de lui que des souvenirs de crimes et de désastres, des livres et des statues.

Ingénieux dans ses arts, dans sa littérature, dans ses lois même, il manqua toujours de raison. La vérité, comme la vertu, étoit soumise dans la *Grèce menteuse* à une sorte d'ostracisme ; et ce peuple, enfant corrompu, se faisoit un jeu de tout, de la religion comme de la société, du gouvernement comme s mœurs.

Ce caractère d'erreur et de licence a sa cause dans le principe de la *souveraineté de l'homme*, qui avoit prévalu dans ses lois, ses institutions, sa philosophie. On se mit à raisonner sur tout, à chercher la vérité en soi-même ; en un mot on soumit les croyances reçues, la tradition, au jugement particulier de chacun, et toutes les vérités furent bientôt contestées ou obscurcies : il y eut autant d'opinions que de têtes ; chaque école enfanta des écoles nouvelles, comme chez les protestans chaque secte enfante une multitude d'autres sectes : les uns nièrent Dieu, sa providence, la création, la vie future, la distinction du bien et du mal ; d'autres admirent quelques unes de ces antiques croyances, mais en les altérant plus ou moins, selon les caprices de leur raison ; plusieurs enfin s'arrêtèrent dans un doute universel.

Telle fut la philosophie des Grecs ; philosophie contre nature, et qui détruit la raison humaine en rompant le lien qui unit les esprits entre eux et à la raison divine elle-même.

Transportée chez les Romains, cette philosophie ne tarda pas à y produire les mêmes effets. Il n'y eut rien dont on ne disputât. Le doute prit la place des croyances, et toutes les vérités ébranlées entraînèrent les lois, les mœurs, et l'empire même dans leur chute.

Le monde périssoit, Jésus-Christ paroît : *Il vient,* dit saint Augustin, *avec le grand remède de commander la foi au peuples* (1). Les peuples écoutent, croient,

---

(1) Le passage de saint Augustin d'où sont tirées ces paroles est si important et si beau, que nous croyons devoir le donner en entier.

« Cum igitur tanta sit cœcitas mentium per illuviem peccatorum
» amoremque carnis, ut etiam ista sententiarum portenta, otia doc-
» torum conterere disputando potuerint, dubitabis, tu, Dioscore,
» vel quisquam vigilanti ingenio præditus, ullo modo ad sequen-
» dum veritatem melius consuli potuisse generi humano, quam ut
» homo ab ipsa veritate susceptus ineffabiliter atque mirabiliter, et
» ipsius in terris personam gerens, recta præcipiendo et divina fa-

obéissent ; et la religion fut d'abord la seule philosophie des chrétiens, comme elle avoit été originairement la philosophie de tous les hommes.

Cependant quelques esprits imbus des idées philosophiques de la Grèce essayèrent de les concilier avec les dogmes du christianisme. Ils se firent juges de la vérité, ils voulurent la soumettre à leur raison ; et les hérésies naquirent. Alors, comme auparavant, chaque

---

» ciendo, salubriter credi persuaderet, quod nondum prudenter
» posset intelligi? Hujus nos gloriæ servimus, huic te immobiliter
» atque constanter credere hortamur, per quem factum est, ut non
» pauci, sed populi etiam, qui non possunt ista dijudicare oratione,
» fide credant, donec salutaribus præceptis adminiculati evadant
» ab his perplexitatibus in auras purissimæ atque sincerissimæ ve
» ritatis. Cujus auctoritati tanto devotius obtemperari oportet,
» quanto videmus nullum jam errorem se audere extollere, ad
» congregandas sibi turbas imperitorum, qui non christiani nomi
» nis velamenta conquirat : eos autem solos (Judæos) ex veteribus
» præter christianum nomen in conventiculis suis aliquanto fre
» quentius perdurare qui scripturas eas tenent, per quas annun
» tiatum esse Dominum Jesum Christum, se intelligere et videre
» dissimulant. Poro illi qui, cum in unitate atque communione
» catholica non sint, christiano tamen nomine gloriantur,
» coguntur adversari credentibus, et audent imperitos quasi ora
» tione traducere, quando maxime cum ista medicina Dominus
» venerit, ut fidem populis imperaret. Sed hoc facere coguntur, ut
» dixi, quia jacere se abjectissime sentiunt, si eorum auctoritas
» cum auctoritate catholica conferatur. Conantur ergo auctoritatem
» stabilissimam fundatissimæ Ecclesiæ quasi orationis nomine et
» pollicitatione süperare. Omnium enim hæreticorum quasi regu
» laris est ista temeritas. Sed ille fidei imperator clementissimus, et
» per conventus celeberrimos populorum atque gentinm, sedes
» que ipsas apostolorum, arce auctoritatis munivit Ecclesiam, et
» per pauciores pie doctos et vere spiritales viros copiosissimis ap
» paratibus etiam invictissimæ orationis armavit ; verum illa rectis
» sima disciplina est ut arcem fidei quam maxime recipi infirmos,
» ut, pro eis jam tutissime positis, fortissima ratione pugnetur.» *Ep.*
ad Dioscor., n. 32.

erreur fut la négation de quelque point de la doctrine traditionnelle, une révolte contre l'autorité. Saint-Augustin en fait la remarque : « Les novateurs s'ef-
» forcent, dit-il, de renverser l'inébranlable autorité
» de l'Église, au nom et par les promesses de la
» raison. Cette témérité est une sorte de règle pour
» tous les hérétiques (1). »

Après l'invasion des peuples du Nord, les études cessèrent en Europe. La philosophie et les lettres demeurèrent comme ensevelies sous les ruines de l'empire romain. Ce fut pour les esprits un temps de repos. Ils se retrempèrent dans la foi ; et, chose inouïe jusqu'alors dans l'histoire de l'Église, un siècle entier s'écoula sans produire aucune hérésie. C'étoit, dit-on, un siècle d'ignorance ; non, c'étoit un siècle de foi. Les sciences humaines, sans doute, étoient peu cultivées ; elles ont fait, dans la suite, de grands progrès, ainsi que les arts. Ce n'est pas là ce que nous contestons ; mais quelle vérité nécessaire aux peuples, quel devoir, quelle vertu, a-t-on découverts depuis ? Qu'avons-nous ajouté à la doctrine religieuse et morale de ces nations qu'on appelle barbares ? Heureux, trop heureux, si nous avions su la conserver comme elles !

Après cette époque de paix, la philosophie d'Aristote, adoptée par les Arabes, nous est rapportée d'Orient. Aussitôt les divisions renaissent. Il e forme des *écoles* au sein de l'Église *une* : on dispute, on ne

____

(1) *Ep. ad Dioscor.*, loc. cit.

s'entend plus, la raison en travail enfante des monstres, de nouvelles hérésies s'élèvent, et enfin la dernière de toutes, le protestantisme, père de l'incrédulité moderne.

Malgré les absurdités innombrables de la philosophie péripatéticienne, on y tenoit [par habitude; le temps l'avoit accréditée, et il ne falloit rien moins que toute la puissance du génie pour triompher d'elle. Défendue avec chaleur par l'école où elle régnoit, ce ne fut qu'après un long combat que Descartes et ses disciples parvinrent à la renverser et à bâtir un édifice nouveau sur les débris de cet informe colosse.

Mais Descartes lui-même, comme on le sentit d'abord, et comme je le montrerai plus loin, ne put donner à sa philosophie une base solide. Ce grand homme partit du même principe que les philosophes grecs, et arriva malgré lui au même résultat, le doute. L'insuffisance, disons-le franchement, la fausseté de sa doctrine, força, même de son temps, l'esprit humain à chercher un autre appui; et cette recherche, toujours malheureuse, parce qu'on ne remontoit jamais à la première cause de l'erreur, produisit une multitude de systèmes philosophiques, qui se réduisent à trois principaux.

L'homme a trois moyens de connoître : les sens, le sentiment, et le raisonnement. A ces trois moyens correspondent autant de systèmes de philosophie. Les uns ont placé dans les sens le principe de certitude; c'est le système de Locke, Condillac, Helvétius, Cabanis : système matérialiste, et dès-lors essentiellement sceptique. Aussi ses partisans, qui ne reconnoissent que des êtres matériels, ont-ils fini par soutenir qu'on peut douter de l'existence de la matière elle-même.

D'autres philosophes ont cherché dans nos impressions internes la base de la certitude. Mais, nos sentimens n'ayant de rapport nécessaire qu'à nous, ces philosophes ont été d'abord conduits à douter de la réalité des objets extérieurs, et bientôt après de la vérité de leurs sentimens mêmes. C'est l'*idéalisme*, enseigné par Kant, et modifié par ses disciples. Sous quelque forme qu'on le présente, ce système n'est, comme le précédent, que le scepticisme pur.

Le troisième système est le *dogmatisme*, ou le système de ceux qui fondent la certitude sur le raisonnement. Inventé par Descartes, et adopté par l'école, il fut attaqué à sa naissance par d'excellens esprits; et nous allons en effet montrer qu'au fond il n'est pas moins dangereux, moins sceptique, que les deux autres.

CHAPITRE III.

Descartes.

« On avoit philosophé trois mille ans durant sur
» divers principes, et il s'élève dans un coin de la
» terre un homme qui change toute la face de la
» philosophie, et qui prétend faire voir que tous ceux
» qui sont venus avant lui n'ont rien entendu dans
» les principes de la nature. Et ce ne sont pas seu-
» lement de vaines promesses; car il faut avouer que
» ce nouveau venu donne plus de lumières sur la
» connoissance des choses naturelles, que tous les
» autres ensemble n'en avoient donné. Cependant,
» quelque bonheur qu'il ait eu à faire voir le peu de
» solidité des principes de la philosophie commune,
» laisse encore dans les siens beaucoup d'obscurités
» impénétrables à l'esprit humain. Ce qu'il nous dit,
» par exemple, de l'espace et de la nature de la ma-
» tière, est sujet à d'étranges difficultés; et j'ai bien
» peur qu'il n'y ait plus de passion que de lumières
» dans ceux qui paroissent n'en être pas effrayés.
» Quel plus grand exemple peut-on avoir de la foi-
» blesse de l'esprit humain (1)? »
Celui qui parle ainsi étoit cartésien, et l'on voit

____

(1) Nicole, *Traité de la foiblesse de l'homme*, n. xxxiv.

combien il s'en faut qu'il fût satisfait de la doctrine de son maître. Mais les bons esprits, désabusés de la philosophie d'Aristote, adoptèrent naturellement celle de l'homme qui lui avoit porté le coup mortel, et se soumirent, quoiqu'en murmurant, à l'autorité du vainqueur.

Avant d'examiner ses principes et sa méthode, il est à propos d'observer qu'un système de philosophie n'est que la recherche des moyens par lesquels nous parvenons à la connoissance certaine de la vérité; car s'il n'existoit point de vérités certaines, ou si l'on ne savoit pas à quels caractères on les reconnoît, il n'y auroit plus de philosophie, il n'y auroit plus de raison humaine. On ne pourroit rien nier ni rien affirmer; les esprits, dépourvus de règle, flotteroient dans un doute éternel.

La première question que doit se faire celui qui veut s'entendre en philosophie, est donc celle-ci : Quel est le fondement de la certitude? Descartes se la fit, et il trouva qu'aucun philosophe jusqu'alors n'y avoit répondu d'une manière satisfaisante. Nous citerons ses propres paroles.

« Les premiers et les principaux philosophes dont
» nous ayons les écrits sont Platon et Aristote, entre
» lesquels il n'y a eu autre différence sinon que le pre-
» mier, suivant les traces de son maître Socrate, a
» ingénument confessé qu'il n'avoit encore rien
» trouvé de certain, et s'est contenté d'écrire les
» choses qui lui ont paru être vraisemblables, imagi-
» nant à cet effet quelques principes par lesquels il

» tâchoit de rendre raison des autres choses ; au lieu
» qu'Aristote a eu moins de franchise : et bien qu'il
» eût été vingt ans son disciple, et n'eût pas d'autres
» principes que les siens, il a entièrement changé la
» façon de les débiter, et les a proposés comme vrais
» et assurés, quoiqu'il n'y ait aucune apparence qu'il
» les ait jamais estimés tels..... D'où il faut conclure
» que ceux qui ont le moins appris de tout ce qui a
» été nommé jusqu'ici philosophie sont les plus capa-
» bles d'apprendre la vraie (1). »

Si les hommes n'avoient pas un moyen naturel de
parvenir à la connoissance certaine de la vérité, indépendamment de toute philosophie, ils n'auroient donc
été sûrs de rien jusqu'à Descartes. Mais voyons par
quelle route il s'efforce lui-même d'arriver à la certitude.

« Ce n'est pas d'aujourd'hui, dit-il, que je me
» suis aperçu que dès mes premières années j'ai reçu
» quantité de fausses opinions pour véritables, et que
» ce que j'ai depuis fondé sur des principes si mal as-
» surés ne sauroit être que fort douteux et incertain.
» Et dès-lors j'ai bien jugé qu'il me falloit entrepren-
» dre sérieusement une fois en ma vie de me défaire
» de toutes les opinions que j'avois reçues auparavant
» en ma créance, et commencer tout de nouveau dès
» le fondement, si je voulois établir quelque chose
» de ferme et de constant dans les sciences....

____

(1) *Les principes de la philosophie*, écrits en latin par René
Descartes, et traduits en français par un de ses amis. *Préface.*
Rouen, 1698.

» Aujourd'hui donc, que, fort à propos pour ce
» dessein, j'ai délivré mon esprit de toutes sortes de
» soins, que par bonheur je ne me sens agité d'au-
» cune passion, et que je me suis procuré un repos
» assuré dans une paisible solitude, je m'appliquerai
» sérieusement, et avec liberté, à détruire générale-
» ment toutes mes anciennes opinions. Or, pour cet
» effet, il ne sera pas nécessaire que je montre qu'elles
» sont toutes fausses, de quoi peut-être je ne vien-
» drois jamais à bout ; mais d'autant que la raison me
» persuade déjà que je ne dois pas moins soigneuse-
» ment m'empêcher de donner créance aux choses
» qui ne sont pas entièrement certaines et indubitables,
» qu'à celles qui me paroissent manifestement être
» fausses, ce me sera assez pour les rejeter toutes, si
» je puis trouver en chacune quelque raison de douter.
» Et pour cela il ne sera pas aussi besoin que je les exa-
» mine chacune en particulier : ce qui seroit d'un
» travail infini ; mais, parce que la ruine des fonde-
» mens entraîne nécessairement avec soi tout le reste
» de l'édifice, je m'attaquerai d'abord aux principes
» sur lesquels toutes mes anciennes opinions étoient
» appuyées (1). »

Descartes commence donc par se placer dans un
isolement absolu, en rejetant de son esprit toutes les
croyances qui reposent sur l'autorité des autres hommes (2). On pourroit lui demander de qui il tient

---

)*Méditations métaphysiques de René Descartes touchant la
première philosophie.* Troisième édition, *Paris*, 1673. *Médit.* I,
pag. 1 et 2.

(2) Dans ses réponses aux cinquièmes objections, il l'avoue en

le langage, et comment il penseroit et raisonneroi
sans le langage. Cette seule question l'arrêteroit dès
le premier pas, ou le ramèneroit forcément à l'autorité qu'il refuse d'admettre. Mais n'insistons pas maintenant sur ce point. Il part de cette supposition, qu'il
doit trouver la vérité en lui-même, et de ce principe,
qu'il ne doit reconnoître pour certain que ce qui sera
complètement démontré à sa raison.

Mais il n'a pas plus tôt renoncé à la foi, que toutes
les vérités lui échappent, sans qu'il puisse en retenir
une seule. Il voit partout des raisons de douter :
« auxquelles raisons, dit-il, je n'ai certes rien à
» répondre ; mais enfin, je suis contraint d'avouer
» qu'il n'y a rien de tout ce que je croyois autrefois
» être véritable dont je ne puisse en quelque façon
» douter : et cela non point par inconsidération ou
» légèreté, mais pour des raisons très fortes et mûre-
» ment considérées ; de sorte que désormais je ne
» dois pas moins soigneusement m'empêcher d'y don-
» ner créance, qu'à ce qui seroit manifestement
» faux, si je veux trouver quelque chose de certain
» et d'assuré dans les sciences (1) ».

Voilà donc ce grand esprit contraint de se plonger
dans un doute universel. Plus il a de force, plus il
s'enfonce dans cet abîme. Comment en sortira-t-il ?

---

termes formels : « Vous devriez vous souvenir, dit-il à ses adver -
» saires, que vous parlez à un esprit tellement détaché des choses
» corporelles, qu'il ne sait pas même si jamais il y a eu aucuns
» hommes avant lui, et qui partant ne s'émeut pas beaucoup de leur
» autorité. » *Ibid.*, pag. 463.

(1) *Médit.* I, pag. 7.

où trouvera-t-il un point d'appui au milieu de ce vide ?
Regardons, écoutons : « Qu'est-ce donc qui pourra
» être estimé véritable ? Peut-être rien autre chose
» sinon qu'il n'y a rien au monde de certain. Mais
» que sais-je s'il n'y a point quelque autre chose
» différente de celles que je viens de juger incertaines,
» de la quelle on ne puisse avoir le moindre doute ?
» N'y a-t-il point quelque dieu, ou quelque autre
» puissance, qui me mette en l'esprit ces pensées ?
» Cela n'est pas nécessaire ; car peut-être que je suis
» capable de les produire de moi-même. Moi donc,
» à tout le moins, ne suis-je point quelque
» chose (1) ? »

Telle est sa dernière ressource : tout lui manque,
tout le fuit ; il recueille ses forces défaillantes, et
cherche, pour ainsi parler, à se saisir lui-même, de
peur de s'évanouir avec tout le reste. Il se considère
attentivement, et ne sait s'il aperçoit un être réel ou
un fantôme ; le oui, le non, a ses vraisemblances.
Que fera-t-il dans cette position ? » Enfin, s'écrie-t-
» il, il faut conclure et tenir pour constant que cette
» proposition, *Je suis, j'existe*, est nécessairement
» vraie, toutes les fois que e la prononce, ou que je
» la conçois en mon esprit (2). »

C'est déjà, certes, beaucoup que de pouvoir prononcer avec assurance cette parole, *Je suis ;* que d'être
certain de son existence. Est-il-bien vrai, ô Descartes, que vous ayez, que chacun de nous ait cette

____

(1) *Médit.* II , pag. 11.
(2) *Ibid.*, pag. 12.

certitude? Je voudrois vous l'entendre répéter de nouveau. Oui, « je suis assuré que je suis une chose » qui pense (2). » Illustre philosophe, grâces vous

---

(1) *Médit.* III, pag. 25. — Quoique M. Bernardin de Saint-Pierre ne soit pas une autorité en philosophie, nous citerons ce qu'il dit du fameux argument, *Je pense, donc je suis;* parce que cela nous fournira l'occasion d'expliquer le sens que Descartes attachoit à ce mot, *je pense :* chose essentielle pour bien entendre la doctrine de ce célèbre métaphysicien. « Descartes pose pour base » des premières vérités naturelles : *Je pense, donc j'existe.* Comme » ce philosophe s'est fait une grande réputation, qu'il méritoit » d'ailleurs par ses connoissances en géométrie, et surtout par ses » vertus, son argument de l'existence a été fort applaudi, et a ac- » quis la pondération d'un axiome. Mais, selon moi, cet argu- » ment péche essentiellement en ce qu'il n'a point la généralité » d'un principe fondamental; car il s'ensuit implicitement que dès » qu'un homme ne pense pas, il cesse d'exister, ou au moins d'a- » voir des preuves de son existence...

» Je substitue donc à l'argument de Descartes celui-ci : *Je sens,* » *donc j'existe.* Il s'étend à toutes nos sensations physiques, qui » nous avertissent bien plus fréquemment de notre existence que la » pensée. Il a pour mobile une faculté inconnue de l'âme que j'ap- » pelle le *sentiment,* auquel la pensée elle-même se rapporte ; car » l'évidence à laquelle nous cherchons à ramener toutes les opéra- » tions de notre raison, n'est elle-même qu'un simple sentiment.....

» Le sentiment nous prouve bien mieux que notre raison la spi- » ritualité de notre âme ; car celle-ci nous propose souvent pour » but la satisfaction de nos passions les plus grossières, tandis que » celui-là est toujours pur dans ses désirs. D'ailleurs beaucoup d'ef- » fets naturels qui échappent à l'une, ressortissent à l'autre : telle » est, comme nous l'avons dit, l'évidence même, qui n'est qu'un » sentiment, et sur laquelle notre réflexion n'a point de prise ; telle » est encore notre existence. La preuve n'en est point dans notre » raison, car pourquoi est-ce que j'existe? où en est la raison? » Mais je sens que j'existe, et ce sentiment me suffit. » (*Études de la nature,* tome III. pag. 11, 12, 16 et 17 ; *édit. de* 1786.)

Si Bernardin de Saint-Pierre avoit lu le philosophe qu'il combat, il auroit vu que cet argument, *Je sens, donc j'existe,* est identique-ment le même que celui-ci : *Je pense, donc j'existe.* « Par le mot » de *penser,* dit Descartes, j'entends tout ce qui se fait en nous de

soient rendues! *Je suis, j'existe;* cela est certain : n'est-ce pas là ce que vous affirmez? Votre raison n'aperçoit aucun motif, même léger, de douter de cette proposition? Parlez, j'attends une dernière réponse.

« Je suis assuré que je suis une chose qui pense;
» mais sais-je donc aussi ce qui est requis pour me
» rendre certain de quelque chose? Certes, dans cette
» première connoissance il n'y a rien qui m'assure
» de la vérité que la claire et distincte perception de
» ce que je dis; laquelle de vrai ne seroit pas suffi-
» sante pour m'assurer que ce que je dis est vrai, s'il
» pouvoit jamais arriver qu'une chose que je con-
» cevrois aussi clairement et distinctement se trouvât
» fausse : et partant *il me semble* que déjà je puis
» établir, pour règle générale, que *toutes les choses*
» *que nous concevons fort clairement et fort distincte-*
» *ment sont toutes vraies.*

» Toutefois j'ai reçu et admis ci-devant plusieurs
» choses comme très certaines et très manifestes, les-
» quelles néanmoins j'ai reconnues par après être
» douteuses et incertaines... Mais lorsque je consi-
» dérois quelque chose de fort simple et de fort facile
» touchant l'arithmétique et la géométrie, par exemple

» telle sorte que nous l'apercevons immédiatement par nous-mê-
» mes; c'est pourquoi non seulement entendre, vouloir, imaginer,
» mais *sentir*, est la même chose ici que penser. » (*Les principes
de la philosophie*, Ire part., *n.* 9, page 6.)

Au fond, la pensée, le sentiment, l'imagination, la volonté, en tant que *nous les apercevons immédiatement*, étant notre être même, l'argument de Descartes et celui que Bernardin de Saint-Pierre propose d'y substituer se réduisent à ce raisonnement : *Je suis, donc je suis.*

» que deux et trois joints ensemble produisent le
» nombre de cinq, et autres choses semblables, ne les
» concevois-je pas au moins assez clairement pour
» assurer qu'elles étoient vraies? Certes si j'ai jugé
» depuis qu'on pouvoit douter de ces choses, ce n'a
» point été pour autre raison que parce qu'il me
» venoit en l'esprit que peut-être quelque dieu avoit
» pu me donner une telle nature que je me trompasse
» même touchant les choses qui me semblent les plus
» manifestes. Or toutes les fois que cette opinion ci-
» devant conçue de la souveraine puissance d'un dieu
» se présente à ma pensée, je suis contraint d'a-
» vouer qu'il lui est facile, s'il le veut, de faire en
» sorte que je m'abuse, même dans les choses que je
» crois connoître avec une évidence très grande.....
» Et, certes, puisque je n'ai aucune raison de croire
» qu'il y ait quelque dieu qui soit trompeur, et même
» que je n'ai pas encore considéré celles qui prouvent
» qu'il y a un Dieu, la raison de douter qui dépend
» seulement de cette opinion est bien légère, et pour
» ainsi dire métaphysique. Mais, afin de la pouvoir
» tout-à-fait ôter, je dois examiner s'il y a un Dieu,
» sitôt que l'occasion s'en présentera; et si je trouve
» qu'il y en ait un, je dois aussi examiner s'il peut
» être trompeur : *car, sans la connoissance de ces deux*
» *vérités, je ne vois pas que je puisse jamais être certain*
» *d'aucune chose* (1). »

____

(1) *Médit.* III, pag. 25-27. — Descartes fait ailleurs le même
aveu; il convient qu'à moins d'être assurés que Dieu existe, et qu'il
ne peut vouloir nous tromper, nous ne saurions être certains de la

Ainsi me voilà replongé dans ma première incertitude; je ne puis rien affirmer absolument, pas même ma propre existence. Quand je prononce ce jugement, « *J'existe* », *il n'y a rien qui m'assure de sa vérité que la claire et distincte perception de ce que je dis.* La vérité de mon jugement dépend donc de celle de ce principe : *Tout ce que je perçois clairement et distinctement est vrai.* Et la vérité de ce principe même est douteuse, jusqu'à ce que je sois certain que Dieu existe, et qu'il ne peut vouloir me tromper. Mais comment, selon Descartes, serai-je assuré que Dieu est? Parce que l'idée de Dieu est *la plus claire et la plus distincte de toutes celles qui sont en mon esprit* (1). Ainsi, d'un côté, si Dieu n'est pas, mes perceptions les plus claires et les plus distinctes pourroient me tromper; et, d'un autre côté, Dieu est, parce que, s'il n'étoit pas, mes perceptions claires et distinctes me tromperoient. L'existence de Dieu prouve la vérité de mes perceptions claires et distinctes, et mes

---

vérité des choses que nous percevons le plus clairement et le plus distinctement. Voici ses paroles : « La faculté de connoître que
» Dieu nous a donnée, que nous appelons lumière naturelle, n'aper-
» çoit jamais aucun objet qui ne soit vrai en ce qu'elle l'aperçoit,
» c'est-à-dire en ce qu'elle connoît clairement et distinctement ;
» *parce que nous aurions sujet de croire que Dieu seroit trom-*
» *peur,* s'il nous l'avoit donnée telle, que nous prissions le faux
» pour le vrai, *lorsque nous en usons bien.* Et cette considération
» seule nous doit délivrer de ce doute hyperbolique *où nous avons*
» *été pendant que nous ne savions pas encore si celui qui nous a*
» *créés avoit pris plaisir à nous faire tels, que nous fussions*
» *trompés en toutes les choses qui nous semblent très claires.* » (*Les principes de la philosophie,* Iʳᵉ part., *n.* 30, pag. 24.)

(1) *Ibid.*, pag. 48.

perceptions claires et distinctes prouvent l'existence
de Dieu. Est-ce assez abuser du raisonnement? Est-ce
assez avouer son impuissance? Un des plus grands
esprits qui aient paru dans le monde entreprend de
s'assurer de la vérité par ses seules forces, et il ne peut
pas même se prouver qu'il est. Le doute l'investit de
toute part. S'il nie, s'il affirme quelque chose; que
dis-je? s'il ouvre la bouche, s'il parle, ce n'est que
par une contradiction manifeste avec ses principes. Et
cependant (ô foiblesse de la raison humaine!) cette
philosophie s'établira, et ce ne sera pas la philosophie des sceptiques, mais des croyans; et l'école en
fera la base de son enseignement, et les chrétiens la
défendront : ils la défendront dans le siècle du doute,
même après que l'expérience leur en a montré les
effets! Quelle contradiction plus étrange? Mais, quoi!
depuis cent cinquante ans, quelques hommes disent
à quelques autres hommes : Voilà la vraie doctrine,
croyez-y; et la philosophie du raisonnement se per-
pétue par l'autorité, malgré la raison.

CHAPITRE IV.

Malebranche.

Descartes, en renversant la philosophie depuis long-temps enseignée dans l'école, imprima un grand mouvement aux esprits. Ils cherchèrent à s'ouvrir de nouvelles routes, et il est à remarquer que pas un seul homme véritablement supérieur n'adopta pleinement les idées que l'auteur des *Méditations* essaya de substituer à celles d'Aristote. Ils sentoient que son système laissoit dans la raison un vide immense; et ils tentèrent vainement de le combler, parce que, partant toujours du même principe que Descartes, et ne considérant, comme lui, que l'homme isolé, ils ne purent, malgré leurs efforts, trouver un solide fondement de certitude.

Le plus illustre de ses disciples, Malebranche, aperçut une vérité très féconde et très importante, c'est que l'intelligence humaine n'est et ne peut être qu'une participation de l'intelligence divine; que Dieu seul est sa vraie lumière, et que, dès-lors, séparée de Dieu, elle s'évanouit dans des ténèbres éternelles.

S'il avoit réfléchi sur le *moyen* par lequel Dieu éclaire notre esprit et se communique à nous, par lequel nous transmettons nous-mêmes la *lumière* que nous recevons de lui, au lieu de faire un système il seroit rentré dans la véritable philosophie, qui n'est que la religion ; car elle nous apprend que la parole, le *Verbe est la vraie lumière qui éclaire tout homme venant en ce monde* (1). Ce seul mot de l'Écriture, pris à la lettre, explique tout ; mais il ne sauroit s'appliquer ainsi, qu'à l'homme *que Dieu a fait,* l'homme naturel, l'homme en société, et Malebranche ne considéroit, à l'exemple de Descartes, qu'un homme de son invention, un homme contre nature, c'est-à-dire, entièrement isolé : ce qui l'empêcha de comprendre toute l'étendue et la profondeur des paroles de saint-Jean que nous venons de citer. Il ne vit que la moitié de ce qu'il falloit voir : il reconnut que l'homme n'est rien que par ses rapports avec Dieu ; mais il ne fit pas attention que l'homme a aussi des rapports nécessaires avec ses semblables, que c'est d'eux seuls qu'il reçoit le langage, la parole qui lui révèle Dieu, et sans laquelle il ne le connoîtroit jamais. Il prétendit que la pensée ou la connoissance de la vérité résultoit de l'union immédiate de chaque raison particulière avec la raison divine, et dès-lors il ne put donner, non plus que Descartes, de base ferme à la certitude. Ses propres aveux vont nous en convaincre.

« Il y a des personnes, dit-il, qui ne font point
» de difficulté d'assurer que, l'ame étant faite pour
» penser, elle a dans elle-même, je veux dire, en
» considérant ses propres perfections, tout ce qu'il
» faut pour apercevoir les objets..... Mais il me

____

(1) *Lux vera quæ illuminat omnem hominem venientem in hunc mundum.* Joan., I , 9.

» semble que c'est être bien hardi que de vouloir sou-
» tenir cette pensée. C'est, si je ne me trompe, la
» vanité naturelle, *l'amour de l'indépendance*, et le
» désir de ressembler à celui qui comprend en soi
» tous les êtres, qui nous brouille l'esprit, et qui
» nous porte à nous imaginer que nous possédons ce
» que nous n'avons point. *Ne dites pas que vous soyez*
» *à vous-même votre lumière* (1), dit saint Augustin,
» car il n'y a que Dieu qui soit à lui-même sa lumière,
» et qui puisse, en se considérant, voir tout ce qu'il
» a produit et qu'il veut produire.

» Il est indubitable qu'il n'y avoit que Dieu seul
» avant que le monde fût créé, et qu'il n'a pu le pro-
» duire sans connoissance et sans idée; que par con-
» séquent ces idées que Dieu a eues ne sont point
» différentes de lui-même; et qu'ainsi toutes les créa-
» tures, même les plus matérielles et les plus terrestres,
» sont en Dieu, quoique d'une manière toute spiri-
» tuelle et que nous ne pouvons comprendre. Dieu
» voit donc au dedans de lui-même tous les êtres, en
» considérant ses propres perfections qui les lui re-
» présentent (2). Il connoît encore parfaitement leur

---

(1) *Dic quia tu tibi lumen non es.* Serm. 8, *de Verbis Do-*
mini.

(2) « L'essence de Dieu renfermant tout ce qu'il y a de perfection,
» et beaucoup plus qu'il n'y en a dans l'essence de quelque autre
» chose que ce soit, Dieu peut tout connoître en lui-même par la
» connoissance qui lui est propre. Car la nature de chaque chose
» consiste en ce qu'elle participe, à un certain degré et d'une cer-
» taine manière, à la nature de Dieu. *Cum essentia Dei habeat in*
» *se quidquid perfectionis, habet essentia cujusque rei alterius;*
» *et adhuc amplius, Deus in se ipso potest omnia propria cogni-*

» existence, parce que dépendant tous de sa vo-
» lonté pour exister, et ne pouvant ignorer ses
» propres volontés, il s'ensuit qu'il ne peut ignorer
» leur existence ; et par conséquent Dieu voit en lui-
» même non seulement l'essence des choses, mais
» aussi leur existence.

» Mais *il n'en est pas de même des esprits créés ;*
» *ils ne peuvent voir en eux-mêmes, ni l'essence des*
» *choses, ni leur existence.* Ils n'en peuvent voir l'es-
» sence dans eux-mêmes, puisqu'étant très limités
» ils ne contiennent pas tous les êtres, comme Dieu,
» que l'on peut appeler l'être universel, ou simple-
» ment *celui qui est,* comme il se nomme lui-même.
» Puis donc que l'esprit humain peut connoître tous
» les êtres, et des êtres infinis, et qu'il ne les contient
» pas, c'est une preuve certaine qu'il ne voit pas leur
» essence dans lui-même ; car...... il est absolument
» impossible qu'il voie dans lui-même ce qui n'y est
» pas.....

» Il ne voit pas aussi leur existence par lui-même,
» parce qu'elles (ces choses) ne dépendent point de
» sa volonté pour exister, et que les idées de ces
» choses peuvent être présentes à l'esprit, quoi-
» qu'elles n'existent pas..... Il est donc indubitable
» que ce n'est pas en soi-même ni par soi-même que

» *tione cognoscere. Propria enim natura cujusque consistit, se-*
» *cundum quod per aliquem modum naturam Dei participat.* »
S. Thomas, 1 p., q. 14 , art, 6. — Si tout, selon saint Thomas, a son
origine, son principe, sa *raison*, en Dieu, comment trouveroit-on
ailleurs la certitude rationnelle, qui n'est que la raison des choses ?

» l'esprit voit l'existence des choses, mais qu'il dé-
» pend en cela de quelque autre chose (1). »

Ainsi, premièrement, selon Malebranche, la raison humaine n'est qu'une participation de la raison divine : donc s'il n'y avoit point de raison divine, ou si Dieu n'existoit pas, il n'y auroit point de raison humaine, et la certitude de nos idées dépend de la certitude de l'existence de Dieu.

Secondement, l'esprit humain, ni aucun esprit créé, *ne peut voir en lui-même ni l'essence des choses ni leur existence :* donc l'homme qui s'isole de ses semblables et de Dieu, l'homme qui cherche la vérité *en lui-même,* détruit son intelligence, et ne peut arriver à rien de certain.

Troisièmement, puisqu'*il est indubitable que ce n'est pas en soi-même ni par soi-même que l'esprit voit l'existence des choses,* quiconque se renferme *en soi,* et veut parvenir à la vérité *par soi-même,* ne peut donc s'assurer de l'existence d'aucune chose, ni de sa propre existence ; et puisque *nous dépendons en cela de quelque autre chose,* il faut donc que nous connoissions avec certitude l'être ou la *chose* dont nous dépendons, pour être certains de la vérité de nos pensées et de nos jugemens : et jusque-là nous ne saurions rien affirmer, pas même que nous existons.

Malebranche, aussi-bien que Descartes, avoue donc qu'il lui est impossible de sortir du doute, avant d'être

---

(1) *Recherche de la vérité,* tom. II, liv. III, part. II, chap. v, pag. 90-94. *Paris,* 1721.

assuré que Dieu est ; et, comme Descartes encore, il ne peut s'assurer que Dieu est qu'en posant comme certains des principes dont il n'a d'autre preuve que l'assentiment de son esprit, dont les perceptions et l'existence même sont incertaines, si Dieu n'est pas.

Ce n'est pas certes un spectacle peu instructif que celui d'un philosophe doué du plus rare génie , qui entreprend d'enseigner aux hommes à *rechercher la vérité* par la raison seule, et qui, après de longs efforts et des raisonnemens sans nombre, épuisé de travail et d'espérance, dit enfin : « J'avoue qu'il m'est im-
» possible de *voir en moi-même ni par moi-même l'es-*
» *sence d'aucune chose ni de son existence ;* j'avoue
» que j'ignore ce que je suis et si je suis, et que je ne
» puis le savoir que lorsque je saurai avec certitude
» que Dieu existe , et qu'il ne peut ni ne veut me
» tromper ; javoue que, pour connoître avec cette
» certitude l'existence de Dieu , je dois auparavant
» être certain de plusieurs choses qui me sont néces-
» saires pour la prouver, et que je reconnois être
» douteuses, si Dieu n'existe pas. Voilà ma philoso-
» phie ; voilà où m'a conduit la raison, et où elle
» me laisse. »

Malebranche , en effet, ne pouvoit, comme philosophe , aller plus loin, et il ne sortoit de cet abîme que par la foi. Il ne croyoit pas qu'on pût , sans la révélation, être certain de l'existence des corps ; et dès qu'il s'agit de la religion, c'est-à-dire, des vérités nécessaires aux hommes, il change aussitôt de langage, et s'élève avec force contre les insensés qui veulent les

3.

soumettre à la raison de l'homme, ou même les appuyer sur elle. Il ne sera pas inutile peut-être de rappeler ses réflexions à ce sujet.

Après avoir parlé de diverses erreurs où tombent quelques personnes en des matières peu importantes, « Si les hommes, continue-t-il, ne s'arrêtoient qu'à
» de pareilles questions, on n'auroit pas sujet de s'en
» mettre beaucoup en peine ; parce que, s'il y en a
» quelques-uns qui se préoccupent de quelques er-
» reurs, ce sont des erreurs de peu de conséquence.
» Pour les autres, ils n'ont pas tout-à-fait perdu leur
» temps en pensant à des choses qu'ils n'ont pu com-
» prendre ; car ils se sont au moins convaincus de la
» foiblesse de leur esprit, Il est bon, dit un auteur fort
» judicieux*, de fatiguer l'esprit à ces sortes de sub-
» tilités, afin de dompter sa présomption, et lui ôter
» la hardiesse d'opposer jamais ses foibles lumières
» aux vérités que l'Église lui propose, sous prétexte
» qu'il ne les peut pas comprendre. Car puisque
» *toute la vigueur de l'esprit des hommes est contrainte*
» *de succomber au plus petit atome de la matière.....,*
» n'est-ce pas pécher visiblement contre la raison que
» de refuser de croire les effets merveilleux de la
» toute-puissance de Dieu, qui est d'elle-même in-
» compréhensible, par cette raison que notre esprit
» ne les peut comprendre ?
» L'effet donc le plus dangereux que produit l'i-
» gnorance, ou plutôt l'inadvertance où l'on est de

---

* *Art de penser.*

» la limitation et de la foiblesse de l'esprit de l'homme,
» et par conséquent de son incapacité pour com-
» prendre tout ce qui tient quelque chose de l'in-
» fini (1), c'est l'hérésie. Il se trouve, ce me semble,
» en ce temps-ci plus qu'en aucun autre, un fort
» grand nombre de gens qui se font une théologie
» particulière, qui n'est fondée que sur leur propre
» esprit et sur la foiblesse naturelle de la raison ;
» parce que, dans les sujets mêmes qui ne sont point
» soumis à la raison, ils ne veulent croire que ce
» qu'ils comprennent.

» Les sociniens ne peuvent comprendre les mys-
» tères de la Trinité ni de l'incarnation : cela leur
» suffit pour ne les pas croire, et même pour dire,
» d'un air fier et méprisant, de ceux qui les croient,
» que ce sont des gens nés pour l'esclavage. Un cal-
» viniste ne peut concevoir comment il se peut faire
» que le corps de Jésus-Christ soit réellement présent
» au sacrement de l'autel dans le même temps qu'il
» est dans le ciel ; et de là il croit avoir raison de con-
» clure que cela ne se peut faire, comme s'il conce-
» voit parfaitement jusqu'où peut aller la puissance
» de Dieu.

» Un homme qui est même convaincu qu'il est
» libre ; s'il s'échauffe la tête pour tâcher d'accor-
» der la science de Dieu et ses décrets avec la liberté,
» il sera peut-être capable de tomber dans l'erreur

______

(1) « Il y a infinité partout, par conséquent incompréhensibilité
» partout. » *Nicole*, Discours de l'existence de Dieu et de l'immortalité de l'âme : *Essais*, tom. II, pag. 42.

» de ceux qui ne croient point que les hommes soient
» libres : car, d'un côté, ne pouvant concevoir que
» la Providence de Dieu puisse subsister avec la
» liberté de l'homme, et, de l'autre; le respect qu'il
» aura pour la religion l'empêchant de nier la Pro-
» 'vidence, il se croira contraint d'ôter la liberté aux
» hommes; ne faisant pas assez de réflexion sur la
» foiblesse de son esprit, il s'imaginera pouvoir pé-
» nétrer les moyens que Dieu a pour accorder ses
» décrets avec notre liberté.

» Mais les hérétiques ne sont pas les seuls qui man-
» quent d'attention pour considérer la foiblesse de
» leur esprit, et qui lui donnent trop de liberté pour
» juger les choses qui ne lui sont pas soumises. Pres-
» que tous les hommes ont ce défaut, et principale-
» ment quelques théologiens des derniers siècles. Car
» on pourroit peut-être dire que quelques uns d'entre
» eux emploient si souvent des raisonnemens humains
» pour prouver ou pour expliquer des mystères qui
» sont au-dessus de la raison, quoiqu'ils le fassent
» avec une bonne intention, et pour défendre la reli-
» gion contre les hérétiques, qu'ils donnent souvent
» occasion à ces mêmes hérétiques de demeurer obs-
» tinément attachés à leurs erreurs, et de traiter les
» mystères de la foi comme des opinions humaines.

» L'agitation de l'esprit et les subtilités de l'école
» ne sont pas propres à faire connoître aux hommes
» leur foiblesse, et ne leur donnent pas toujours cet
» esprit de soumission si nécessaire pour se rendre
» avec humilité aux décisions de l'Église. Tous ces

» raisonnemens subtils et humains peuvent au con-
» traire exciter en eux leur orgueil secret; ils peuvent
» les porter à faire usage de leur esprit mal à propos,
» et à se former ainsi une religion conforme à sa ca-
» pacité. Aussi ne voit-on pas que les hérétiques se
» rendent aux argumens philosophiques, et que la
» lecture des livres purement scolastiques leur fasse
» reconnoître et condamner leurs erreurs. Mais on
» voit au contraire tous les jours qu'ils prennent oc-
» casion de la foiblesse des raisonnemens de quelques
» scolastiques pour tourner en raillerie les mystères
» les plus sacrés de notre religion, qui, dans la
» vérité, ne sont point établis sur toutes ces raisons et
» explications humaines, mais seulement sur l'auto-
» rité de la parole de Dieu écrite, ou non écrite,
» c'est-à-dire transmise jusqu'à nous par la voie de la
» tradition....

» Le meilleur moyen de convertir les hérétiques
» n'est donc pas de les accoutumer à faire usage de
» leur esprit, en ne leur apportant que des argumens
» incertains tirés de la philosophie, parce que les vérités
» dont on veut les instruire ne sont pas soumises à la
» raison. Il n'est même pas toujours à propos de se
» servir de ces raisonnemens dans des vérités qui
» peuvent être prouvées par la raison aussi-bien que
» par la tradition, comme l'immortalité de l'âme, le
» péché originel, la nécessité de la grâce, le désor-
» dre de la nature, et quelques autres ; de peur que
» leur esprit, ayant une fois goûté l'évidence des
» raisons dans ces questions, ne veuille point se sou-

» mettre à celles qui ne se peuvent prouver que par
» la tradition. Il faut au contraire les obliger à se
» défier de leur esprit propre, en leur faisant sentir
» sa foiblesse, sa limitation, et sa disproportion avec
» nos mystères : et quand l'orgueil de leur esprit sera
» abattu, alors il sera facile de les faire entrer dans
» les sentimens de l'Église, en leur représentant que
» l'infaillibilité est renfermée dans l'idée de toute so-
» ciété divine, et en leur expliquant la tradition de
» tous les siècles, s'ils en sont capables.

» Mais si les hommes détournent continuellement
» leur vue de dessus la foiblesse et la limitation de
» leur esprit, une présomption indiscrète leur enflera
» le courage, une lumière trompeuse les éblouira,
» l'amour de la gloire les aveuglera. Ainsi les héréti-
» ques seront éternellement hérétiques ; les philoso-
» phes, opiniâtres et entêtés; et l'on ne cessera jamais
» de disputer sur toutes les choses dont on disputera,
» tant qu'on en voudra disputer (1). »

Nous prions le lecteur de méditer ces réflexions, et
nous lui laissons le soin d'en tirer les conséquences
applicables à la question qui nous occupe. Nous obser-
verons seulement que les hommes dont l'esprit étoit le
plus fort et le plus pénétrant, sont aussi ceux qui
ont été le plus effrayés de la foiblesse de la raison
humaine, et du danger de soumettre la vérité à son
jugement. Au contraire les hommes nés avec une
certaine incapacité de comprendre, les esprits obtus

______

(1) *Recherche de la vérité*, tom. II, liv. III, part. I, chap. II
pag. 22-29.

et bornés, annoncent, ainsi que les hommes d'erreur, une extrême confiance dans la raison, et surtout dans la leur ; et en général la promptitude et l'assurance avec laquelle on affirme, lorsqu'il ne s'agit pas de choses de foi, est ordinairement proportionnée au défaut de lumières. Nul n'est jamais si pressé de dire *Je vois*, que celui qui ne voit pas, ou qui ne voit rien nettement. Il en a été toujours ainsi, et il n'y a pas d'apparence que les hommes soient plus sages dans la suite. C'est pourquoi si l'on gémit de cette aveugle présomption, on ne doit pas du moins s'en étonner ; car elle est tout ensemble et un effet de notre imperfection naturelle, et une des misères attachées à l'état d'un être déchu par l'orgueil.

CHAPITRE V.

Leibnitz.

Lorsque Malebranche exposoit en France ses idées si brillantes et souvent si profondes et si vraies sur la métaphysique, un philosophe non moins illustre étonnoit l'Allemagne par l'étendue de sa science et par les prodiges de sa pensée. Il y eut en ce temps-là, dans toute l'Europe, comme un effort unanime des esprits pour reculer les limites des connoissances humaines ; et rien, dans les siècles qui avoient précédé ou qui ont suivi, n'est comparable à cette espèce de ligue qui se forma, sous Louis XIV, entre les hommes du plus haut génie et de la plus pure vertu, pour conquérir la vérité. Si le succès ne répondit pas toujours à leurs espérances, il n'en faut accuser que la foiblesse naturelle de la raison ; et de cela même nous pouvons tirer une leçon plus utile que ne l'auroient été les découvertes que Dieu refusa d'accorder à leurs désirs.

Chose remarquable, ce qu'il y a de bon, de vrai, dans leur philosophie, est toujours ou un dogme de la religion ou une conséquence de quelqu'un de ses dogmes*. Dès qu'ils sortent de sa doctrine, ils s'éga-

---

* Toute proposition de métaphysique qui ne sort pas comme d'elle-même d'un dogme chrétien n'est et ne peut être qu'une coupable extravagance. *Les soirées de Saint-Pétersbourg*, par M. le comte de Maistre, *tom.* II, *pag.* 253.

rent; et même la cause de toutes leurs erreurs, le vice fondamental de leurs systèmes, vient de ce qu'ils se sont fait, pour arriver à la vérité et pour y conduire les hommes, une méthode entièrement différente de la méthode *chrétienne*, et dès-lors opposée à la nature.

« L'ordre naturel, dit saint Augustin, exige que,
» lorsque nous apprenons quelque chose, l'autorité
» précède la raison (1). » La philosophie, au contraire, veut commencer par la raison, et voilà pourquoi elle ne nous *apprend* rien qu'à disputer et à douter.

On a vu dans quels abîmes Descartes et Malebranche sont tombés en suivant cette route ; on les a vus forcés d'avouer qu'ils ne pouvoient par leurs principes s'assuer de rien, pas même de leur existence. On doit moins s'étonner après cela que Gassendi et beaucoup d'autres philosophes très distingués aient combattu, dès son origine, le système de Descartes. Leibnitz n'en avoit pas une opinion plus favorable, puisque, selon lui, *le spinosisme n'est qu'un cartésianisme outré* (2) : ce qui assurément ne veut pas dire que les cartésiens aient le moindre penchant pour la doctrine de Spinosa ; mais seulement que leurs principes ont des conséquences dangereuses, et qu'on pourroit en ab-

------

(1) *Naturæ ordo sic se habet, ut, quum aliquid discimus, rationem præcedat auctoritas.* De morib. Eccl. cathol., cap II.

(2) *Remarques critiques sur le système de feu M. Bayle touchant l'accord de la bonté et de la sagesse de Dieu avec la liberté de l'homme et l'origine du mal.* Tom. II, pag. 168 ; *Londres,* 1720.

user, contre leur intention, pour établir les erreurs détestables du Juif hollandois.

Leibnitz, au reste, ne se contente pas de rejeter le cartésianisme à cause du danger de ses conséquences, il en attaque la base même; car voici comme il parle dans ses *Remarques sur le livre de l'Origine du mal* : « Pour passer jusqu'à la cause première, l'auteur » cherche un *criterium*, une marque de la vérité; et » il la fait consister dans cette force par laquelle nos » propositions internes, lorsqu'elles sont évidentes, » obligent l'entendement à lui donner son consente- » ment : c'est par là, dit-il, que nous ajoutons foi » aux sens. Et *il fait voir que la marque des cartésiens,* » *savoir, une perception claire et distincte, a besoin* » *d'une nouvelle marque pour faire discerner ce qui est* » *clair et distinct;* et que la convenance ou discon- » venance des idées (ou plutôt des termes, comme » on parloit autrefois) peut encore être trompeuse, » parce qu'il y a des convenances réelles et appa- » rentes. Il paroît reconnoître même que la force in- » terne qui nous oblige à donner notre assentiment » est encore sujette à caution, et peut venir de pré- » jugés enracinés. *C'est pourquoi il avoue* que celui » qui fourniroit un autre *criterium* auroit trouvé quel- » que chose de fort utile au genre humain (1). »

Ainsi, selon Leibnitz, la philosophie de Descartes pose sur un fondement ruineux, puisque le *criterium*, la marque de la vérité qu'elle nous offre

---

(1) Leibnitz, *Oper. theolog.*, tom. I, pag. 438 *edit. Dutens.*

est insuffisante, et auroit elle-même *besoin d'une nouvelle marque.* Nous verrons, dans un autre chapitre, quelle est celle qu'il y substitue. Mais auparavant il faut se rappeler qu'il s'agit de savoir comment l'homme qui, après avoir rejeté de son esprit toute croyance, même celle de Dieu, cherche en lui-même la vérité par sa raison, peut parvenir à s'assurer indubitablement de quelque chose. Voilà le grand problème que tous les philosophes ont essayé de résoudre, et qu'ils ont tous fini par déclarer insoluble, plus ou moins explicitement; c'est-à-dire qu'aucun d'eux n'a pu trouver dans l'homme, tel que la philosophie le considère, la base de la certitude, ni par conséquent éviter le scepticisme, éternel écueil de la raison abandonnée à elle-même.

Nous avons rapporté l'aveu de Descartes, qui, cherchant à se prouver son existence, reconnoît la nécessité d'examiner auparavant s'il y a un Dieu, et s'il peut être trompeur; car, *sans la connoissance de ces deux vérités, je ne vois pas,* dit-il, *que je puisse jamais être certain d'aucune chose.* Leibnitz ne s'exprime pas, à cet égard, avec moins de force ni moins de clarté. Voici ses paroles : « C'est dans l'entende-
» ment de Dieu, ét indépendamment de sa volonté,
» que subsiste la réalité des vérités éternelles; car
» toute réalité doit se fonder sur quelque chose de
» réellement existant. Il est vrai qu'un homme qui
» ne croit pas en Dieu peut être géomètre; mais si
» Dieu n'existoit point, la géométrie n'auroit aucun
» objet : car, *sans Dieu, non seulement rien n'existe-*

» *roit, mais rien ne seroit possible.* Il est vrai encore
» que ceux qui ne voient point le rapport et la liaison
» des choses entre elles et avec Dieu peuvent appren-
» dre certaines sciences; mais ils ne sauroient en
» concevoir la première origine, *qui est en Dieu* (1). »

Toute réalité doit, suivant Leibnitz, *se fonder sur
quelque chose de réellement existant,* sur Dieu, *dans
l'entendement duquel subsiste la réalité des vérités éternelles :* donc si Dieu n'étoit pas, aucune *réalité ne
subsisteroit,* ou, en d'autres termes, il n'existeroit
rien : donc pour être assuré d'une réalité quelconque,
ou pouvoir raisonnablement affirmer que quelque
chose est, il faut auparavant être certain de l'existence
de Dieu.

Sans Dieu, dit encore Leibnitz, *non seulement rien
n'existeroit, mais rien ne seroit possible :* donc pour
savoir avec certitude que quelque chose est possible, et
à plus forte raison que quelque chose existe réellement, il est d'abord nécessaire d'être certain que
Dieu est.

Réduisons cette doctrine à des termes plus simples
encore : Sans Dieu point de vérité, point d'existence;
donc nulle preuve possible d'aucune vérité, d'aucune
existence, avant de connoître avec certitude celle
de Dieu.

Mais si la certitude de toute vérité dépend de la
certitude de l'existence de Dieu, comment démon-
trerez-vous que Dieu est? De quelque principe que

______

(1) *Oper. theolog.*, t. I, p. 265 *edit. Dutens.*

vous partiez, ce principe sera douteux : vous en convenez ; d'un principe douteux l'on ne peut tirer que des conséquences douteuses : vous ne prouverez donc jamais Dieu, vous ne sortirez donc jamais du doute.

Voilà où l'on en est réduit, quand, au lieu d'appuyer la raison humaine sur la foi, on veut la fonder sur le raisonnement, ou ne lui donner d'autre base qu'elle-même. Est-il possible qu'on ne voie pas que la vérité n'est pour elle que le fait même de son existence, puisqu'elle n'existe que par la connoissance de la vérité ? Et dès qu'elle n'est pas un être nécessaire ; la cause de son existence, ou le fondement de la certitude des vérités qu'elle connoît, n'est pas en elle : comme le dit très bien Malebranche, *elle dépend en cela de quelque autre chose.* Oubliant cette dépendance, tous les philosophes s'efforcent de remonter au-delà de ce premier fait dont nous parlions tout-à-l'heure. Ils veulent que la raison *commence* par elle-même, qu'elle se donne la vérité ou l'être, qu'elle agisse avant d'exister, qu'elle se crée, qu'elle soit et ne soit pas en même temps, contradiction monstrueuse qu'aucun d'eux n'a su éviter, et qu'on n'évite en effet qu'en renonçant à la philosophie *individuelle* pour s'attacher au principe de saint Augustin déjà cité : *L'ordre naturel exige, que, lorsque nous apprenons quelque chose, l'autorité précède la raison* *.

---

* Nous ne parlerons point du systéme de l'*harmonie préétablie* par lequel Leibnitz essaie de rendre raison d'un mystère qui nous sera éternellement incompréhensible, quoiqu'il soit ou plutôt parce qu'il est le fond même de notre nature ; je veux dire l'action réciproque

du corps sur l'âme et de l'âme sur le corps. Nous nous bornerons à observer que , dans l'hypothèse de l'*harmonie préétablie*, la certitude de l'existence des objets extérieurs , la certitude de nos idées et de toutes nos connoissances sans exception , repose uniquement sur la véracité de Dieu ; et que par conséquent l'homme n'est sûr de rien , jusqu'à ce qu'il soit certain que Dieu existe , et qu'il ne peut ni ne veut le tromper : il en est de même du système des *causes occasionelles* de Malebranche. Hors du premier être, source de tous les êtres, il n'y a que des existences sans raison d'exister ou sans certitude ; des effets sans cause ou sans origine : *A Jove principium*...

CHAPITRE VI.

Bacon.

Ce n'est pas sans raison que l'Angleterre se glorifie d'avoir donné naissance à Bacon. Peu d'hommes ont rendu plus de services aux sciences physiques. Depuis long-temps elles s'égaroient dans de vaines subtilités et de ridicules abstractions, lorsqu'il entreprit de les rappeler à l'expérience, comme à la seule méthode efficace pour en procurer l'avancement. Ennemi des systèmes, il recommande de s'attacher aux faits, de se méfier des conjectures ; et le progrès de cette partie des connoissances humaines a prouvé l'excellence de ses conseils. La haute et juste autorité qu'il s'est acquise, et son caractère religieux*, nous portent à le ranger ici parmi les philosophes dogmatistes, quoiqu'il soit beaucoup moins affirmatif que Descartes, qu'il précède dans l'ordre des temps.

A propos d'un passage très frappant de Malebranche, nous avons dit que *les hommes dont l'esprit étoit le plus fort et le plus pénétrant sont aussi ceux qui ont été le plus effrayés de la foiblesse de la raison humaine.* Bacon nous en offre un nouvel exemple. *S'il a,* dit-il, *réussi à s'ouvrir la voie qui conduit à la vérité, ce*

* Voyez l'ouvrage intitulé *Christianisme de François Bacon.*

n'a été qu'en faisant subir à l'esprit humain une légitime humiliation (1). *Notre raison, livrée à elle-même, languit dans l'impuissance* (2) : *il faut qu'elle soit aidée et régie ; autrement ses efforts sont vains, et elle est entièrement incapable de pénétrer l'obscurité qui enveloppe les choses* (3).

Nous avons en nous plusieurs causes d'erreur.

Premièrement, nos notions premières, qui, suivant Bacon, sont très défectueuses et pleines d'incertitude. « Pour ce qui est, dit-il, des notions premières » de l'entendement, il n'en est aucune, parmi celles » que la raison s'est faites d'elle-même, qu'on ne doive » tenir pour suspecte, et qui, avant d'être admise, » n'ait absolument besoin d'une nouvelle preuve (4). » Il met expressément au nombre de ces notions incertaines, ou, comme il les appelle, *phantastiques*, les notions de la *matière*, de la *forme*, de la *substance*, et celle même de l'*être* (5).

---

(1) « Qua in re si quid profecerimus, non alia sane ratio nobis » viam aperuit, quam vera et legitima spiritus humani humilia- » tio. » *Franc. Baconis de Verulamio Novum Organum Scientiarum.* Præfat. *Lugd. Batav.* 1645.

(2) « Nec manus nuda, nec intellectus sibi permissus, multum » valet ; instrumentis et auxiliis res perficitur : quibus opus est, non » minus ad intellectum, quam ad manum. » *Ibid.*, Distrib. operis *aphorism.* II, pag. 30.

(3) « Intellectus, nisi regatur et juvetur, res inæqualis est, et » omnino inhabilis ad superandam rerum obscuritatem. » *Ibid.* *aphorism.* XXI, p. 36.

(4) « Quod vero attinet ad notiones primas intellectus, nihil est eorum quæ intellectus sibi permissus congessit, quin nobis pro » suspecto sit, nec ullo modo ratum, nisi novo indicio se steterit, et » secundum illud pronuntiatum fuerit. » *Ibid.*, p. 7.

(5) « In notionibus nil sani est, nec in logicis, nec in physicis. » Non *substantia*, non *qualitas*, *agere*, *pati*, ipsum *esse*, bonæ » notiones sunt ; multo minus *grave*, *leve*, *densum*, *tenue*, *humi-*

La seconde source d'erreur, selon Bacon, est la dialectique reçue, ou la méthode de raisonnement en usage. Inventée pour remédier à la foiblesse de l'esprit humain, et insuffisante pour atteindre ce but, elle a, de plus, des inconvéniens qui lui sont propres; et l'on ne s'en sert avec succès *que dans les sciences de mots, et dans les choses qui dépendent de l'opinion* (1). « La logique *qui est en abus*, dit-il
» encore, est plus propre à établir et à affermir les
» erreurs fondées sur les notions vulgaires, qu'à
» conduire à la vérité; en sorte qu'elle est plus nui-
» sible qu'utile (2). »

Une troisième cause d'erreur est l'imperfection naturelle de notre intelligence que Bacon compare à un miroir terne et mal poli, qui ne peut réfléchir des images nettes et exactes des objets (3). « Il y a, dit-

---

» *dum, siccum, generatio, corruptio, attrahere, fugare, ele ·*
» *mentum, materia, forma*, et id genus; sed omnes phantasticæ
» et malæ terminatæ. » *Ibid., aphor.*, p. 34.

(1) « Qui summas dialecticæ partes tribuerunt, atque inde fidis-
» sima scientiis præsidia comparari putarunt, verissime et optime
» viderunt, intellectum humanum sibi permissum, merito suspec-
» tum esse debere. Verum infirmior omnino et malo medicina, nec
» ipsa mali expers. Siquidem dialectica quæ recepta est, licet ad
» civilia, et artes quæ in sermone et opinione positæ sunt, rectis-
» sime adhibeatur, naturæ tamen subtilitatem longo intervallo non
» attingit; et prensando quod non capit, ad errores potius stabilien-
» dos, et quasi figendos, quam ad viam veritatis aperiendam, va-
» luit. » *Ibid.*, Præfat.

(2) « Logica quæ in abusu est, ad errores, qui in notionibus vul-
» garibus fundantur, stabiliendos et figendos valet, potius quam ad
» inquisitionem veritatis; ut magis damnosa sit, quam utilis. » *Ibid.*,
aphor., p. 33.

(3) ..... « Atque hujusmodi sunt ea, quæ ad lumen ipsum naturæ,
» ejusque accensionem et immissionem paramus; quæ per se suffi-

4.

» il, dans l'esprit, des *représentations* ou des idées de
» deux sortes, les unes reçues, les autres innées. Les
» idées *reçues* nous sont venues des opinions des
» philosophes, ou des mauvaises lois des démontra-
» tions. Les idées innées sont inhérentes à la nature
» même de notre esprit, qui est beaucoup plus enclin
» à l'erreur que les sens. Car les hommes ont beau
» se flatter eux-mêmes, et admirer, j'ai presque dit
» adorer, leur propre raison; il est très certain que
» comme un miroir change les images des objets
» selon la figure et la forme de sa coupe, il en est
» ainsi de l'esprit. De ces deux genres d'idées, les
» premières s'effacent très difficilement; les autres ne
» peuvent être effacées en aucune façon (1).»

Enfin les sens nous trompent aussi (2), mais moins
que la raison, si l'on en croit le philosophe anglois.

» cere possent, si intellectus humanus æquus, et instar tabulæ
» abrasæ esset. Sed cum mentes hominum miris modis adeo obses-
» sæ sint, ut ad veros rerum radios excipiendos sincera et polita
» area prorsus desit; necessitas quædam incumbit, ut etiam huic
» rei remedium quærendum esse putamus. » *Ibid.*, p. 9.

(1) « Idola autem, a quibus occupatur mens, vel adscititia sunt,
» vel innata. Adscititia vero immigrarunt in mentes hominum, vel
» ex philosophorum placitis et sectis, vel ex perversis legibus de-
» monstrationum. At innata inhærent naturæ ipsius intellectus, qui
» ad errorem longe proclivior esse deprehenditur, quam sensus.
» Utcumque enim homines sibi placeant, et in admirationem men-
» tis humanæ ac fere adorationem ruant; illud certissimum est,
» sicut speculum inæquale rerum radios ex figura et sectione pro-
» pria immutat, ita et mentem, cum a rebus per sensum patitur,
» in notionibus suis explicandis et comminiscendi, haud optima
» fide rerum naturæ suam naturam inserere et immiscere.

» Atque priora illa duo *idolorum* genera ægre, postrema vero hæc
» nullo modo evelli possunt. » *Ibid.*, p. 9, 10, 11.

(2) « Quin etiam sensus ipsius informationes multis modis excu-

Voilà, certes, bien des causes d'incertitude. Aussi Bacon estime-t-il que la philosophie qui établit un doute universel n'est pas inférieure à celle qui, suivant ses propres expressions, *se donne la licence d'affirmer;* et, ce qui est très remarquable, le caractère du scepticisme consiste, selon lui, à *rejeter entièrement la foi et l'autorité* (1). Il ne peut le définir autrement.

Pour lui, il essaie de se tenir à une distance égale des sceptiques et des dogmatistes. Mais pour y parvenir, pour atteindre au moins à un certain degré de vraisemblance qui remplace la certitude complète, il est obligé d'opérer une triple réformation : la *réformation des philosophies*, la *réformation des démonstrations*, et la *réformation de la raison humaine native* (2). Tel est le léger travail qu'il propose aux hommes. Il ne s'agit pour chacun que de *refaire sa nature;* et à l'aide de quoi? de sa nature même.

Quant à la méthode à suivre pour accomplir ce

» timus. *Sensus enim fallunt utique ;* sed et errores suos indicunt :
» verum *errores præsto*, indicia eorum longe petita sunt. *Ibid.*
» p. 8. — Aut destituit nos (*sensus*), aut decipit... Itaque percep-
» tioni sensus immediatæ ac propriæ non multum tribuimus. » *Ibid.*,
p. 9.

(1) « Neque enim illæ ipsæ scholæ philosophorum, qui *acatalep-*
» *tiam* simpliciter tenuerunt, inferiores fuere istis quæ pronun-
» tiandi licentiam usurparunt. Illæ tamen sensui et intellectui auxi-
» lia non paraverunt; quod nos fecimus : *sed fidem et auctoritatem*
» *plane sustulerunt;* quod longe alia res est, et fere opposita. »
Ibid., p. 19.

(2) « Itaque doctrina ista de expurgatione intellectus , *ut ipse ad*
» *veritatem habilis sit*, tribus redargutionibus absolvitur : redar-
» gutione philosophiarum , redargutione demonstrationum , et re-
» dargutione rationis humanæ nativæ. » *Ibid.*, p. 11.

grand œuvre, Bacon veut que l'on procède par voie d'induction (1), en partant, pour s'élever à des vérités générales, des faits particuliers connus par les sens, qu'il avoue néanmoins être souvent trompeurs ; et c'est pourquoi il exige que *les sens ne jugent que de l'expérience*, et que *l'expérience juge de la chose* (2). Il reste encore une difficulté : Qui nous assure que les sens ne nous trompent pas toujours? Sur ce point important, Bacon fait comme tout le monde; pour se tranquilliser, il a recours à la véracité et à la bonté de Dieu (3).

Ce qui frappe le plus dans ce système, c'est le mépris qu'a l'auteur pour la raison humaine, et la défiance qu'elle lui inspire. Pour trouver quelque chose, je ne dis pas de certain, mais de vraisemblable, il faut réformer notre logique, nos premières notions, notre nature même. Mais si notre *raison native* est tellement défectueuse, qu'on doive tenir pour suspectes les idées même innées, sur quelle idée plus parfaite, sur quel modèle et par quels moyens la réformerons-nous? Jusque-là cependant nulle espérance d'arriver à la vérité : *Doctrina ista de expurgatione intellectus, ut ipse ad veritatem habilis sit, tribus redargutionibus absolvitur.* Travaillez donc, ô vous qui aspirez à la connoître ! hâtez-vous de refaire les phi-

(1) *Ibid.*, Distrib. oper. p. 6 *et seq.*

(2) « Eo rem deducimus, ut sensus tantum de experimento, ex» perimentum de re judicet. *Ibid.*, p. 9.

(3) « *Neque enim hoc siverit Deus*, ut phantasiæ nostræ som» nium pro exemplari mundi edamus : sed potius benigne faveat,
» ut apocalypsim, ac veram visionem vestigiorum et sigillorum crea» toris super creaturas scribamus. » *Ibid.*, p. 20.

losophies, de refaire la logique, de refaire votre intelligence; car, tant qu'elle restera telle que Dieu l'a faite, *elle est incapable de vérité*. Si ce n'est pas là le scepticisme, qu'est-ce donc? Il n'importe que Bacon affirme ou non certaines choses; la question est de savoir s'il a droit, en vertu de ses principes, d'affirmer quoi que ce soit. Nous en laissons le jugement au lecteur.

Observez de plus que le rapport des sens est la base sur laquelle il établit l'édifice entier de ses connoissances. Or, de son aveu, il n'a d'autre preuve que ses sens ne le trompent pas, que sa confiance en la bonté et en la véracité de Dieu. Mais comment sait-il avec certitude que Dieu est bon, qu'il est vrai? comment est-il assuré qu'il existe? Son existence est-elle une notion innée en lui? Dès-lors *elle lui doit être suspecte, et ne sauroit être admise sans une nouvelle preuve*. Est-ce par le raisonnement qu'il la connoît? Il doit y croire bien moins encore; car *la logique est plus propre à établir l'erreur qu'à conduire à la vérité*. Est-ce enfin ses sens qui l'en instruisent? Alors qu'il nous explique comment ses sens, qui souvent le trompent, et qui, si Dieu n'existoit pas, pourroient le tromper toujours, lui apprennent avec certitude que Dieu est. Hélas! on voit clairement ici la vérité de ce que dit Bacon lui-même de la foiblesse de l'esprit humain abandonné à ses seules forces, *sibi permissus*. Ou il désespère du vrai et cesse de le chercher, ou il tourne éternellement dans un cercle sans fin; également en contradiction soit avec la raison, s'il affirme, soit avec la nature, s'il doute.

CHAPITRE VII.

Pascal.

Se moquer de la philosophie, c'est vraiment philoso-pher (1). Ce mot de Pascal nous apprend assez ce qu'il pensoit de cette science, si vaine dans ses prin-cipes, si variable dans ses systèmes, si désastreuse par ses effets. Nul homme ne montra jamais une plus amère pitié pour la raison humaine destituée de l'ap-pui que la foi lui prête. Avec quel dédain il se joue de sa ridicule présomption ! comme il la fait rougir d'elle-même ! comme il lui impose silence, si elle a la har-diesse de prononcer un mot avant d'avoir dit : *Je crois !* Ce n'est donc pas pour le combattre que nous parlons ici de Pascal; mais au contraire pour faire voir la parfaite conformité de sa doctrine avec la nôtre, sur les points où celle-ci a été attaquée. On sent bien qu'il nous faut, pour cela, citer d'assez longs passages de ce grand écrivain; mais sûrement personne ne se plaindra de l'étendue de ces citations. Il divise en deux classes tous les philosophes; ceux qui affirment, et ceux qui doutent. Voyons ce qu'il dit des uns et des autres.

« Rien n'est plus étrange dans la nature de l'homme

____

(1) *Pensées de Pascal*, tom. I, art. x, page 274. *Paris*, 1812.

» que les contrariétés qu'on y découvre à l'égard de
» toutes choses. Il est fait pour connoître la vérité;
» il la désire ardemment, il la cherche; et cependant,
» quand il tâche de la saisir, il s'éblouit et se confond
» de telle sorte, qu'il donne sujet de lui en disputer
» la possession. C'est ce qui a fait naître les deux sectes
» de pyrrhoniens et de dogmatistes, dont les uns ont
» voulu ravir à l'homme toute connoissance de la
» vérité, et les autres tâchent de la lui assurer; mais
» chacun avec des raisons si peu vraisemblables,
» qu'elles augmentent la confusion et l'embarras de
» l'homme, lorsqu'il n'a point d'autre lumière que
» celle qu'il trouve dans sa nature.

» Les principales raisons des pyrrhoniens sont que
» nous n'avons aucune certitude de la vérité des prin-
» cipes, hors la foi et la révélation, sinon en ce que
» nous les sentons naturellement en nous. Or ce sen-
» timent naturel n'est pas une preuve convaincante de
» leur vérité, puisque, n'y ayant point de certitude,
» hors la foi, si l'homme est créé par un Dieu bon
» ou par un démon méchant, s'il a été de tout temps
» ou s'il s'est fait par hasard, il est en doute si ces prin-
» cipes nous sont donnés, ou véritables, ou faux, ou
» incertains, selon notre origine; de plus, que per-
» sonne n'a d'assurance, hors la foi, s'il veille ou
» s'il dort, vu que, durant le sommeil, on ne croit
» pas moins fermement veiller qu'en veillant effecti-
» vement. On croit voir les espaces, les figures, les
» mouvemens; on sent couler le temps, on le mesure,
» et enfin on agit de même qu'éveillé. De sorte que,

» la moitié de la vie se passant en sommeil, de notre
» propre aveu, où, quoi qu'il nous en paroisse, nous
» n'avons aucune idée du vrai, tous nos sentimens
» étant alors des illusions, qui sait si cette moitié de la
» vie où nous pensons veiller n'est pas un sommeil un
» peu différent du premier, dont nous nous éveillons
» quand nous pensons dormir, comme on rêve sou-
» vent qu'on rêve en entassant songes sur songes ?

» Je laisse les discours que font les pyrrhoniens
» contre les impressions de la coutume, de l'éducation,
» des mœurs, des pays, et les autres choses sembla-
» bles, qui entraînent la plus grande partie des
» hommes qui ne dogmatisent que sur ces vains fon-
» demens.

» L'unique fort des dogmatistes, c'est qu'en par-
» lant de bonne foi et sincèrement on ne peut douter
» des principes naturels. Nous connoissons, disent-ils,
» la vérité, non seulement par raisonnement, mais
» aussi par sentiment, et par une intelligence vive et
» lumineuse ; et c'est de cette dernière sorte que
» nous connoissons les premiers principes. C'est en
» vain que le raisonnement, qui n'y a point de part,
» essaie de les combattre ; les pyrrhoniens, qui n'ont
» que cela pour objet, y travaillent inutilement.
» Nous savons que nous ne rêvons point, quelque
» impuissance où nous soyons de le prouver par
» raison. Cette impuissance ne conclut autre chose
» que la foiblesse de notre raison, mais non pas l'in-
» certitude de toutes nos connoissances, comme ils le
» prétendent ; car la connoissance des premiers prin-

» cipes, comme, par exemple, qu'il y a *espace, temps,*
» *mouvement, nombre, matière,* est aussi ferme qu'au-
» cune de celles que nos raisonnemens nous donnent.
» Et c'est sur ces connoissances d'intelligence et de
» sentiment qu'il faut que la raison s'appuie, et
» qu'elle fonde tout son discours. Je sens qu'il y a
» trois dimensions dans l'espace, et que les nombres
» sont infinis ; et la raison démontre ensuite qu'il n'y
» a point deux nombres carrés dont l'un soit double
» de l'autre. Les principes se sentent, les propositions
» se concluent ; le tout avec certitude, quoique par
» différentes voies. Et il est aussi ridicule que la
» raison demande, au sentiment et à l'intelligence,
» des preuves de ces premiers principes pour y con-
» sentir, qu'il seroit ridicule que l'intelligence deman-
» dât à la raison un sentiment de toutes les proposi-
» tions qu'elle démontre. Cette impuissance ne peut
» donc servir qu'à humilier la raison qui voudroit
» juger de tout, mais non pas combattre notre certi-
» tude, comme s'il n'y avoit que la raison capable de
» nous instruire. Plût à Dieu que nous n'en eussions
» au contraire jamais besoin, et que nous connussions
» toutes choses par instinct et par sentiment ! Mais la
» nature nous a refusé ce bien, et elle ne nous a
» donné que très peu de connoissances de cette sorte ;
» toutes les autres ne peuvent être acquises que par
» le raisonnement. »

Après avoir ainsi résumé les argumens des sceptiques et des dogmatistes, Pascal continue en ces termes :

« Voilà donc la guerre ouverte entre les hommes.

» Il faut que chacun prenne parti, et se range né-
» cessairement, ou au dogmatisme, ou au pyrrho-
» nisme; car qui penseroit demeurer neutre seroit
» pyrrhonien par excellence : cette neutralité est l'es-
» sence du pyrrhonisme ; qui n'est pas contre eux
» est excellemment pour eux. Que fera donc l'homme
» en cet état? Doutera-t-il de tout? Doutera-t-il s'il veille,
» si on le pince, si on le brûle ? Doutera-t-il s'il doute ?
» Doutera-t-il s'il est? On ne sauroit en venir là; et je
» mets en fait qu'il n'y a jamais eu de pyrrhonien effectif
» et parfait. La nature soutient la raison impuissante,
» et l'empêche d'extravaguer jusqu'à ce point. Dira-
» t-il, au contraire, qu'il possède certainement la
» vérité, lui qui, si peu qu'on le pousse, ne peut en
» montrer aucun titre, et est forcé de lâcher prise ?

» Qui démêlera cet embrouillement : *La nature*
» *confond les pyrrhoniens, et la raison confond les*
» *dogmatistes.* Que deviendrez-vous donc, ô homme
» qui cherchez votre véritable condition par votre
» raison naturelle? *Vous ne pouvez fuir une de ces*
» *sectes, ni subsister dans aucune....* (1).

» Voilà ce que peut l'homme *par lui-même et par*
» *ses propre efforts* à l'égard du vrai et du bien. *Nous*
» *avons une impuissance à prouver, invincible à tout*
» *le dogmatisme;* nous avons une idée de la vérité,
» invincible à tout le pyrrhonisme. Nous souhaitons
» la vérité, *et ne trouvons en nous qu'incertitude.*
» Nous cherchons le bonheur, et ne trouvons que

---

(1) *Pensées de Pascal*, tom. II, art. I, pag. 1-5.

» misère. Nous sommes incapables de ne pas souhaiter
» la vérité et le bonheur, et nous sommes *incapables*
» *et de certitude* et de bonheur. Ce désir nous est laissé,
» tant pour nous punir que pour nous faire sentir d'où
» nous sommes tombés (1). »

Impuissance à prouver, impuissance de douter,
voilà donc, selon Pascal, l'état de l'homme qui cherche la vérité par sa seule raison. Il remarque que
Montaigne, dans ses *Essais*, « détruit insensiblement
» tout ce qui passe pour le plus certain parmi les
» hommes, non pas pour établir le contraire, avec
» une certitude de laquelle seule il est ennemi ; mais
» pour vous faire voir seulement que, les apparences
» étant égales de part et d'autre, on ne sait où asseoir
» sa croyance (2)... » C'est, continue-t-il, dans cette
» assiette, toute flottante et toute chancelante qu'elle
» est, qu'il combat avec une fermeté invincible les
» hérétiques de son temps, sur ce qu'ils assuroient
» connoître seuls le véritable sens de l'Écriture ; et
» c'est de là encore qu'il foudroie l'impiété horrible
» de ceux qui osent dire que Dieu n'est point. Il les
» entreprend particulièrement dans l'apologie de
» Raimond de Sebonde ; et les trouvant *dépouillés*
» *volontairement de toute révélation et abandonnés*
» *à leur lumière naturelle, toute foi mise à part* *, il
» les interroge de quelle autorité ils entreprennent
» de juger de cet Être souverain, qui est infini par

---

(1) *Pensées de Pascal*, tom. II, art. I, pag. 8.
(2) *Ibid.*, tom. I, art. XI, pag. 278.
* C'est précisément l'état où se placent tous les philosophes.

» sa propre définition, eux qui ne connoissent véri-
» tablement aucune des moindres choses de la nature !
» Il leur demande sur quels principes ils s'appuient,
» et il les presse de les lui montrer. Il examine tous
» ceux qu'ils peuvent produire ; et il pénètre si avant,
» par le talent où il excelle, qu'il montre la vanité de
» tous ceux qui passent pour les plus éclairés et les
» plus fermes. Il demande si l'âme connoît quelque
» chose ; si elle se connoît elle-même ; si elle est
» substance ou accident, et s'il n'y a rien qui ne
» soit de l'un de ces ordres ; si elle connoît son pro-
» pre corps ; si elle sait ce que c'est que matière ;
» comment elle peut raisonner, si elle est matière ;
» et comment elle peut être unie à un corps particu-
» lier, et en ressentir les passions, si elle est spirituelle.
» Quand a-t-elle commencé d'être ? Avec ou devant
» le corps ? Finit-elle avec lui, ou non ? Ne se
» trompe-t-elle jamais ? Sait-elle quand elle erre ? vu
» que l'essence de la méprise consiste à la méconnoître.
» Il demande encore si les animaux raisonnent,
» pensent, parlent ; qui peut décider ce que c'est que
» le *temps*, l'*espace*, l'*étendue*, le *mouvement*, l'*unité*,
» toutes choses qui nous environnent, et entièrement
» inexplicables ; ce que c'est que *santé, maladie,*
» *mort, vie, bien, mal, justice, péché*, dont nous
» parlons à toute heure ; si nous avons en nous des
» principes du vrai, et si ceux que nous croyons, et
» qu'on appelle *axiomes*, ou *notions communes à tous*
» *les hommes*, sont conformes à la vérité essentielle.
» Puisque nous ne savons que par la seule foi qu'un

» Être tout bon nous les a données véritables, en
» nous créant pour connoître la vérité, qui saura,
» sans cette lumière de la foi, si, étant formés à l'a-
» venture, nos notions ne sont pas incertaines; ou si,
» étant formés par un être faux et méchant, il ne
» nous les a pas données fausses pour nous séduire?
» Montrant par la que *Dieu et le vrai sont insépara-*
» *bles,* et que *si l'un est ou n'est pas, s'il est certain ou*
» *incertain, l'autre est nécessairement de même.* Qui
» sait si le sens commun, que nous prenons ordinai-
» rement pour juge du vrai, a été destiné à cette
» fonction par celui qui l'a créé? Qui sait ce que c'est
» que vérité? et comment peut-on s'assurer de l'avoir
» sans la connoître? Qui sait même ce que c'est qu'un
» être, puisqu'il est impossible de le définir, qu'il n'y
» a rien de plus général, et [qu'il faudroit pour l'ex-
» pliquer se servir de l'être même, en disant : C'est
» telle ou telle chose? Puis donc que nous ne savons
» ce que c'est qu'*âme, corps, temps, espace, mouve-*
» *ment, vérité, bien,* ni même l'*être,* ni expliquer
» l'idée que nous nous en formons, comment nous
» assurerons-nous qu'elle est la même dans tous les
» hommes * ? Nous n'en avons d'autres marques que

---

* Pascal fait ailleurs la même observation : « Nous supposons que
» tous les hommes conçoivent et sentent de la même sorte les objets
» qui se présentent à eux : mais nous le supposons bien gratuite-
» ment; car nous n'en avons aucune preuve. Je vois bien qu'on ap-
» plique les mêmes mots dans les mêmes occasions, et que toutes
» les fois que deux hommes voient, par exemple, de la neige, ils
» expriment tous deux la vue de ce même objet par les mêmes
» mots, en disant l'un et l'autre qu'elle est blanche; et de cette

» l'uniformité des conséquences, qui n'est pas tou-
» jours un signe de celle des principes ; car ceux-ci
» peuvent bien être différens, et conduire néanmoins
» aux mêmes conclusions, chacun sachant que le
» vrai se conclut souvent du faux.

» Enfin Montaigne examine profondément les
» sciences; la géométrie, dont il tâche de montrer
» l'incertitude dans ses axiomes et dans les termes
» qu'elle ne définit point, comme d'*étendue*, de *mou-*
» *vement*, etc. ; la physique et la médecine, qu'il dé-
» prime en une infinité de façons; l'histoire, la po-
» litique, la morale, la jurisprudence, etc. De sorte
» que, sans la révélation, nous pourrions croire,
» selon lui, que la vie est un songe dont nous ne
» nous éveillons qu'à la mort, et durant lequel nous
» avons aussi peu les principes du vrai que durant le
» sommeil naturel. C'est ainsi qu'il gourmande si
» fortement et si cruellement la raison dénuée de la
» foi, que, lui faisant douter si elle est raisonnable,
» et si les animaux le sont ou non, ou plus ou moins
» que l'homme, il la fait descendre de l'excellence
» qu'elle s'est attribuée, et la met, par grâce, en pa-
» rallèle avec les bêtes, sans lui permettre de sortir
» de cet ordre jusqu'à ce qu'elle soit instruite, par
» son créateur même, de son rang qu'elle ignore; la
» menaçant, si elle gronde, de la mettre au-dessous

» conformité d'application on tire une puissante conjecture d'une
» conformité d'idées : mais cela n'est pas absolument convaincant,
» quoiqu'il y ait bien à parier pour l'affirmative. » *Pensées*, tom. I,
art. vi, pag. 210.

» de toutes, ce qui lui paroît aussi facile que le co
» traire; et ne lui donnant pouvoir d'agir cependan
» que pour reconnoître sa foiblesse avec une hur
» lité sincère, au lieu de s'élever par une sotte v
» nité. On ne peut voir sans joie, dans cet auteur,
» superbe raison si invinciblement froissée par s
» propres armes, et cette révolte si sanglante
» l'homme contre l'homme, laquelle, de la soci
» avec Dieu où il s'élevoit par les maximes de
» foible raison, le précipite dans la condition
» bêtes; et on aimeroit de tout son cœur le minis
» d'une si grande vengeance, si, étant humble d
» ciple de l'Église par la foi, il eût suivi les règ
» de la morale, en portant les hommes qu'il avoi
» utilement humiliés à ne pas irriter par de nouvea
» crimes celui qui peut seul les tirer de ceux qu'il
» a convaincus de ne pas pouvoir seulement ce
» noître (1). »

Pascal étoit si convaincu que la raison, aba
donnée à ses seules forces, ne peut rien établir
ébranlablement, qu'il ne la juge pas même capa
d'arriver par elle-même à la connoissance de Di
« Je n'entreprendrai pas, dit-il, de prouver *par*
» *raisons naturelles*, ou l'existence de Dieu, ou
» Trinité, ou l'immortalité de l'âme, ni aucune
» choses de cette nature, non seulement parce q
» *je ne me sentirois pas assez fort pour trouver dans*
» *nature de quoi convaincre des athées endurcis*, m

____

(1) *Pensées de Pascal*, tom. I, art. xi, pag. 279-283.

» encore parce que cette connoissance, sans Jésus-
» Christ, est inutile et stérile (1). »

Il n'excepte abolument rien de cette incertitude
naturelle, d'où il ne sort que par la foi. Parlant des
philosophes, tant sceptiques que dogmatistes : « Il faut
» dit-il, qu'ils se brisent et s'anéantissent, pour faire
» place à la vérité de la révélation (2). » Et encore :
» L'homme est à lui-même le plus prodigieux objet
» de la nature; car il ne peut concevoir ce que c'est
» que corps, et encore moins ce que c'est qu'esprit,
» et moins qu'aucune chose comment un corps peut
» être uni avec un esprit. C'est là le comble de ses
» difficultés; et cependant c'est son propre être.....
» L'homme n'est donc qu'un sujet plein d'erreurs
» *ineffacables sans la grâce.* Rien ne lui montre la vé-
» rité; tout l'abuse. Les deux principes de vérité, la
» raison et les sens, outre qu'ils manquent souvent
» de sincérité, s'abusent réciproquement l'un l'autre.
» Les sens abusent la raison par de fausses appa-
» rences; et cette même piperie qu'ils lui apportent,
» ils la reçoivent d'elle à leur tour : elle s'en revan-
» che. Les passions de l'âme troublent les sens, et
» leur font des impressions fâcheuses : ils mentent, et
» se trompent à l'envi (3). »

Nous pensons que tout le monde avouera maintenant que nous n'avons rien dit de la foiblesse de
notre raison, et de l'impuissance où elle est de prou-

____

(1) *Pensées de Pascal*, tom. II, art. III, pag. 21-23.
(2) *Ibid.*, tom. I, art. XI, pag. 287.
(3) *Ibid.*, art. VI, pag. 215, 216.

ver quoi que ce soit avant d'avoir trouvé Dieu, que Pascal n'eût également dit, il y a près de deux siècles, sans que personne ait jamais songé à lui en faire un reproche. Il ne faut pas croire cependant que nous le suivions en tout, ni qu'il n'y ait aucune différence entre ses idées et les nôtres. Ce puissant esprit ne savoit pas toujours régler sa force. Il est allé trop loin, en plaçant l'homme entre un doute absolu et la foi en la révélation : ce qui nous semble infirmer les preuves de cette revélation même ; car rien n'indique que Pascal ait eu l'intention de comprendre dans ce mot la première révélation que Dieu fit de lui-même à l'homme en le créant, et qui est tout ensemble l'origine de nos connoissances et le fondement de leur certitude. Il a bien vu que la raison devoit commencer par la foi. *L'esprit,* dit-il, *croit naturellement* (1). Mais il peut croire le vrai et le faux ; il a donc besoin d'une règle de croyance : quelle est cette règle? Pascal ne la donne pas, ou il ne la donne que pour la religion, et à ceux qui, persuadés de la vérité du christianisme, reconnoissent la nécessité de se soumettre à l'autorité de l'Église, sans laquelle il n'y a point de christianisme. Mais, n'ayant point distingué la foi inhérente à notre nature de la foi chrétienne, la raison individuelle de la raison générale, ou la raison de chaque homme de la raison humaine, il ne lui laisse aucun moyen naturel ou *raisonnable* de sortir de l'incertitude où il l'a plongée : car, d'un côté, il avoue que

____

(1) *Pensées de Pascal*, tom. I, art. x, pag. 267.

5.

Dieu et le vrai sont inséparables, et que *si l'un est ou n'est pas, s'il est certain ou incertain, l'autre est nécessairement de même;* et, d'un autre côté, il se reconnoît *incapable de prouver l'existence de Dieu par des raisons naturelles.* N'est-ce pas énerver toute la force des motifs de crédibilité que Pascal lui-même vouloit établir dans l'ouvrage qu'il préparoit sur la religion chrétienne? Comme lui, nous admettons que la philosophie n'a jamais produit ni pu produire autre chose que le doute; mais, de plus, nous montrons, ce qu'il ne fait pas, que l'homme a *dans sa nature* un moyen de parvenir à la connoissance certaine de la vérité. C'est ce qui paroîtra bien clairement lorsque nous exposerons notre propre doctrine, ou plutôt celle du genre humain; et la nécessité où l'on nous a mis de la défendre, nous oblige à le faire remarquer.

CHAPITRE VIII.

Bossuet, Nicole, Euler.

Bossuet n'a jamais, que nous sachions, traité explicitement la question de la certitude. A cet égard il suivoit la philosophie reçue de son temps, et rien en effet ne l'obligeoit à entreprendre un examen que les erreurs qu'il combattoit ne rendoient pas nécessaire. Cependant nous pouvons encore nous appuyer de son autorité sur un point important, avoué déjà par Descartes, Leibnitz et Malebranche ; c'est que sans Dieu rien ne seroit vrai, ou, en d'autre termes, que la certitude de toute vérité dépend de la certitude de l'existence de Dieu : d'où il suit que, tant que l'on tient son existence en doute, il est impossible de rien prouver. Voici les paroles de Bossuet :

« Si je cherche maintenant où, en quel sujet, elles
» (les vérités) subsistent éternelles et immuables, je
» suis obligé d'avouer un être où la vérité est éternel-
» lement subsistante *, et où elle est toujours en-
» tendue ; et cet être doit être la vérité même, et doit
» être toute vérité, et *c'est de lui que la vérité dérive*
» *dans tout ce qui est et ce qui s'étend hors de lui.*

» C'est donc en lui, d'une certaine manière qui

---

* Il semble qu'on entende Leibnitz lui-même.

» m'est incompréhensible, *c'est en lui*, dis-je, *que je*
» *vois ces vérités éternelles ;* et les voir, c'est me tour-
» ner à celui *qui est immuablement toute vérité*, et re-
» cevoir ses lumières.

» Cet objet éternel, c'est Dieu éternellement sub-
» sistant, éternellement véritable, éternellement la vé-
» rité même (1). »

Et encore : « Ces vérités éternelles que tout enten-
» dement aperçoit toujours les mêmes, par lesquelles
» tout entendement est réglé, sont quelque chose de
» Dieu, ou plutôt sont Dieu même (2). »

Donc tout philosophe qui niant Dieu, ou faisant
abstraction de Dieu *, ou supposant son existence
douteuse, cherche quelque chose de certain, est un
insensé qui cherche quelque chose de vrai hors de la
vérité, quelque chose d'existant hors de l'être ; en un

____

(1) *Traité de la connoissance de Dieu et de soi-même*, chap. iv,
pag. 303, 304. *Paris*, 1741.

(2) *Ibid.*, pag. 307. — « Il est certain, dit-il encore, qu'en Dieu
» est la *raison primitive* de tout ce qui est, et de *tout ce qui s'en-*
» *tend* dans l'univers. » *Ibid.*, n. X.

* Qu'est-ce que *faire abstraction de Dieu ?* Est-ce supposer
qu'il n'existe pas ? Alors on tombe nécessairement dans toutes les
conséquences de l'athéisme. Est-ce se placer hypothétiquement
dans l'état d'un être qui n'auroit aucune idée de Dieu ? Alors
n'ayant pas même l'idée d'une première cause, de quoi pourroit-
on être certain ? Quiconque n'a pas l'idée plus ou moins explicite
de Dieu, n'a l'idée de rien ; puisqu'il n'a pas l'idée générale de
l'être. Cet état est celui des animaux, supposé qu'ils aient des perceptions ; c'est l'athéisme invincible : et l'on se demande comment,
dans l'athéisme invincible, ou parviendroit à s'assurer de l'existence
de Dieu ! Il y auroit auparavant une chose à examiner, qui seroit de
savoir comment on raisonneroit en *faisant abstraction de la*
raison.

mot, Dieu même hors de Dieu. Le fondement de la certitude n'est donc pas en nous-mêmes (1); il faut donc nécessairement que nous commencions par la foi : il faut que nous disions *Je crois que Dieu est*, avant de pouvoir raisonnablement dire *Je suis;* et, en intervertissant cet ordre *naturel*, Descartes détruit la raison, et s'ôte le moyen de s'assurer jamais de sa propre existence.

Écoutons encore un de ses disciples : « En se ren-» fermant, dit Nicole, *dans son esprit seul*, et en con-» sidérant ce qui s'y passe, on y trouvera une infinité » de connoissances claires, et dont il est impossible de » douter...

» *Je crois* que la certitude et l'évidence de la con-» noissance humaine, dans les choses naturelles *, » dépend de ce principe :

« *Tout ce qui est contenu dans l'idée claire et dis-» tincte d'une chose se peut affirmer avec vérité de cette » chose.*

» .... Et on ne peut contester ce principe sans dé-» truire toute l'évidence de la connoissance humaine,

---

(1) Bossuet lui-même le dit expressément : « Mon âme, âme rai-» sonnable, *mais dont la raison est si foible*, pourquoi veux-tu » être, et que Dieu ne soit pas ? Hélas ! vaux-tu mieux que Dieu?... » Faut-il que tu sois, et que la *certitude*, la compréhension, la » pleine connoissance de la vérité... ne soit pas? » *Élévat. à Dieu*, tom. I, pag. 8.

* Pourquoi *dans les choses naturelles?* Est-ce que la certitude n'est pas une comme la vérité? Et qu'y a-t-il de plus *naturel* que la vraie religion, et que l'existence de l'Être de qui tous les autres êtres tiennent leur existence et leur *nature* propre ? Ce mot de *nature* a tout brouillé en métaphysique, en religion et en politique.

et établir un pyrrhonisme ridicule. Car nous ne pouvons juger des choses que par les idées que nous en avons, » etc. (1).

En posant le même principe, Descartes dit : « *Il me semble* que je puis établir pour règle générale, » etc. Nicole ne parle pas avec moins de réserve que son maître. *Je crois,* c'est son expression ; ne va pas plus loin. Et c'est comme s'ils disoient un et l'autre : *Je crois, il me semble que je suis certain.* Observez en outre que leur raisonnement se réduit à ceci : Je cherche si j'ai un moyen certain de juger de la vérité des choses ; or je ne puis juger des choses que par les idées que j'en ai : donc mes idées sont conformes à la vérité des choses. Il faut, ajoute Nicole, admettre ce principe, ou être pyrrhonien ; c'est-à-dire qu'il faut affirmer que nos idées sont vraies, ou convenir qu'elles sont douteuses. A cela nous n'hésitons point à répondre, comme Nicole : *Je le crois.*

On vient d'entendre le cartésien ; veut-on entendre le philosophe dégagé de l'esprit de système : « L'homme est si éloigné de connoître la vérité, qu'il en ignore même les marques et les caractères. Il ne se forme souvent que des idées confuses des termes d'évidence et de certitude ; et c'est ce qui fait qu'il les applique au hasard à toutes les vaines lueurs dont il est frappé (2). »

Ne trouvez-vous pas que ces réflexions s'accordent

---

(1) *Logique de Port-Royal*, IVᵉ part., chap. I et VI.
(2) Nicole, *Traité de la foiblesse de l'homme*, chap. IX.

merveilleusement avec la philosophie de Descartes enseignée par Nicole dans l'*Art de penser* *? Comprenez, si vous pouvez, comment l'homme, qui est *si éloigné de connoître la vérité, qu'il en ignore même les marques et les caractères*, trouve néanmoins en lui-même, et dans ses propres idées, une *marque certaine* de la vérité.

Ces sortes de contradictions auxquelles les meilleurs esprits échappent moins que d'autres, lorsqu'ils sont prévenus en faveur de quelque fausse opinion, ne doivent pas leur être reprochées trop sévèrement. On n'y doit voir que l'ascendant de la vérité qui les entraîne, et rien n'ajoute plus à son éclat que cette espèce de force toute-puissante avec laquelle elle se fait jour à travers les préjugés. Ainsi ce même Nicole qui, selon la philosophie de son temps, met dans l'homme individuel le principe de certitude, ne laisse pas de faire observer, lorsqu'il parle comme moraliste, cette grande loi de notre nature, plus ou moins méconnue par tous les philosophes : « Notre juge-» ment, qui est toujours foible et timide quand il est » tout seul, se rassure quand il se voit appuyé de » celui d'autrui (1). »

Que si l'on veut une nouvelle preuve de l'impuissance où l'on est d'arriver à la certitude par les prin-

---

* Une philosophie antinaturelle a dû tout réduire en *art*, et la *pensée* même, qui est la nature de l'homme intelligent. Je m'étonne qu'après leur livre *sur l'art de penser*, ces philosophes n'en aient pas fait un *sur l'art d'être*.

(1) *Essais*, tom. II, pag. 42.

cipes de la philosophie enseignée depuis Descartes dans l'école ; voici ce qu'écrivoit Euler, un de ses plus illustres défenseurs : « Je souhaiterois pouvoir » fournir à Votre Altesse les armes nécessaires pour » combattre les idéalistes et les égoïstes, et démontrer » qu'il existe une liaison réelle entre nos sensations » et les objets mêmes qu'elles représentent *; mais plus » j'y pense, plus je dois avouer mon insuffisance. . . . » Il est aussi difficile de disputer avec les idéalistes, et » il est même impossible de convaincre de l'existence » des corps un homme qui s'obstine à la nier (1). »

Il seroit, je crois, superflu de citer d'autres philosophes de l'école cartésienne. On vient d'entendre les chefs. Il ne reste plus qu'à examiner leur doctrine en elle-même, pour en montrer l'insuffisance et les graves inconvéniens.

---

* Il auroit pu en dire autant de la liaison des *idées* purement spirituelles avec leurs objets. C'est précisément la même question et la même difficulté.

(1) *Lettres à une princesse d'Allemagne*, tom. II, pag. 74, *édit.* de 1788.

CHAPITRE IX.

Danger de la philosophie qui place dans la raison de l'homme individuel le principe de certitude.

On vient de voir que ces philosophes qui, *toute foi mise à part,* comme s'exprime Pascal, cherchent, dans leur raison seule, une première vérité certaine pour servir de base à l'édifice de leurs connoissances, ne peuvent pas même, de leur aveu, parvenir à la certitude de leur existence, et qu'en ne voulant rien admettre sans preuve rationnelle ils se mettent dans l'impuissance absolue de rien prouver. Ce seroit déjà certes assez pour abandonner une philosophie tellement sceptique par son essence, que quiconque la suivroit rigoureusement douteroit de son être même*;

---

* Parce que, avec cette philosophie, on étoit croyant sous Louis XIV, il ne faut pas s'imaginer qu'elle soit étrangère au scepticisme moderne. On ne tire pas d'abord toutes les conséquences d'un principe, surtout quand il est très général, et que ces conséquences sont opposées à une *foi* reçue auparavant. C'est ce qui explique comment les protestans conservèrent une partie des croyances chrétiennes, qui néanmoins ont toujours été s'affoiblissant parmi eux. Une personne très respectable, encore vivante, nous a raconté que, dans sa jeunesse, elle avoit eu des liaisons avec Diderot, dont elle admiroit alors la philosophie. Un jour elle lui dit « Monsieur Diderot, vous et vos amis vous devez être bien contens du » progrès que font vos doctrines. — Contens, monsieur ! étonnés, » répondit l'encyclopédiste. Quand nous avons commencé, nous

une philosophie si opposée à la nature de l'homme,
qu'il lui faudroit, pour être conséquent, renoncer à
toute croyance, en sorte que soit qu'il affirme, soit
qu'il nie, soit qu'il parle, soit qu'il agisse, il contredit ouvertement les maximes qui doivent, à ce qu'il
prétend, régler sa raison. Ce n'est pas tout cependant,
et l'on n'auroit qu'une idée très imparfaite du danger
de cette philosophie, si l'on n'observoit pas qu'elle
renferme encore un autre principe d'erreur et de
scepticisme plus funeste même que le premier, parce
qu'il flatte davantage l'orgueil et l'esprit d'indépendance.

Montrons d'abord en quoi consiste ce principe de
scepticisme, nous ferons voir ensuite comment il devient une cause d'erreur.

Supposons que les dogmatistes soient enfin parvenus à trouver cette première vérité certaine qu'ils
cherchent, ou que, ne pouvant réussir à s'assurer de
sa certitude, ils conviennent d'admettre sans preuves
certains axiomes ou certaines notions pour servir de
bases à leurs raisonnemens; ils ne sont guère avancés
pour cela : car, à moins de soutenir qu'il est impossible que l'homme se trompe dans l'usage qu'il fait de
sa raison, ce qui seroit dire que les contradictoires

» n'avions d'autre dessein que d'argumenter comme on argumente
» dans l'école. On disoit *cela est prouvé ;* nous avons dit *examinons,*
» et cela est devenu ce que vous voyez. » Que Diderot fût sincère
ou non, ses paroles n'en sont pas moins remarquables; car s'il n'a
pas dit ce qu'il vouloit faire, il a dit certainement ce qu'il a fait. Il
a cherché, *par la méthode philosophique,* la vérité de toutes choses; et *cela est devenu ce que nous voyons.*

sont également vrais, ou détruire par une autre voie
toute vérité et toute certitude, il faut qu'ils donnent à
chaque homme une règle infaillible de ses jugemens,
ou un moyen certain de reconnoître s'ils ont bien ou
mal appliqué le principe d'où l'on est convenu de partir ; autrement l'on ne pourroit encore rien affirmer
raisonnablement, puisqu'on n'auroit aucune assurance
d'avoir *bien raisonné*. Voyons donc si les philosophes
dont nous parlons donnent cette règle, s'ils la donnent comme infaillible, et s'ils sont d'accord entre
eux sur cela.

Pour commencer par Descartes, on a vu qu'après
s'être entièrement isolé de tous les autres êtres intelligens, la première chose dont il tâche de s'assurer est
son existence, et que sa première proposition est
celle-ci : *Je pense, donc je suis.* On a vu encore que,
de son aveu, cette proposition seroit incertaine si
Dieu n'existoit pas, ou s'il pouvoit être trompeur. Sa
certitude dépend encore de celle des idées qu'elle
renferme, et que Descartes n'essaie pas de prouver.
« Lorsque j'ai dit (ce sont ses paroles) que cette
» proposition : *Je pense, donc je suis,* est la pre-
» mière et la plus certaine qui se présente à ce-
» lui qui conduit ses pensées par ordre, je n'ai pas
» pour cela nié qu'il ne fallût savoir auparavant ce
» que c'est que pensée, certitude, existence, et que
» *pour penser, il faut être,* et autres choses semblables;
» mais à cause que ce sont des notions si simples, que
» d'elles-mêmes elles ne nous font avoir la connois-
» sance d'aucune chose qui existe, je n'ai pas jugé

» qu'elles dussent être mises ici en compte (1). »

Pour que la fameuse proposition de Descartes soit certaine, c'est-à-dire, pour qu'il soit assuré de son existence, il est donc obligé de supposer trois choses :

1° Que Dieu existe, et qu'il ne peut ni ne veut le tromper ;

2° Que toutes ses premières notions sont vraies, ce qui est précisément la question ;

3° Enfin son existence même, puisque, *pour penser, il faut être,* et que, par conséquent, dire *je pense,* c'est affirmer que l'on est.

Toute cette philosophie n'est donc qu'une éternelle complication de cercles vicieux. Mais venons à la *règle générale* que Descartes déduit de son premier principe, et qui est, selon lui, le *criterium* ou la marque de la vérité : *Tout ce que je perçois clairement et distinctement est vrai.* Leibnitz observe avec raison qu'*elle a besoin d'une nouvelle marque pour faire discerner ce qui est clair et distinct* (2) : car jamais les hommes ne se trompent que parce qu'ils croient avoir une perception claire et distincte de ce qu'ils pensent ; autrement ce ne seroit plus l'erreur, ce seroit le doute, *vu que l'essence de la méprise consiste à la méconnoître* (3). Comment donc saurons-nous que nous nous méprenons ? Comment discernerons-nous

---

(1) *Les principes de la philosophie de R. Descartes,* trad. en françois par un de ses amis, *n.* X, pag. 8.

(2) *Remarques sur le livre* de l'Origine du mal. *Oper theolog.,* tom. I, pag. 438.

(3) *Pascal,* loc. cit. *supr.* p. 61 *et suiv.*

avec certitude nos perceptions véritablement claires
et distinctes de celles que nous croyons faussement
avoir ces caractères? Qu'est-ce que *distinct?* Qu'est-ce
que *clair?* Descartes nous l'apprendra-t-il? « La
» connoissance sur laquelle on veut établir un juge-
» ment indubitable doit être, dit-il, non seulement
» claire, mais aussi distincte. J'appelle claire celle
» qui est présente et manifeste à un esprit *attentif;*
» de même que nous disons voir clairement les objets,
» lorsque, étant présens, ils agissent *assez fort*, et
» que nos yeux sont *disposés* à les regarder; et dis-
» tincte celle qui est tellement précise et différente de
» toutes les autres, qu'elle ne comprend en soi *que*
» *ce qui paroît manifestement à celui qui la considère*
» *comme il faut* (1). »

Si Descartes avoit dit, *J'appelle clair ce qui est*
clair, et distinct ce qui est distinct, il se seroit exprimé
un peu plus clairement et distinctement. Quelle pitié
de voir un si grand génie contraint, par un système
faux, de balbutier des paroles sans aucun sens, et
s'enfoncer de plus en plus dans l'obscurité, pour avoir
voulu trouver en lui-même la lumière!

Nous ne sommes pas au bout, et sa règle a bien
d'autres inconvéniens. Au fond, puisqu'il ne peut
donner aucune marque certaine pour discerner ce qui
est réellement clair et distinct, son *criterium* se réduit
à ceci : *Tout ce dont il nous est impossible de douter,*
ou tout ce que nous croyons fortement être vrai, est

---

(1) *Les principes de la philosophie*, n. 45, pag. 34.

vrai; et par conséquent tout ce que nous croyons fortement être faux, est faux.

Écoutons maintenant Pascal. Après avoir parlé de certaines vérités *qui sont les fondemens et les principes de la géométrie,* il ajoute : « Il n'y a point de connois- » sance naturelle dans l'homme *qui précède celles-là* » *et qui les surpasse en clarté.* Néanmoins, afin qu'il » y ait exemple de tout, on trouve des esprits excel- » lens en toutes autres choses, que ces infinités *cho-* » *quent, et qui ne peuvent, en aucune sorte, y consen-* » *tir* (1). »

Voilà donc des *esprits excellens* pour qui la géométrie n'est pas vraie, et qui ne doivent pas y croire, selon la règle de Descartes. Mais c'est peu de chose encore, près de ce qu'il dit de lui-même; car il avoue qu'*il y a des personnes qui, en toute leur vie, n'aperçoivent rien comme il faut pour en bien juger* (2), par conséquent des personnes qui, en toute leur vie, ne pourront jamais être certaines de rien. Comment Descartes ne s'est-il pas aperçu que cet aveu détruit complètement sa règle et toute sa philosophie de l'homme isolé? Car qui nous assure que nous ne sommes pas une de ces personnes, *qui, en toute leur vie, n'aperçoivent rien comme il faut pour en bien juger?* Toutes les raisons prises en nous-mêmes par lesquelles nous pourrions nous persuader le contraire ne prouvent absolument rien, puisqu'il faudroit au-

---

(1) *Pensées de Pascal,* tom. I, pag. 155.
(2) *Les principes de la philosophie,* n. 45, pag. 34.

paravant que nous fussions sûrs que *nous apercevons quelque chose comme il faut pour en bien juger.* Ainsi, nous tombons de nouveau, et par la règle même de Descartes, dans le scepticisme absolu.

Nous avons montré qu'elle se réduit à cet axiome : *Tout ce que je crois fortement être vrai est vrai.* Mais quelle croyance plus forte que celle des fous sur le point de leur folie * ? Outre les autres motifs qui peuvent rendre incertaine la croyance la plus invincible, elle ne prouve donc nullement la vérité de ce qu'on croit, à moins d'être sûr qu'on n'est pas fou. Or quelle preuve chacun de nous a-t-il qu'il n'est pas fou, si ce n'est le témoignage des autres hommes; l'impuissance de reconnoître qu'on est fou étant précisément le caractère de la folie?

La marque de la vérité que donne Descartes, ou sa règle générale, est donc :

1° Incertaine, puisqu'il ne la prouve pas;

2° Insuffisante, puisqu'elle a besoin d'une nouvelle marque ;

3° Fausse, puisqu'elle tend à consacrer tous les rêves de la folie, et même toutes les illusions de l'erreur ; car plus l'erreur seroit profonde, plus elle auroit le caractère de la vérité, confondue, selon cette règle, avec l'erreur invincible.

Malebranche ne s'éloigne pas, sur ce point, de Descartes. Il pense comme lui que le sentiment intérieur de l'évidence doit être la règle de nos juge-

---

* Les fanatiques sont à cet égard dans le même cas que les fous.

mens ; et voici en conséquence le principe qu'il établit : « *On ne doit jamais donner de consentement en-*
» *tier qu'aux propositions qui paroissent si évidemment*
» *vraies, qu'on ne puisse le leur refuser sans sentir une*
» *peine intérieure et des reproches secrets de la raison ;*
» c'est-à-dire sans que l'on connoisse clairement
» qu'on feroit mauvais usage de sa liberté si l'on ne
» vouloit pas consentir, ou si l'on vouloit étendre
» son pouvoir sur des choses sur lesquelles elle n'en
» a plus (1). »

Essayez de réduire ces paroles de Malebranche à
une proposition précise, vous ne trouverez que ceci :
» Voulez-vous éviter l'erreur, ne *consentez* jamais
» qu'à la vérité. Mais qu'est-ce que la vérité? C'est
» ce qui vous *paroît* évidemment vrai. » Toujours
la même incertitude, la même insuffisance, la même
fausseté.

Après avoir avoué que « celui qui fourniroit un
» autre *criterium* auroit trouvé quelque chose de
» fort utile au genre humain, » Leibnitz dit : « J'ai
» tâché d'expliquer ce *criterium* dans un petit dis-
» cours sur la vérité et sur les idées, publié en 1684 ;
» et quoique je ne me vante point d'y avoir donné
» une nouvelle découverte, j'espère avoir développé
» des choses qui n'étoient connues que confusément.
» Je distingue entre les vérités de fait et les vérités
» de raison. Les vérités de fait ne peuvent être véri-
» fiées que par leur confrontation avec les vérités de

____

(1) *Recherche de la vérité*, liv. I, chap. II, n. 4, tom. I,
pag. 20.

» raison, et par leur réduction aux perceptions immé-
» diates qui sont en nous, et dont saint Augustin et
» M. Descartes ont fort bien reconnu qu'on ne sau-
» roit douter ; c'est-à-dire nous ne saurions douter
» que nous pensons, et même que nous pensons telles
» ou telles choses. Mais pour juger si nos apparitions
» internes ont quelque réalité dans les choses, et
» pour passer des pensées aux objets, mon sentiment
» est qu'il faut considérer si. nos *perceptions* sont bien
» liées entre elles et avec d'autres que nous avons
» eues, en sorte que les vérités de mathématiques et
» autres vérités de raison y aient lieu ; en ce cas on
» doit les tenir pour réelles, et je crois que c'est
» l'unique moyen de les distinguer des imaginations,
» des songes et des visions. Ainsi la vérité des choses
» hors de nous ne sauroit être reconnue que par la
» liaison des phénomènes. Le *criterium* des vérités
» de raison ou qui viennent des *conceptions*, consiste
» dans un usage exact des règles de la logique (1). »

Pour ce qui est de la certitude des *vérités de fait*,
Leibnitz suppose sans aucunes preuves que nous ne
pouvons pas *rêver* pendant soixante ans comme nous
rêvons pendant quelques heures, et que des *imagina-*
tions, des *songes* ne sauroient être liés entre eux
comme des *perceptions* réelles. De plus : il ne nous
donne aucune règle infaillible au moyen de laquelle
nous puissions nous assurer pleinement qu'en effet

---

(1) *Remarques sur le livre* de l'Origine du mal. *Oper. theolog.*,
tom. I, pag. 438, 439.

nos perceptions sont bien liées entre elles et avec d'autres que nous avons eues, en sorte que les vérités de mathématiques et autres vérités de raison y aient lieu. Et quant à ces *vérités de raison,* de la certitude desquelles dépend la certitude des *vérités de fait,* Leibnitz suppose encore, et toujours sans preuves, que nos premières notions, ou nos *perceptions immédiates,* sont vraies, ainsi que les règles de la logique, et il n'essaie même pas de nous apprendre comment nous serons certains que nous en avons fait un *usage exact.*

Au reste, pour ne pas choquer trop ouvertement les autres philosophes, il auroit dû nous dire de quelle logique il entend parler. Quant à celle de l'école, les auteurs de l'*Art de penser* nous préviennent ingénument qu'*il y a sujet de douter si elle est aussi utile qu'on l'imagine* (1); ce qui n'indique pas, ce semble, qu'ils fussent disposés à la reconnoître pour le *criterium* des *vérités de raison :* et cette répugnance ne leur est pas particulière, car, au jugement de Malebranche, *les logiques ordinaires sont plus propres pour diminuer la capacité de l'esprit, que pour l'augmenter* (2).

Bacon s'accorde en cela parfaitement avec Malebranche. « Dans la logique ordinaire, dit-il, on ne » traite guère que du syllogisme... Pour nous, nous » rejetons la démonstration par le syllogisme, parce » qu'elle est pleine de confusion, et qu'elle laisse, pour

----

(1) *Logique de Port-Royal,* IIIᵉ partie : *Du raisonnement.*
(2) *Recherche de la vérité,* liv. III, part. I, chap. III, n. 4, tom. II, pag. 39.

» ainsi dire, la nature échapper de nos mains. Car
» quoique personne ne puisse douter que les choses
» qui conviennent avec un moyen terme, conviennent
» entre elles (ce qui est d'une certitude presque ma-
» thématique); néanmoins il y a cette cause d'erreur,
» que le syllogisme se compose de propositions, les .
» propositions de mots, et les mots sont les signes des
» notions. C'est pourquoi si les notions même de
» l'esprit (qui sont comme l'âme des mots, et la base
» de tout cet édifice) sont mal et témérairement abs-
» traites des choses, si elles sont vagues, si elles ne
» sont ni assez définies ni assez circonscrites, enfin
» si elles sont vicieuses de quelque manière que ce
» soit, tout s'écroule. Nous rejetons donc le syllo-
» gisme, non seulement quant aux principes, ce que
» tout le monde fait, mais encore quant aux propo-
» sitions médiates qu'il en tire et qu'il enfante comme
» il peut...; et nous le laissons, ainsi que les autres
» démonstrations de même sorte, si fameuses et si
» vantées, exercer sa juridiction dans les arts popu-
» laires, et qui dépendent de l'opinion (1). »

---

(1) « In logica vulgari opera fere universa circa syllogismum
» consumitur... At nos demonstrationem per syllogismum rejicimus,
» quod confusius agat, et naturam emittat e manibus. Tametsi
» enim nemini dubium esse possit, quin, quæ in medio termino
» conveniunt, ea et inter se conveniant (quod est mathematicæ cu-
» jusdam certitudinis); nihilominus hoc subest fraudis, quod syllo-
» gismus ex propositionibus constet, propositiones ex verbis, verba
» autem notionum tesseræ et signa sint. Itaque si notiones ipsæ
» mentis (quæ verborum quasi anima sunt, et totius hujusmodi
» structuræ ac fabricæ basis) male ac temere a rebus abstractæ, et
» vagæ, nec satis definitæ et circumscriptæ, denique multis modis

Nous croyons que Bacon exagère les inconvéniens de la logique reçue. Mais au moins Descartes la défendra contre des préventions si fâcheuses. On en va juger; voici ce qu'il dit : « La logique de l'école » n'est, à proprement parler, qu'une dialectique, qui » enseigne les moyens de faire entendre à autrui les » choses qu'on sait, ou même aussi de dire sans jugement plusieurs choses touchant celles qu'on ne » sait pas; et ainsi elle corrompt le bon sens plutôt » qu'elle ne l'augmente (1). »

Leibnitz, Descartes, illustres philosophes, dans quelles perplexités vous me jetez ! Je cherche un *criterium*, une marque certaine de la vérité, une règle infaillible pour m'assurer que je la possède : l'un de vous me dit : « Ce *criterium* consiste dans un usage » exact des règles de la logique; » et l'autre m'assure que cette logique n'est propre qu'à *corrompre le bon sens.* Qui croirai-je de vous deux ? que ferai-je ? Si j'ai recours à la logique, je renonce au *bon sens*, dit l'un; si je refuse son secours, je renonce à la vérité, dit l'autre. Hélas ! dans cette alternative, le plus sage ne seroit-il point de renoncer à la philosophie ?

Quoiqu'il soit clair que Leibnitz parle de la logi-

» vitiosæ fuerint, omnia ruunt. Rejicimus igitur syllogismum; neque id solum quoad principia (ad quæ nec illi eum adhibent), sed » etiam quoad propositiones medias: quas educit sane atque parturit utcumque syllogismus..... Quamvis igitur relinquamus syllogismo, et hujusmodi demonstrationibus famosis et jactatis, jurisdictionem in artes populares et opinabiles, » etc. *Novum Organum Scientiarum ;* Distrib. oper., pag. 5 et 6.

(1) *Les principes de la philosophie* de René Descartes, *préface.*

que de l'école ; si néanmoins l'on veut prendre ce mot dans un sens plus général, sans le limiter à aucune méthode particulière de raisonnement, cela ne diminuera pas beaucoup notre embarras. En effet, de quoi s'agit-il ? De savoir comment l'homme, considéré individuellement, peut s'assurer de la vérité et se préserver de l'erreur ; de trouver un fondement certain de nos connoissances, et une règle infaillible de nos jugemens. Or que dit Leibnitz ? « Suppo- » sez que vos idées premières, vos *perceptions immé-* » *diates* sont vraies, voilà le fondement de vos con- » noissances ; raisonner bien sur ces perceptions, » voilà la règle de vos jugemens. » Et c'est comme s'il disoit : « Vous cherchez la certitude que vos no- » tions premières ne sont pas fausses, supposez » qu'elles sont vraies ; vous cherchez un moyen sûr » d'empêcher que votre raison ne s'égare, ne vous » trompez jamais. » J'avoue que cette règle est infaillible ; mais je ne vois pas clairement et distinctement en quoi elle me servira pour discerner avec certitude les cas où je me trompe, de ceux où je ne me trompe point. Voilà toute la question, et elle reste entière, même après les efforts que Descartes, Malebranche et Leibnitz ont fait pour la résoudre.

D'Aguesseau n'est pas plus heureux. « Je sens » comme vous et comme Horace, écrivoit-il à l'un » de ses amis, que *maxima pars hominum decipimur* » *specie recti,* et il pourroit dire aussi bien *specie veri.* » Il n'y a point d'homme qui n'en ait fait de tristes » expériences, sans être obligé de recourir à des

» exemples. Mais nos méprises et nos erreurs, tou-
» jours fondées sur un défaut d'attention suffisante
» et méthodique , n'empêchent pas qu'il ne soit tou-
» jours vrai que l'évidence parfaite ne sauroit nous
» tromper * ; il faut toujours distinguer en cette ma-
» tière la majeure et la mineure du raisonnement.
» L'évidence véritable ne sauroit nous induire en er-
» reur; voilà la majeure, dont les preuves paroissent
» incontestables. Or je vois clairement et évidemment
» telle et telle proposition ; voilà la mineure , et c'est
» la seule sur laquelle nos doutes peuvent tomber.
» Mais cette mineure, *souvent disputable* , ne regarde
» que le fait actuel de l'évidence dans une découverte
» particulière. Le droit de l'évidence en général, si je
» puis parler ainsi, subsiste dans son entier. Malheur à
» celui qui l'applique mal, et qui se hâte de dire qu'il
» voit, quand il ne voit pas encore.

» *L'évidence n'est le caractère certain de la vérité,*
» *qu'autant qu'il est évident qu'on a pris toutes les*
» *précautions possibles pour chercher l'évidence par*

---

* Entend-on, comme il le semble, par *évidence parfaite* une perception conforme à son objet ou à la vérité ; alors il est aussi certain que *l'évidence parfaite ne sauroit nous tromper*, qu'il est certain que la vérité ne sauroit être fausse. Mais cela ne fait rien à la
question , qui est précisément de savoir s'il existe une semblable
évidence, et comment on la reconnoît avec certitude. Entend-on
par *évidence parfaite* une perception telle que, dans aucune position et dans aucun cas, on ne puisse s'empêcher d'y acquiescer; la
question alors est de savoir : 1° si cette impuissance de ne pas acquiescer est une preuve certaine que la perception est conforme à
la vérité; 2° s'il y a un moyen de s'assurer avec certitude que, dans
aucune position et dans aucun cas, on ne pourroit s'empêcher d'y
acquiescer.

» *l'évidence même; c'est-à-dire que l'évidence des moyens*
» *doit produire l'évidence de la fin et de la conclusion*
» *qui en résulte* (1). »

De tout ce discours, ce qu'on peut conclure c'est
que, ainsi que Descartes, d'Aguesseau attache la
certitude à l'évidence ou aux perceptions claires et
distinctes; mais de telle sorte néanmoins que pour
reconnoître la véritable évidence, une autre évidence
est nécessaire. En d'autres termes, pour être certain
d'une chose il faut auparavant être certain d'une autre
chose. Ce n'est pas résoudre la difficulté, c'est la
reculer. Car comment nous assurerons-nous de la
certitude de cette autre chose? D'Aguesseau fait ici
précisément comme ces Indiens qui ne comprenant
point que la terre se soutienne sans appui dans l'espace, imaginent qu'elle est portée par un éléphant,
et l'éléphant par une tortue, et puis ne s'embarrassent
pas de ce qui porte la tortue elle-même.

Il est à remarquer, aureste, que malgré toutes ces
règles de certitude inventées par les philosophes, la
nature les force sans cesse de recourir à une règle
plus générale, plus sûre, et dont ils tâchent vainement
de s'affranchir; en un mot, à l'autorité. Leibnitz
reconnoît qu'*il faut un juge de controverse en mathé-*
matiques aussi bien qu'en théologie (2); et Descartes lui-

____

(1) *OEuvres du chancelier d'Aguesseau*, tom. XII, pag. 226, 227.

(2) C'est dans une lettre adressée au savant Molanus, que Leibnitz fait cet aveu. Voici le passage entier : « Je croyois fermement
» Monsieur, que ma dernière lettre seroit capable de faire voir à
» M. *Eckardus* en quoi consiste l'imperfection de la méthode dont
» il s'est servi. Mais j'ai appris plusieurs choses par cette dispute,

même voulant prouver que ses principes sont clairs, se fonde, en premier lieu, sur ce qu'il lui est impossible d'en douter : preuve qui ne prouve rien, comme on l'a vu. Il ajoute ensuite : « La seconde raison » qui *prouve* la clarté des principes est qu'ils ont été » connus de tout temps, et même reçus pour vrais et » indubitables par tous les hommes (1). »

En résumé, nous avons fait voir que la philosophie dogmatiste ne donne à l'homme aucune règle infaillible de ses jugemens; d'où il suit qu'il ne peut jamais être certain de leur vérité, ni dès-lors rien affirmer, sans se mettre par là même en contradiction avec une philosophie qui n'admet comme vrai que ce qui est démontré à la raison. Tout cartésien est donc ou sceptique, ou inconséquent. Il reste à faire voir comment ce principe de scepticisme devient une cause d'erreur.

Le doute est pénible à l'homme, et si opposé à sa nature, qu'il n'y eut jamais, comme l'observe Pascal, de pyrrhonien effectif et parfait. Il a beau s'armer contre toutes les croyances, elles le subjuguent malgré lui; et son intelligence, qui s'éteindroit s'il pouvoit arriver à un doute universel, se conserve par la foi naturelle : foi indestructible, qui triomphe de tous les efforts d'une raison égarée par l'orgueil.

Mais cet orgueil, qui cède si difficilement l'empire, veut au moins que, forcé de croire, l'homme demeure

------

» et entre autres celle-ci que je ne croyois pas: c'est qu'il faut un » juge de controverse en mathématiques aussi bien qu'en théo-» logie. »

(1) *Les principes de la philosophie*, etc., *préface.*

juge de la vérité ; et il n'est point de philosophie qui ne suppose que chaque esprit se suffit à soi-même, et doit trouver en soi la règle du vrai. Abandonné dès-lors à ses ténèbres à sa foiblesse, sans que nul ait le droit de le redresser, il se comtemple et s'admire dans sa triste indépendance. Sans guide comme sans maître, il s'avance dans les régions intellectuelles, prononçant en dernier ressort sur tout ce qu'il rencontre, et se créant à lui-même les lois qui le doivent régir, ou plutôt ne reconnoissant de loi, de certitude, de vérité, que ses pensées du moment et ses fugitives perceptions.

Considérez de quelle manière l'erreur naît et se conserve. Qu'est-elle d'abord? le jugement d'un homme qui croit en soi ; l'acquiescement de l'esprit à ce qui lui paroît vrai, sanss'être assuré qu'il paroît également vrai à d'autres esprits. Qu'est-elle ensuite, quand l'opposition devroit au moins produire une juste et salutaire défiance? l'obstination à en croire sa raison, de préférence à une raison plus générale. Il n'existeroit nulle erreur dans le monde, si, toujours persuadé de la foiblesse de son jugement, l'homme n'acquiesçoit jamais complètement à son seul témoignage, et ne refusoit point de rectifier ses pensées sur celles d'autrui, avec une confiance proportionnée à l'autorite qui les contredit.

Les fausses opinions, les fausses religions, ne se sont établies et perpétuées que par une semblable révolte contre l'autorité générale; que parce qu'un homme premièrement, et ensuite d'autres hommes, ont préféré leur raison particulière à la raison de tous, à la raison du genre humain dans les choses humaines, et à la raison de Dieu dans les choses divines. Qu'est-ce qu'un hérétique ? C'est un homme qui se sépare de la société chrétienne, de l'Église, et renonce à la *foi commune*. Qu'est-ce qu'un déiste, un athée ? C'est un homme qui se sépare de la société humaine, et renonce au *sens commun*. Mais si chacun de ces hommes a en soi une règle infaillible de ses jugemens, si vous leur dites que c'est leur raison particulière qui doit déterminer leurs croyances, de quel droit prétendrez vous qu'ils ont mal jugé? de quel droit les condamnerez-vous? de quel droit exigerez-vous qu'ils soumettent leur raison à d'autres raisons qui ne sont pas plus infaillibles que la leur? Soyez au moins conséquens. Ou ils sont juges de la vérité, ou ils ne le sont point : s'ils sont juges de la vérité au même titre que vous et que tout autre homme, ni vous ni aucun autre homme ne peut leur faire une obligation de déférer à son jugement; s'ils ne sont pas juges de la vérité en dernier ressort, dites-le donc nettement, et renoncez à votre philosophie individuelle, pour revenir à la philosophie du genre humain, au *sens commun*.

La règle des cartésiens étant admise, nul n'a le droit de dire absolument, *ceci est vrai, cela est faux;* mais seulement, *ceci est vrai, cela est faux* mais *pour moi* : car un autre peut très bien juger faux ce que nous jugeons vrai, et réciproquement. Or, en ce cas, il n'y a pas de motif pour que mon jugement prévale sur celui d'autrui, ni celui d'autrui sur le mien; il n'y en a pas non plus qui doive m'empêcher d'affirmer comme vrai ce qui me paroît vrai, dès qu'on ne reconnoît point de tribunal au-dessus de la raison particulière. J'affirmerai donc, si je suis conséquent, la vérité de mon jugement; un autre affirmera de même la vérité d'un jugement contraire; et l'on aura autant de vérités que de têtes; c'est-à-dire qu'en toutes choses tout sera vrai et tout sera faux, comme tout est faux et tout est vrai en religion pour les hérétiques, qui, rejetant l'autorité de l'Église, ne reconnoissent d'autre règle que leur raison, ou l'Écriture interprétée par leur raison.

Si, pour sortir de cet embarras, on a recours au consentement commun ou à l'autorité de la raison humaine, de deux choses l'une : ou l'on restera personnellement juge de ce qu'elle prononce, et alors on retombe dans les mêmes inconvéniens; ou il faudra obéir à ses décisions, et croire sur son témoignage, *que l'on perçoive clairement ou non,* et alors c'est abandonner entièrement la philosophie cartésienne.

Voulez-vous, au contraire, la suivre rigoureusement, l'adopter tout entière avec ses principes et ses conséquences : d'abord il vous sera impossible d'éviter le scepticisme; ensuite, vous serez contraint de laisser chacun penser comme il peut et comme il veut : car enfin chacun a, comme vous, sa raison qui est sa règle. En vertu de cette règle, l'erreur aura le même fondement et les mêmes droits que la vérité ; on lui devra le même respect, la même croyance, pourvu qu'elle soit assez profonde pour obscurcir complètement l'esprit. En vain tous les hommes viendroient dire à un homme ainsi aveuglé : Tu te trompes. Cet homme, s'il croit avoir une *perception claire et distincte de ee qu'il pense*, répondra et devra répondre à tous les hommes : C'est vous-mêmes qui vous trompez. Il devra se croire seul lui-même plus éclairé, plus infaillible que le genre humain. Ce n'est pas là ce que nous entendons, s'écrieront quelques personnes. Eh bien ! qu'est-ce donc ? qu'elles s'expliquent. Pour nous, voilà ce que nous combattons. Nous attaquons la doctrine de ceux qui placent le principe de certitude dans l'homme individuel. Or si l'on avoue qu'il n'est pas dans l'homme individuel, il faut bien qu'il soit dans la société, ou il n'y a point de certitude. C'est ce que nous avons tâché d'établir dans l'*Essai*, en substituant à ces vaines et dangereuses rêveries qu'on appelle des systèmes philosophiques, non pas un autre système, mais des faits incontestables, mais une règle aussi ancienne que l'homme, aussi générale que la société, aussi naturelle que la raison, et qu'on ne peut violer entièrement sans détruire et la raison, et la société, et l'homme même.

L'opposition que notre doctrine a éprouvée et que nous avions prévue (1), l'idée fausse que s'en sont

---

(1) Voyez le IIe volume de l'*Essai sur l'Indifférence en matière de religion*, préface.

formée quelques personnes estimables , nous obligent
à l'exposer de nouveau , avec toute la clarté dont
nous sommes capable. Nous essaierons ensuite d'en
faire sentir l'importance, et enfin nous répondrons
au très petit nombre de difficultés qu'on a proposées
sur ce que nous avons dit. Quant à celles qui n'ont
de rapport qu'à ce que nous ne disons pas, nous espérons qu'on nous permettra de ne point nous en occuper. On peut parler de tout à propos d'un livre , et
si l'auteur étoit obligé de sortir à chaque instant
de son sujet pour traiter toutes les questions qu'il
plaît aux critiques de remuer , sa condition seroit
aussi trop dure , pour ne rien dire de celle des lecteurs.

Au reste, quelque soin que l'on prenne pour éviter
d'être obscur, on doit se persuader qu'un homme
qui écrit sur des matières philosophiques n'est jamais
clair que pour les esprits attentifs ; que, malgré le
désir le plus sincère d'être précis, l'on ne sauroit
renfermer un ouvrage entier dans une phrase, et que
dès-lors , avant de le juger , il faut, si on veut être
juste, avoir au moins une assurance raisonnable qu'on
en a bien saisi toutes les parties et leur liaison. C'est
beaucoup exiger sans doute, surtout de ceux qui, ne
devant rien croire sur le témoignage d'autrui, sont
obligés d'examiner une infinité de choses que les
autres hommes admettent de confiance, ce qui les sou-
lage d'un grand travail. Un philosophe qui ne procède que par des preuves rationnelles a fort peu de
temps libre, nous en convenons ; c'est ce qui ex-

plique plusieurs jugemens qu'on a portés sur notre doctrine, et qui paroîtroient inconcevables, s'ils appartenoient à des raisons moins occupées.

CHAPITRE X.

Exposition sommaire de la doctrine développée dans l'Essai sur l'Indifférence en matière de Religion.

Les personnes qui ont combattu les principes exposés dans le deuxième volume de l'*Essai sur l'Indifférence* avoient entièrement oublié le premier, ou l'avoient lu peu attentivement, car il contient la même doctrine; et l'on ne comprend pas qu'approuvant l'un elles aient attaqué l'autre. Si ce que nous disons dans celui-ci est faux, l'ouvrage entier l'est également, et il faut l'effacer jusqu'à la dernière ligne.

En effet, qu'établissons-nous dans le premier volume? Que quiconque se sépare de l'Église catholique est nécessairement ou hérétique, ou déiste, ou athée; que ces trois grands systèmes d'erreur reposent sur la même base, c'est-à-dire, que l'hérétique, le déiste et l'athée, partant d'un principe commun, la souveraineté de la raison humaine[*], supposent que chaque homme, toute foi et toute autorité mise à part, doit trouver la vérité par sa raison seule, ou, ce qui est la même chose, à l'aide de l'Écriture interprétée par la raison seule, et dès-lors n'admettre comme vrai que ce qui est clair, évident, démontré à cette même raison;

---

* Voyez entre autres les Chap. VI et VII du tom. I de l'*Essai sur l'Indifférence.*

que ce principe conduit nécessairement au déisme l'hérétique qui est conséquent, le déiste à l'athéisme, l'athée au scepticisme absolu. Voilà ce que nous prouvons dans le premier volume de l'*Essai*.

Que disons-nous dans le second? Que quiconque part du principe de la souveraineté de la raison humaine, c'est-à-dire quiconque s'imagine que, toute foi et toute autorité mise à part, il doit trouver la vérité par sa raison seule, et dès-lors n'admettre comme vrai que ce qui est clair, évident, démontré à cette même raison, tombe, s'il est conséquent, dans un scepticisme universel.

Or cette proposition, identiquement la même que la précédente, ne sauroit être vraie dans notre premier volume, et fausse dans le second. Attaquer celui-ci c'est donc attaquer l'ouvrage tout entier, ou se contredire manifestement.

En combattant les trois grands systèmes d'indifférence ou d'incrédulité, nous nous sommes attaché surtout à prouver, par l'exemple de tous les incrédules et des hérétiques *, que l'homme qui prend son jugement privé, sa raison individuelle, pour règle de ses croyances, est forcé, de proche en proche, de nier toutes les vérités. Dans le XIIIᶜ chapitre, envisageant ce principe d'erreur d'une manière plus générale, ce n'est pas seulement de l'hérétique, du déiste et de l'athée que nous nous occupons, mais des philosophes même religieux, qui *prétendent que chaque*

---

* Les déistes et les athées sont les hérétiques du genre humain, comme les hérétiques sont les incrédules de l'Église.

homme, considéré individuellement et sans relation avec ses semblables, doit trouver en soi la certitude (1). Nous montrons que l'homme ainsi isolé ne peut être rationellement certain d'aucune chose, et que tous les hommes ensemble ne sauroient acquérir la certitude rationnelle, ou rien démontrer pleinement avant d'avoir trouvé Dieu.

Nous devons avouer qu'il manque, dans cette partie de notre ouvrage, une ou deux phrases qui auroient prévenu la plupart des difficultés qu'on a faites. Nous avons négligé d'avertir que la première partie de notre XIIIᵉ chapitre n'étoit qu'une analyse sommaire des principaux systèmes de philosophie (2) : et il est arrivé de là qu'en croyant nous attaquer on attaque, non pas nous, mais les philosophes que nous avions combattus, en montrant, ce que nous venons encore de prouver, qu'ils ne donnent à l'homme, 1° aucun principe de certitude ; 2° aucune règle de ses jugemens.

En effet, rappelons-nous que tous les systèmes de philosophie, de quelque manière qu'on les modifie et qu'on les combine, se réduisent à trois, relatifs chacun à l'un des moyens que nous avons de connoître. En un mot dès qu'on veut que l'homme individuel trouve en soi la certitude, il faut nécessairement qu'il y parvienne soit par les sens, soit par le sentiment *, soit par le raisonnement.

---

(1) *Essai*, tom. II.
(2) *Ibid.*
* Les hommes, comme nous l'avons prouvé, ont le sentiment de

Nous faisons voir comment les philosophes qui mettent le principe de certitude dans les sens et dans le sentiment sont conduits au scepticisme, et ce que nous disons à ce sujet n'est que le résumé de ce qu'ils disent eux-mêmes. Assurément, il ne dépend pas de nous d'empêcher que le matérialisme et l'idéalisme soient des systèmes sceptiques; et quand nous avons voulu montrer qu'en effet ils aboutissent au scepticisme absolu, et qu'ils sont par conséquent aussi absurdes que dangereux, il a bien fallu en donner la preuve, et citer les aveux des philosophes qui ont soutenu les systèmes que nous combattions.

Quant à ceux qui placent dans le raisonnement le principe de certitude, on vient de voir que nous n'avons rien avancé dont ils ne conviennent, et que, *malgré la licence qu'ils se donnent d'affirmer*, pour nous

---

Dieu (*Essai*, tom. II, pag. 51 et suiv.), le sentiment de leur propre existence, le sentiment du bien et du mal moral, etc. Il y a donc des vérités de sentiment; et ces vérités on les reconnoit, ainsi que les vérités de sensation et de raisonnement, par le témoignage qui nous apprend que les autres hommes sont affectés des mêmes sentimens que nous et de la même façon que nous. On ne doit pas confondre le sentiment avec le sens intime. Le sens intime est la conscience de ce que nous éprouvons en nous-mêmes. Ainsi nous avons la conscience de nos sensations, de nos sentimens, de nos jugemens, en un mot de nos perceptions quelles qu'elles soient. Le sens intime n'est donc que l'impuissance de douter, ou la croyance invincible que nous sommes affectés de telle ou telle manière. Il nous instruit de tout ce qui se passe en nous : il nous apprend, par exemple, que nous formons tel jugement, que telle proposition nous paroît évidente, etc. ; mais il n'est point une preuve certaine que ce jugement soit vrai et que cette proposition soit réellement évidente : autrement il seroit aussi impossible que l'homme se trompât jamais, qu'il est impossible qu'il ne sente pas ce qu'il sent.

servir d'une expression de Bacon, leur système n'est pas moins sceptique que les deux autres. Il est extraordinaire qu'on nous ait nous-même accusé de scepticisme, uniquement parce que nous montrons le danger de leur doctrine, et que nous la rejetons.

Ainsi, quelques personnes ont été choquées d'un passage de notre second volume, où nous disons : « Quand donc Descartes, essayant de sortir de son » doute méthodique, établit cette proposition : *Je* » *pense , donc je suis ,* il franchit un abîme immense, » et pose au milieu des airs la première pierre de » l'édifice qu'il entreprend d'élever (1). » Ces personnes, assurément, ne se doutoient guère que Descartes lui même avoue, en termes formels, tout ce que nous disons dans ce passage; car, sans parler ici de plusieurs autres défauts que nous avons fait remarquer dans sa célèbre proposition, il reconnoît que sa certitude dépend de la certitude de l'existence de Dieu, et de l'impossibilité qu'il nous trompe. Quiconque dit, *je suis,* avant d'être certain que Dieu est, et qu'il ne peut nous tromper, affirme donc sans aucune raison d'affirmer, ou *pose au milieu des airs la première pierre de l'édifice qu'il entreprend d'élever ;* et si l'on suppose sans preuve l'existence de Dieu, on *franchit un abîme immense ,* c'est-à-dire tout l'espace qui sépare le doute absolu de la certitude, et l'être contingent de l'être nécessaire.

Un examen attentif des divers systèmes de philoso-

____

(1) *Essai*, tom. II , pag. 16.

phie nous ayant convaincu que l'homme *seul* [*],
l'homme qui cherche en soi la vérité par sa raison
individuelle, dernier juge de toutes ses croyances,
ne peut arriver à rien de certain, il s'ensuit que cet
homme devroit, s'il étoit conséquent, douter de tout.

Mais *la nature ne le permet pas : elle nous force de
croire* (1) alors même que notre raison aperçoit encore des motifs de doute, ou la possibilité que ce qui
lui paroit vrai soit faux. « L'homme est dans l'impuis-
» sance naturelle de démontrer pleinement aucune
» vérité, et dans une égale impuissance de refuser

---

[*] Quelques personnes paroissent n'avoir pas remarqué que nous
considérons l'homme dans cet état d'isolement, quoique nous
n'ayons négligé aucune occasion d'en avertir. Presque à chaque
page de l'*Essai* nous opposons la raison *particulière*, la raison
isolée, la raison de l'homme *seul*, à la raison générale ou à la
raison humaine proprement dite (*voyez* tom. II, *préface*,
et page 2 à 65 du texte). Au reste, par ces mots, *raison
particulière*, *raison individuelle*, *raison de l'homme seul*, nous
n'entendons pas la raison d'un homme qui réellement et de fait
seroit né et auroit vécu hors de la société de ses semblables ; car
cet homme, dépourvu de langage et d'idées, seroit dépourvu de
raison. L'homme que nous supposons est l'homme de Descartes,
qui, au sein de la société, ayant l'usage de la parole, des idées
acquises, l'habitude de la réflexion, se sépare volontairement des
autres intelligences, et cherche en soi-même le fondement, la dernière raison ou la certitude (car tous ces mots sont synonymes) des
vérités que son esprit a perçues. Voilà notre hypothèse, qui est
celle de tous les métaphysiciens, de tous les philosophes sans exception : et cet isolement systématique est l'état réel où se placent,
lorsqu'il s'agit de la religion, tous les incrédules, quels qu'ils soient,
comme nous l'avons montré dans notre premier volume, en faisant
voir en même temps que dès-lors le protestant, le déiste et l'athée,
impuissans à établir une doctrine quelconque, étoient inévitablement conduits, de proche en proche, au scepticisme absolu.

(1) *Essai*, tom. II, pag. 16.

» d'admettre certaines vérités.... Il se forme, malgré
» nous, dans notre entendement, une série de vérités
» inébranlables au doute, soit que nous les ayons ac-
» quises par les sens ou par quelque autre voie. De
» cet ordre sont toutes les vérités nécessaires à notre
» conservation, toutes les vérités sur lesquelles se fon-
» dent le commerce ordinaire de la vie et la pratique
» des arts et des métiers indispensables. Nous croyons
» invinciblement qu'il existe des corps doués de cer-
» taines propriétés, que le soleil se lèvera demain,
» qu'en confiant des semences à la terre elle nous
» rendra des moissons. Qui jamais douta de ces cho-
» ses, et de mille autres semblables (1)? »

Cette foi invincible est un fait incontestable, universel, et que l'on constateroit encore en le niant,
puisque, pour le nier, il faudroit parler, et par conséquent croire à la parole, croire à sa liaison avec notre
pensée et la pensée d'autrui, croire à sa propre existence et à l'existence des autres hommes, etc., etc.

Or c'est de ce fait que nous partons, sans essayer
de l'expliquer, sans prétendre démontrer que ce que
nous croyons invinciblement, nous et tous les autres
hommes, soit nécessairement vrai (2). Seulement
nous savons que cette foi est conforme à notre nature,
ou plutôt est notre nature même, puisqu'il nous est
impossible de la surmonter, et qu'en la détruisant
nous détruirions notre intelligence, et notre corps
même.

---

(1) *Essai*, tom. II , pag. 20.
(2) *Ibid.*, tom. II , pag.27.

Puisque la philosophie tend à bannir de notre entendement toutes les vérités, que la foi seule les conserve, et que la foi se conserve elle-même malgré tous les efforts que l'homme peut faire pour l'anéantir, elle est donc la base de nos connoissances et le principe de notre raison; et, pour résoudre entièrement le grand problème que les philosophes se sont proposé, il ne reste plus qu'à trouver la règle de nos jugemens.

Ici encore, au lieu de se renfermer en soi-même et de se perdre dans des recherches sans fin, il suffit d'ouvrir les yeux pour reconnoître que, dans l'appréciation du vrai et du faux, tous les hommes se déterminent naturellement par le consentement commun. Veulent-ils s'assurer que telle sensation, tel sentiment, tel raisonnement est conforme à la vérité, ils regardent si les autres hommes sentent comme eux et raisonnent comme eux. *Leur jugement, qui,* selon la remarque de Nicole, *est toujours foible et timide quand il est tout seul, se rassure quand il se voit appuyé de celui d'autrui.* Plus l'accord est général, plus la confiance ou la certitude est grande; et la certitude est aussi complète qu'elle puisse l'être quand l'accord est universel. En effet, si la raison de tous les hommes ou la raison humaine pouvoit se tromper quand elle atteste qu'une chose est vraie, il n'y auroit plus de certitude possible, puisque évidemment les hommes ne peuvent parvenir à la certitude qu'à l'aide de la raison humaine. Le consentement commun ou l'autorité, voilà donc la règle naturelle de nos jugemens ; et la folie consiste à rejeter cette règle, en écoutant sa propre raison de préférence à la raison de tous. Ainsi le principe le plus général de la philosophie et de l'incrédulité est la définition rigoureuse de la folie ; et voilà pourquoi le *sens commun*, qui jamais ne se laisse abuser par des sophismes, déclare fou quiconque oppose sa raison particulière à la raison générale.

Nous avons jusqu'ici reconnu trois choses : 1° l'impossibilité de trouver en nous la certitude rationnelle, ou, en d'autres termes, de *trouver dans notre raison le fondement de notre raison* * ; 2° la nécessité invincible de croire ; 3° la règle générale qui détermine nos croyances, c'est-à-dire l'autorité ou le consentement commun.

Cela posé, nous prouvons l'existence de Dieu par le consentement unanime des peuples ; nous montrons que rejeter cette vérité, c'est nier la raison universelle, et par conséquent renoncer au droit d'user de sa propre raison ; que, rentrant dès-lors dans l'état d'isolement où nous l'avons d'abord considérée, elle cherche en vain une base sur laquelle elle puisse s'appuyer, elle n'a plus aucune règle de jugement ; et qu'ainsi, pour être conséquente, elle doit douter de tout sans exception. La différence qui existe à cet égard entre l'athée et le théiste ne vient pas de ce que l'un *prouve* la raison, et que l'autre en rejette les preuves ; elle consiste en ce que le théiste dit, *je crois*

---

* Remarquez que je dis *dans notre raison*, et non *par notre raison*.

à la raison humaine, et que l'athée dit, *je n'y crois point.*

Ainsi la raison qui ne croit pas en Dieu ne sauroit *raisonnablement* rien croire. Mais, l'existence de Dieu étant admise, l'homme, éclairé d'une nouvelle lumière, aperçoit clairement la raison des faits qu'il étoit obligé de reconnoître sans pouvoir les expliquer.

Il voit, premièrement, que la certitude rationnelle de son être, qu'il cherchoit et qui lui échappoit toujours, ne peut en effet être en lui, puisque cette certitude n'est que la raison même de son existence, et qu'aucun être contingent ne sauroit la trouver en soi. La dernière raison de tout ce qui est, ou la certitude absolue, réside uniquement dans l'Être nécessaire; et voilà pourquoi le doute rationnel remplit tout l'espace qui existe entre Dieu et les intelligences créées. Il faut qu'elles remontent jusqu'à leur cause pour s'assurer d'elles-mêmes.

On voit, en second lieu, comment et pourquoi, non seulement l'homme, mais toutes les intelligences finies, commencent nécessairement par la *foi,* qui est le fondement de leur raison. Qu'est-ce, en effet, qu'être intelligent, sinon connoître ou posséder la vérité? Il faut donc que la vérité soit donnée à l'intelligence au moment où elle naît, et Dieu ne la crée et ne peut la créer qu'en se manifestant à elle. Les vérités premières qu'elle a reçues constituant sa vie, il lui est aussi impossible de ne les pas admettre ou de ne pas les croire, que de ne pas être créée; et si elle pouvoit vaincre cette foi vitale, elle pourroit s'anéantir.

Troisièmement, Dieu étant la vérité essentielle, ou l'être nécessaire, infini, il n'a pu manifester que la vérité à sa Créature ; et de plus, l'erreur, qui n'est qu'une privation, un néant*, ne sauroit en aucun cas devenir un principe de vie. Donc les vérités premières, originairement manifestées ou attestées par le créateur, ont une certitude infinie, puisqu'elles sont nécessairement une portion de la vérité ou de l'être infini.

Quatrièmement, comme il n'y a point de vie intellectuelle possible sans la connoissance de ces vérités, on doit les retrouver dans toutes les intelligences, et on les reconnoît à ce caractère d'universalité. Ainsi nous savons certainement par le témoignage des hommes qu'elles sont universelles, et par le témoignage de Dieu qu'elles sont vraies.

La raison générale des hommes, ou la raison humaine, est donc la règle de la raison particulière de chaque homme ; comme la raison de Dieu, primitivement manifestée, est le principe et la base de la raison humaine ; et l'on ne détruit pas plus la raison individuelle, en lui donnant une règle hors d'elle-même, qu'on ne détruit la raison générale, en la rappelant à son origine, qui est en Dieu **.

---

* Le vrai, dit Bossuet, c'est ce qui est : le faux , c'est ce qui n'est pas. *Traité de la connoissance de Dieu et de soi-même*, pag. 76.

** Qu'on nous permette de faire ici une observation qui ne nous paroît pas sans importance. Les systèmes de philosophie, selon lesquels chaque homme doit, en se plaçant d'abord dans un état de doute complet, chercher en lui-même une première vérité certaine d'où il déduise toutes les autres, ces systèmes sont tellement opposés à la nature, qu'on ne sauroit essayer de les réduire en pratique sans tomber aussitôt dans des contradictions sans nombre, comme Descartes, qui, après avoir dit, *je doute de tout*, parle, raisonne, argumente ; ce qui suppose nécessairement qu'il croit au langage, aux idées qu'il exprime, et enfin à la raison même. De sorte que, selon lui, pour arriver à la vérité et à la certitude, il faudroit que l'homme fût dans uu état où il est impossible qu'aucun homme parvienne jamais à se placer. La doctrine du *sens commun*, au contraire, considère l'homme tel qu'il est dans son état naturel, c'est-à-dire *croyant* mille et mille choses ; et, partant de cette forme invincible, elle lui dit : « Seul, tu peux te tromper ; mais compare » tes croyances à celles des autres hommes, et regarde comme » vrai ce qu'ils croient tous : car si la raison universelle, la *raison* » *humaine*, pouvoit errer, il n'existeroit pour l'homme ni vérité » ni certitude. » Là nul embarras, nulle contradiction : et cette règle est tellement vraie, tellement conforme à notre nature, qu'il est impossible de ne la pas suivre en tout ce qui tient à la vie physique et aux relations sociales ; et la société périroit, si l'on y substituoit la règle philosophique.

CHAPITRE XI.

Éclaircissement de quelques difficultés.

Quelques personnes se sont imaginé que nous pré-
tendions que les sens, le sentiment et le raisonnement
nous trompent *toujours*. Ces personnes nous ont fait
beaucoup trop d'honneur en prenant la peine de nous
répondre ; car qu'y auroit-il à dire à celui qui, rejetant toute vérité, soutiendroit qu'il est impossible de
rien connoître , ou nieroit l'intelligence humaine ?

Depuis qu'il y a des hommes, aucun d'eux n'est
jamais tombé, que nous sachions, dans un pareil
excès d'extravagance. Les sceptiques mêmes ne nient
pas , ils doutent. Et , dès les premières pages de notre
livre , distinguant la faculté de connoître de la faculté
de raisonner , nous disons : « La raison , dans le pre-
» mier sens , est le fond même de notre nature intel-
» ligente. Être intelligent ou raisonnable , c'est être
» capable de percevoir la vérité ; et l'homme a plus
» ou moins de raison , ou sa raison est plus ou moins
» éclairée , plus ou moins étendue , selon qu'elle ren-
» ferme plus ou moins de vérités (1). »

Nous remarquons ensuite que chacun de nous
trouve en soi trois moyens de connoître , ou de par-

____

(1) *Essai*, tom. II , pag. 3.

venir à la vérité : les sens, le sentiment, et le raisonnement (1). Cependant ces trois moyens, ou pris à part ou réunis, ne sont nullement infaillibles. Les sens, le sentiment et le raisonnement peuvent nous tromper, et nous trompent en effet souvent. C'est un fait dont personne ne doute ; et il résulte de ce fait que l'homme isolé ne sauroit être certain de rien.

Mais la nature fournit à l'homme en société une règle, un moyen de certitude qu'il ne trouvoit pas en lui-même. Car il peut comparer le témoignage de ses sens, de son sentiment, de son raisonnement privé, avec le témoignage des sens, du sentiment et du raisonnement des autres hommes ; et selon que ces témoignages diffèrent ou s'accordent, la vérité en est ou plus ou moins certaine, ou plus ou moins douteuse *, sans qu'il soit possible de fixer le nombre de témoignages conformes nécessaire pour produire une certitude parfaite. Comme nous l'observons dans l'*Essai*, « cela dépend de mille circonstances, et, » en particulier, du poids de chaque témoignage pris » à part (2). » Le *sens commun* en chaque occasion, fait ce discernement, et proclame la certitude, lorsqu'elle existe, en déclarant fou quiconque nie ce qui

----

(1) *Essai*, tom. II, pag. 4.

* Tous nos adversaires ont confondu la vérité des idées considérées en elles-mêmes, avec la certitude que l'homme peut avoir de cette vérité : comme si c'étoit la même chose de dire : *Tel principe, tel fait n'est pas vrai*, ou, *nous ne sommes pas certains qu'il soit vrai.* Pour exprimer qu'une chose étoit certaine, les Romains disoient : Elle est attestée, *asserta est.*

(2) *Essai*, tom. II, pag. 36.

est attesté par un témoignage suffisant, ou s'obstine à douter encore.

Ainsi, au jugement de tous les hommes, nier l'existence de Dieu, attestée par le témoignage unanime des peuples, est une vraie folie.

Nier l'existence de César seroit une folie non moins grande, quoique le témoignage qui l'atteste ne soit pas, à beaucoup près, aussi universel.

Et sur un témoignage bien moins général encore, nous croyons et devons croire l'existence de mille et mille individus, parce que partout les hommes croient les faits ainsi attestés, et que le sens commun déclare qu'il faut y croire sous peine de folie.

Ce que nous disons des vérités de fait s'applique également aux vérités de raison ; et s'il arrive qu'une vérité de l'un de ces deux ordres soit contestée, la règle de nos jugemens demeure la même, et la plus grande autorité détermine toujours soit la vraisemblance, soit la certitude.

Qu'est-ce qu'une opinion ? C'est un jugement particulier qui peut être vrai comme il peut être faux ; une proposition qui reste incertaine jusqu'à ce que la raison générale prononce. Mais après sa décision, plus d'incertitude : c'est une vérité, ou c'est une erreur ; et les premiers principes, les axiomes, ne sont que des vérités reconnues universellement.

Réduisons la question à ses plus simples termes.

Cherchant en vous-même la vérité, voulez-vous n'admettre comme vrai que ce qui est démontré à votre raison ; dans l'impossibilité absolue de rien démontrer pleinement, ou d'arriver à rien de certain, vous serez forcé de douter de tout.

Partant de quelque principe ou de quelque notion admise sans preuve, voulez-vous que votre raison demeure seule juge de ce que vous devez croire; l'impossibilité non moins absolue de trouver en vous-même une règle infaillible de vos jugemens vous forcera de nouveau, ou de douter de tout, ou d'attribuer à l'erreur les mêmes droits qu'à la vérité.

Donc, pour éviter le scepticisme, il faut :

1° Commencer par la foi, ou croire avant de comprendre, avant même d'examiner ; car tout examen suppose la connoissance certaine de quelque vérité antérieure à ce qu'on examine : sans quoi, ne pouvant rien conclure, il seroit inutile d'examiner.

2° Trouver hors de nous une règle de nos jugemens. Or la règle de notre raison ne pouvant être qu'une autre raison plus étendue, plus sûre, et l'homme, dans son état présent, n'ayant de rapport extérieur, immédiat, qu'avec des intelligences semblables à la sienne ou avec les autres hommes, il s'ensuit, ou que la raison de chaque individu n'a aucune règle infaillible, ou que cette règle est la raison de tous, la raison générale, la raison humaine. Ce que la raison humaine atteste être vrai est donc nécessairement |vrai, et ce qu'elle atteste être faux est nécessairement faux; autrement il n'existeroit ni vérité ni erreur pour l'homme.

Cette doctrine, aussi ancienne, aussi universelle que le genre humain, est la loi même de notre nature : car tous les hommes croient, sans comprendre et sans examiner, une multitude innombrable de vérités nécessaires à leur conservation ; et tous les hommes encore règlent naturellement leurs croyances sur le consentement commun, ou attachent la certitude à l'accord des jugemens et des témoignages. Détruisez cette foi, rejetez cette règle, plus de certitude, plus de langage, plus de société, plus de vie ; et il n'est point de philosophe qui pût subsister trois jours, s'il suivoit rigoureusement ses principes philosophiques.

Voilà ce que nous avons soutenu dans l'*Essai*, voilà ce que quelques personnes appellent une doctrine *nouvelle*, et d'autres une doctrine *sceptique*, reproches difficiles à concilier, car le scepticisme n'est pas, ce nous semble, tout-à-fait nouveau. Mais enfin nous sommes *sceptique* parce que nous disons qu'à moins d'être fou, nous devons croire et nous croyons en effet invinciblement mille et mille vérités dont nous n'avons aucune preuve rationnelle ; et nous sommes *novateur* parce que nous constatons comme un fait universel cette foi invincible qui est notre nature même, et la règle de cette foi, qui est le penchant non moins naturel que les hommes ont toujours eu à admettre comme vrai ce que la raison générale atteste être vrai. Avant nous on ne s'étoit jamais avisé de comparer ses sensations, ses sentimens, ses raisonnemens, aux sensations, aux sentimens, aux raisonnemens d'autrui ; avant nous on ne soupçonnoit pas que l'uniformité des jugemens confirmoit l'exactitude

de chacun de ces jugemens pris à part; avant nous
jamais les hommes ne se consultoient les uns les
autres; avant nous ils étoient tous sûrs de la vérité
de ce qu'ils pensoient, lors même que ces pensées auroient été opposées entre elles ; avant nous celui qui
eût nié un fait attesté généralement, un principe universellement reçu, auroit été un homme très sage ;
c'est nous qui avons *changé tout cela,* c'est nous qui,
par une innovation détestable, avons inventé la folie.
Cela est *clair, distinct, évident;* quiconque en dou-
tera sera sceptique, ou convaincu du crime énorme
de ne se pas croire infaillible et de respecter le sens
commun.

Nous espérons qu'on nous dispensera de nous
étendre davantage sur les accusations dont nous venons de parler. Après avoir exposé et éclairci notre
doctrine, nous devons maintenant essayer d'en faire
sentir l'importance.

CHAPITRE XII.

Importance de la doctrine exposée dans l'Essai sur l'Indifférence en matière de Religion.

Si les questions traitées dans l'*Essai* n'étoient que des questions de pure curiosité, si elles ne tenoient pas aux plus grands intérêts de l'homme, jamais nous n'aurions écrit cette *Défense;* car qui voudroit perdre un quart d'heure de repos pour une simple opinion philosophique? Nous ne sommes pas de ceux qui aiment les disputes, mais nous ne sommes pas non plus de ceux à qui la vérité est indifférente; et il s'agit ici, non pas seulement de quelque vérité parti-culière, mais du fondement de toute vérité.

Les systèmes que nous avons combattus tendent à détruire la raison humaine, en la confondant avec la raison de chaque individu. Quiconque refuse d'o-béir à l'autorité générale ou au sens commun, et prend sa raison seule pour règle de ses croyances, doit, nous ne saurions trop le répéter, douter de tout; et dès-lors aussi tout meurt. Pour vivre il faut croire avant de comprendre, avant même d'exami-ner, et croire sur le témoignage; autrement nul ordre, nulle raison, nulle existence ne seroit pos-sible. Sans cette foi naturelle et sans la règle de cette foi, le monde moral périroit, comme l'observe saint

8.

Augustin, dont voici les paroles : « On peut apporter
» plusieurs raisons qui feront voir qu'il ne reste plus
» rien d'assuré parmi la société des hommes, si nous
» sommes résolus de ne rien croire que ce que nous
» pourrons reconnoître certainement (1). Et ceux,
» ajoute-t-il, qui aiment et qui cherchent la vérité,
» croient à l'autorité (2). »

Mais pour mieux faire comprendre encore l'importance de la méthode que nous exposons dans notre
ouvrage, et les inconvéniens de la méthode opposée,
appliquons-les l'une et l'autre aux controverses contre
les athées et contre les déistes.

Nous avons déclaré déjà, et, puisqu'on a rendu cette
protestation nécessaire, nous déclarons de nouveau
que personne au monde n'est plus convaincu que nous
de la solidité des preuves qu'emploient les apologistes
de la religion chrétienne pour établir l'existence de
Dieu et la vérité de la révélation. Nous sommes donc
bien loin de prétendre infirmer ces preuves en elles-
mêmes. Nous disons seulement qu'elles sont incom-
plètes, faute d'un premier principe sur lequel elles

______

(1) *Multa possunt afferri quibus ostendatur nihil omnino humanæ societatis incolume remanere, si nihil credere statuerimus,
quod non possumus tenere perceptum.* De utilitate credendi,
c. XII, n. 26. *Tenere perceptum :* Pascal semble avoir voulu lutter
contre cette belle expression, dans ce passage souvent cité : « Di-
» ra-t-il qu'il possède certainement la vérité, lui qui, si peu qu'on
» le pousse, n'en peut montrer aucun titre, et est forcé de *lâcher*
» *prise ?* »

(2) « Invenimus primum beatorum genus ipsi veritati credere ;
» secundum autem studiosorum amatorumque veritatis, auctori-
» tati. » *Eod. lib.*

s'appuient, et qu'on en énerve toute la force en les soumettant au jugement particulier de chaque homme, investi dès-lors du droit de les admettre ou de les rejeter selon la nature de l'impression qu'elles font sur son esprit.

En effet, en s'adressant soit à l'athée, soit au déiste, on suppose constamment, selon la méthode philosophique, que chacun, ayant en soi le principe de certitude et la règle de ses croyances, doit admettre comme vrai ce qui est clair, évident, démontré à sa raison, et rien autre chose ; supposition très fausse, et destructive de toute vérité et de toute foi.

Nous parlons ici d'après l'expérience ; car on a vu que le philosophe qui ne reconnoît d'autre juge de la vérité que sa seule raison est conduit pas à pas dans le scepticisme universel. Mais il faut montrer de plus, que, tandis qu'on raisonne avec lui sur ce principe, il est impossible de le forcer d'admettre une vérité quelconque.

Prenons pour exemple l'athée. Que lui répondrez-vous, quand il vous dira : « Pour me prouver qu'il » existe un Dieu, vous avez posé comme certains des » principes dont je n'avoue nullement la certitude. » Descartes lui-même convient qu'ils sont douteux, » si Dieu n'est pas. Or comment tirerez-vous de prin-» cipes douteux une conclusion certaine ? Si, aban-» donnant en cela Descartes, vous me dites que votre » raison n'a ni ne peut avoir le moindre doute de » la vérité de ces principes, je vous répondrai que » j'ignore ce qui se passe dans votre raison, mais

» qu'en tout cas elle n'est point ma règle, et que, de
» votre aveu, je ne puis ni ne dois juger qu'avec la
» mienne. Or, après un mûr examen, ma raison,
» d'accord avec celle de Hume, me dit qu'*arguer du
» cours de la nature pour en inférer l'existence d'une
» cause intelligente qui a établi et qui maintient l'ordre
» dans l'univers, c'est embrasser un principe incer-
» tain tout ensemble et inutile, car ce sujet est entière-
» ment hors de la sphère de l'expérience humaine* (1).
» Ma raison ne m'incline pas moins à rejeter votre
» grand axiome : *Il n'y a point d'effet sans cause,* et
» les conséquences que votre raison particulière en
» déduit. A mon jugement, *on ne sauroit tirer un ar-
» gument, même probable, de la relation de la cause à
» l'effet, ou de l'effet à la cause* (2)*; la liaison de
» l'effet avec sa cause est entièrement arbitraire, non
» seulement dans sa première notion à* priori, *mais
» encore après que cette notion nous a été suggérée par
» l'expérience* (3). Cet axiome, et les autres dont vous
» vous servez, sont, dites-vous, évidens; dites qu'ils
» vous paroissent tels : mais, encore une fois, ce
» n'est pas votre évidence personnelle, ce n'est pas
» votre raison qui est ma règle. Ils paroissent, ajou-
» tez-vous, également évidens à tous les hommes.
» Quand il seroit ainsi, que m'importe? Ne convenez-
» vous pas que c'est ma conviction, mon évidence,
» et non l'évidence des autres hommes et leur convic-

---

(1) *Hume's philosophical Essays,* pag. 224.
(2) *Ibid.,* pag. 62, 63.
(3) *Ibid.,* pag. 53, 54.

» tion qui doivent déterminer mes croyances? De
» plus, quand j'admettrois les principes que vous po-
» sez, nous ne serions guère avancés pour cela : car
» il s'en faut bien que je tombe d'accord de la justesse
» des conséquences que vous en déduisez. Mon esprit
» n'est nullement frappé de vos démonstrations ; il
» n'y voit que des paralogismes. Or le jugement de
» ma raison étant, selon vous-même, la règle de ce
» que je dois croire, il seroit déraisonnable que je
» crusse en Dieu, malgré la répugnance de ma rai-
» son. Pour vous, à qui les preuves de l'existence de
» Dieu semblent claires et évidentes, croyez-y ; vous
» le devez en vertu du même principe qui m'oblige à
» en douter. Mais de même que je serois aussi injuste
» qu'inconséquent, si j'exigeois que vous prissiez ma
» raison personnelle pour règle de vos croyances,
» vous seriez également injuste et inconséquent si
» vous m'obligiez de prendre votre raison pour règle
» des miennes ? »

Que répondrez-vous à ce discours ? Direz-vous à
l'athée qu'il est fou, que sa raison s'égare, et que
c'est vous qui raisonnez bien : d'abord c'est la question
même, et votre assertion ne la résout pas ; ensuite ni
l'athée ni vous ne se croit infaillible, et c'est la raison
faillible de chacun qui doit être sa règle selon vous
comme selon l'athée. L'accuserez-vous de mauvaise
foi : une injure n'est pas une réponse, et cette injure
seroit une sottise ; car ce seroit supposer que deux
esprits sont nécessairement toujours frappés de la
même manière par la même preuve : et, dans ce cas

même, s'ils énoncent une conviction différente, de quel côté est la mauvaise foi? Avez-vous un moyen de prouver que ce n'est pas vous qui mentez, mais votre adversaire? Si vous opposez à l'athée le consentement commun, le témoignage unanime des hommes, de deux choses l'une : ou, même après ce témoignage, l'athée reste encore seul juge pour lui-même de la vérité de ce que les hommes attestent unanimement, et alors on n'a rien gagné ; ou, soumettant son sens privé au sens commun, il doit croire sur le témoignage universel, et alors ce n'est plus comme l'enseigne votre philosophie, sa propre raison, mais la raison générale qui est la règle de ses croyances.

Il en est ainsi du déiste. Nulle réponse raisonnable à lui faire quand il vous dit : « Vous m'assurez que » c'est ma raison qui doit me conduire à reconnoître » la vérité de la religion chrétienne. Or jai examiné, » avec tout le soin dont je suis capable, les preuves » du christianisme ; je désirerois vivement qu'il fût » vrai : la beauté de sa morale, la pureté de son culte, » parlent à mon cœur. Cependant j'y rencontre » partout des difficultés insurmontables. Pour croire, » et vous en convenez, il faudroit auparavant que » mon esprit fût convaincu. Comment donc voulez- » vous que ma raison admette comme évidemment » vrai ce qui lui paroît évidemment faux * ? »

Conseiller d'entreprendre un nouvel examen, ce

---

* Ce discours n'est point une fiction : c'est, en propres mots, ce que nous ont écrit plusieurs déistes.

n'est pas répondre à cette question, c'est avouer qu'on n'a rien à y répondre. Èt n'y a-t-il aucun danger dans le conseil d'examiner encore, donné à des esprits si débiles qu'ils ont succombé au premier essai de leurs forces? Quand on ne sait plus que répliquer à ces malheureux, on se tire d'affaire en soutenant qu'ils sont de mauvaise foi ; ce qui peut être vrai de quelques uns, mais non pas de tous : car il y en a très certainement qui se trompent avec sincérité; et c'est bien peu connoître la foiblesse de notre raison que d'imaginer que c'est toujours la volonté qui l'égare, tandis que, même dans les choses qui ne regardent que la vie présente, les hommes s'abusent à toute heure sur leurs plus clairs intérêts.

Il résulte de là qu'on a des preuves excellentes contre les athées et contre les déistes, et que néanmoins ces preuves, il nous en coûte de le dire, deviennent souvent inutiles par un vice inhérent à la méthode qu'on a trop légèrement empruntée de la philosophie. On commence par concéder aux incrédules le principe fondamental de toute erreur et de toute incrédulité, c'est-à-dire que la raison individuelle de chaque homme, son jugement privé, est la règle de ce qu'il doit croire. Dès-lors on n'a plus aucun moyen de redresser la raison qui s'égare, on ne peut plus exiger d'elle qu'elle se soumette à une autre raison, ni même à la raison de tous. On se place, en un mot, dans la position où sont les hérétiques à l'égard les uns des autres.

Ainsi le luthérien prouve très solidement au cal-

viniste que le dogme de la présence réelle se trouve
dans l'Écriture avec une extrême clarté; mais la
raison du calviniste ne l'y voyant pas, et chacun,
de l'aveu du luthérien, étant juge pour soi de ce que
l'Écriture enseigne, le luthérien ne peut exiger du
calviniste qu'il entende l'Écriture comme il l'entend
lui-même.

Le luthérien et le calviniste croient avec raison
que les dogmes de la Trinité, de l'incarnation, de la
divinité de Jésus-Christ, sont clairement enseignés
dans l'Écriture, et les preuves qu'ils en donnent sont
excellentes en elles-mêmes; mais elles ne frappent pas
le socinien : et comme il a le même droit qu'eux d'in-
terpréter l'Écriture par sa raison individuelle, le luthérien et le calviniste abandonneroient leur principe
fondamental, s'ils prétendoient le contraindre à renoncer à sa propre interprétation pour adopter la
leur. Et c'est de la sorte que s'est établie, parmi les
protestans, cette tolérance universelle qu'on leur a
tant reprochée, et qui n'est en effet que l'indifférence
absolue des religions. Chaque secte prouve très bien
les vérités qu'elle a conservées, et que les autres rejettent; mais aucune secte ne peut faire aux autres une
obligation de se rendre à ces preuves, quoique très
bonnes, parce qu'elle pose d'abord cette maxime,
que chacun doit n'admettre comme vrai que ce qui
paroît tel à sa raison.

Au fond, dès que l'on conteste, il faut un juge, ou
rien n'empêche que la contestation ne soit éternelle.
Qui sera juge entre l'athée et celui qui croit en Dieu,

entre le chrétien et le déiste? La raison, dites-vous ; mais la raison de qui? Sera-ce la vôtre, ou celle de l'athée? Devrez-vous soumettre votre jugement au sien, ou devra-t-il soumettre son jugement au vôtre? Chacun de vous n'a-t-il pas en soi, selon votre philosophie, la règle de ses croyances? chacun de vous n'est-il pas indépendant? Donc point de juge entre vous, donc point de décision possible. Vous direz qu'il se trompe, il en dira autant de vous; et tant que vous n'aurez que votre raison à opposer à sa raison, votre conviction à sa conviction, jamais rien ne finira, jamais vous ne pourrez exiger qu'il admette comme vrai ce qui ne lui paroît ni clair, ni évident, ni démontré.

Voyons maintenant comment on établit, par la méthode catholique de l'autorité, toutes les vérités nécessaires, sans paralogisme, sans cercle vicieux, et avec autant de simplicité que de force.

Pour commencer par l'athée, voici ce qu'on lui dira : « Je ne prétends point vous démontrer la » raison par la raison, chose évidemment impossible, » puisque, la raison qui démontreroit étant la même » raison qu'il s'agiroit de démontrer, on la suppose- » roit à la fois certaine et incertaine. Je ne prétends » point vous prouver qu'il y ait un rapport nécessaire » entre ce que nous percevons comme vrai, et une » vérité essentielle, éternelle, immuable, qui soit » hors de nous. Je ne vous demande pas même de » convenir avec moi d'un premier principe qui serve » de base à nos raisonnemens ; car nous pourrions

» fort bien ne pas nous accorder sur ses conséquences.
» Je vous ferai seulement une question : Croyez-vous
» ou non à la raison humaine *quelle qu'elle soit ?*

» Si vous me répondez que vous ne croyez pas à la
» raison humaine, alors ne me pressez donc plus de
» raisonner, de vous donner des preuves, de résoudre
» vos objections, cessez de raisonner vous-même,
» cessez de penser, cessez de parler ; car vous ne
» pouvez parler sans énoncer un jugement, sans faire
» dès-lors un acte de raison, et sans par conséquent
» témoigner votre foi en cette même raison à laquelle
» vous ne croyez pas, dites-vous. Prononcer un mot,
» faire un signe, agir, vouloir, c'est manifestement
» vous contredire vous-même.

» Si vous me dites que vous croyez à la raison hu-
» maine, c'est dire, en d'autres termes, que vous
» admettez comme vrai ce que la raison humaine
» atteste être vrai. Or rien ne fut jamais plus constam-
» ment, plus unanimement attesté comme vrai par la
» raison humaine ou la raison du genre humain, que
» l'existence de Dieu : donc vous croirez que Dieu
» existe, ou vous nierez la raison humaine. »

Cherchons maintenant ce que l'athée pourroit
essayer de répondre à ce raisonnement.

Dira-t-il : Je crois à ma raison individuelle ; mais
je ne crois point à la raison que vous appelez humaine,
ou à la raison de tous les hommes : ce seroit supposer
que tous les hommes peuvent être perpétuellement et
invinciblement abusés par l'erreur. Or, sa raison
n'étant pas d'une autre nature que la leur, il n'a plus

lui-même aucune assurance de n'être pas perpétuellement abusé comme eux par une erreur invincible; dès-
lors, s'il est conséquent, il ne peut croire à rien, et,
sans pouvoir s'en défendre, il tombe dans le scepticisme le plus absolu.

Dira-t-il qu'il ignore si le genre humain a en effet
toujours attesté l'existence de Dieu; d'abord, c'est
un fait dont personne ne doute et que les athées mêmes
avouent. Il peut donc, s'il veut, s'en assurer comme
eux, et par les mêmes moyens qu'eux. S'il nie qu'il
lui soit possible de connoître un fait de cette nature,
c'est nier qu'il lui soit possible de comparer le témoignage de sa raison particulière avec le témoignage de
la raison humaine. Dès-lors, n'ayant que sa seule
raison pour base et pour règle de ses croyances, raison
incertaine dans son principe, et faillible dans ses jugemens, il est encore obligé de douter de tout; c'est-à-
dire qu'il lui faudroit, pour être conséquent, anéantir
son intelligence.

En second lieu, quiconque diroit, je ne sais pas si
le genre humain croit en Dieu, seroit universellement
déclaré menteur ou fou. Personne ne croiroit qu'il
ne croit point; donc il diroit une chose *incroyable*,
un mensonge ou une folie. Or forcer un homme de
dire des choses telles, que tous les autres hommes le
déclarent fou ou menteur, c'est tout ce qu'on peut
obtenir, tout ce qu'on peut demander : la puissance du
raisonnement ne s'étend pas plus loin.

Il est bon d'observer que la preuve que nous
venons d'employer contre l'athée est de même nature

que les preuves ordinaires qu'on lui oppose, mais seulement beaucoup plus forte, 1° parce qu'elle renferme implicitement toutes les autres, 2° parce qu'elle repose sur une base inébranlable, et que la philosophie n'a pas su donner aux siennes.

Cette preuve est de même nature que les preuves ordinaires : car en quoi consiste proprement une preuve ? On part d'une vérité, d'un principe supposé incontestable, et, montrant sa liaison avec la conséquence qu'on veut prouver, on oblige l'adversaire à avouer cette conséquence, ou à nier le principe d'où on l'a déduite. Or, ce principe, cette vérité, qu'est-ce ? une partie de la raison humaine. Nous en usons de même avec l'athée ; et la seule différence qui existe à cet égard, entre notre preuve et les preuves particulières par lesquelles on le combat ordinairement, est que nous le forçons de nier, non seulement une partie de la raison humaine, mais la raison humaine tout entière.

De plus, toutes ces preuves particulières sont implicitement contenues dans la nôtre : car la croyance du genre humain que nous opposons à l'athée renferme implicitement tous les motifs qui ont déterminé cette croyance, ou toutes les preuves qui ont agi sur la raison humaine pour la porter à reconnoître l'existence de Dieu comme une vérité certaine.

Enfin notre preuve repose sur une base inébranlable, que la philosophie n'a pas su donner aux siennes. Que supposons-nous en effet? Qu'il faut admettre comme vrai ce que la raison humaine atteste être vrai, ou renoncer à toute vérité, à toute certitude. Voilà le principe d'où nous partons ; et celui qui le nieroit seroit forcé de soutenir, ou que la raison n'est pas nécessaire pour arriver à la certitude et percevoir la vérité, ou que sa raison individuelle est d'une autre nature que la raison de tous les autres hommes. La philosophie, au contraire, part de ce principe, que chaque homme doit admettre comme vrai tout ce qui paroît vrai à sa raison particulière ; principe aussi faux que dangereux, et qui vicie intérieurement, comme nous l'avons fait voir, les preuves même les plus solides qu'elle apporte en faveur de l'existence de Dieu et de la révélation.

Aussi la première chose qu'on doit montrer au déiste comme à l'athée, c'est que sa raison individuelle n'est pas la règle de ses croyances, et que cette règle est l'autorité ; qu'il doit dès-lors admettre comme vrai ce que la plus grande autorité ou la raison la plus générale atteste être vrai. Cela fait, nul moyen d'éluder les preuves de la vérité de la religion chrétienne. Car on établit d'abord, par le témoignage unanime des peuples, qu'il existe une vraie religion, qu'il n'en existe qu'une seule, et qu'elle est absolument nécessaire au salut (1). Lorsqu'ensuite, entre les diverses religions positives, il s'agit de discerner la vraie, il n'est pas moins facile de prouver que la plus grande autorité appartient incontestablement à la religion chrétienne, et nous montrerons même, dans

____

(1) *Voyez* le tom. II* de l'*Essai*, chap. XVI.

notre troisième volume, qu'elle est la seule qui ait une véritable autorité. Nul catholique n'en peut douter, puisqu'il sait déjà qu'elle seule réunit les trois caractères qui constituent le plus haut degré d'autorité imaginable : l'antiquité, la perpétuité, l'universalité.

Tout incrédule, depuis l'hérétique jusqu'à l'athée, est un homme qui se fonde sur sa raison particulière, pour nier ce qu'enseigne soit l'autorité du genre humain, soit l'autorité de l'Église. Il faut donc, ou lui prouver qu'il doit se soumettre à ces deux grandes autorités, que son esprit comprenne ou non les vérités qu'elles proclament, on convenir que sa raison demeure seule juge de ces vérités : et alors, quelle que soit la force intrinsèque de vos preuves, vous ne pouvez exiger qu'il y cède, et vous n'avez rien à lui répondre, tant qu'il vous dit que sa raison n'est pas convaincue.

On doit voir maintenant combien il importoit d'établir les droits de la raison générale ou de l'autorité. C'est elle qui est ce *criterium* si vainement cherché par les philosophes, comme elle est encore l'unique voie par où les hommes puissent parvenir à la connoissance certaine de la vraie religion : en sorte que la foi et la raison n'ont qu'une seule et même base, une seule et même règle, règle inhérente à notre nature, règle universelle, et qui aussi, comme il devoit être, est la règle de l'Église universelle ou *catholique;* règle enfin qu'on ne peut violer sans tomber aussitôt dans le scepticisme ou dans l'erreur.

Et puisque la religion chrétienne contient toutes

les vérités que l'homme est obligé de croire, le moyen
que Dieu a choisi pour établir, propager et conserver
cette religion, ne doit-il pas être le moyen naturel ou
certain que l'homme a de connoître et de discerner
la vérité ? Et quelle autre certitude a-t-il des lois de la
morale ? Est-ce par la raison qu'il les connoît, ou par
l'autorité ? Demandez-le à Pascal, il vous répondra
que *rien, suivant la seule raison, n'est juste de soi* (1).
Aussi voit-on que tous ceux qui se font une religion
par leur raison seule se font aussi une justice ou une
morale analogue : et il n'en sauroit être autrement,
car ce qu'on doit faire dépend nécessairement de ce
qu'on doit croire; et quiconque est maître de sa foi
l'est de ses œuvres.

. Ainsi le principe de certitude ou de vérité est en
même temps le principe de vertu, comme le principe
d'erreur est le principe de désordre ; et cette considération nous semble bien propre à faire sentir l'importance de la doctrine que nous avons soutenue. Quand
l'homme commet le mal, quand il se livre, par exemple, à un mouvement de vengeance, à un désir sen-
suel, etc., que se passe-t-il en lui ? Il s'imagine qu'il
sera heureux en satisfaisant sa passion; ou, en d'autres
termes, il croit que l'objet de sa passion est un bien
réel. Il se trompe en cela, et aussi en juge-t-il par
sa raison particulière ; car partout la raison générale
met le meurtre, l'adultère, etc., au nombre des
crimes, c'est-à-dire au nombre des maux. Partout

____

(1) *Pensées de Pascal*, art. VI, pag. 203.

elle menace du remords la conscience criminelle , et ne la menace jamais en vain. Ainsi le crime est une erreur de même nature que l'hérésie ; et toute erreur de conduite, comme de doctrine, a pour cause la préférence que l'homme accorde à son autorité personnelle sur l'autorité générale.

Nous pourrions faire observer encore comment le principe que nous avons établi unit les hommes et maintient l'ordre dans la société, et comment le principe opposé les divise et renverse tout ordre social. Mais nous abandonnons au lecteur ces réflexions, qui nous arrêteroient trop long-temps. Il suffit d'avoir montré que la doctrine exposée dans l'*Essai* fournit une base solide à nos croyances, une règle sûre à nos jugemens, et des argumens rigoureux contre tous les genres d'incrédules ; de sorte que par elle on est conduit à la vérité catholique, et qu'en la rejetant on ne peut éviter le scepticisme absolu.

La précipitation avec laquelle on s'est cru obligé de nous attaquer n'ayant pas permis de prendre le temps nécessaire pour nous comprendre , il n'est pas surprenant qu'on n'ait rien dit qui s'applique à la question. Nous allons donc expliquer ce qu'il faudroit faire pour nous répondre , afin que la discussion , si elle continue , ait du moins un objet réel, et puisse éclairer les esprits restés en suspens.

CHAPITRE XIII.

Ce qu'il faudroit faire pour réfuter la doctrine exposée dans l'Essai sur l'Indifférence en matière de Religion.

Quand on veut réfuter un auteur, deux choses sont nécessaires : la première, de savoir ce qu'il dit; et la seconde, de savoir ce qu'on dit soi-même. Pour faciliter aux critiques l'observation de cette double règle, nous réduirons notre doctrine à quatre propositions très précises.

I. La philosophie qui place dans l'homme individuel le principe de certitude ne peut parvenir à trouver une première vérité certaine, d'où elle déduise toutes les autres, y compris l'existence de Dieu.

II. Cette philosophie ne donne point à l'homme individuel une règle infaillible de ses jugemens.

III. Pour éviter le scepticisme où conduit la philosophie de l'homme isolé, au lieu de chercher en soi la certitude rationnelle d'une première vérité il faut partir d'un fait, qui est cette foi insurmontable inhérente à notre nature, et admettre comme vrai ce que tous les hommes croient invinciblement.

IV. L'autorité, ou la raison générale, le consentement commun, est la règle des jugemens de l'homme individuel.

9.

Cette dernière proposition est une conséquence nécessaire de la précédente ; car convenir d'admettre comme vrai ce que tous les hommes croient être vrai, c'est dire que l'uniformité, ou l'accord des perceptions, est pour nous la marque de la vérité, et par conséquent la règle de nos jugemens.

Cela posé, il n'existe qu'un moyen de nous réfuter ; c'est de faire ce que, de leur aveu, tous les philosophes n'ont pu faire jusqu'à ce jour, c'est-à-dire, démontrer pleinement une première vérité, sans supposer l'existence de Dieu, et donner à l'homme individuel une règle infaillible de ses jugemens, sans recourir à l'autorité des autres hommes.

Jusqu'à ce qu'on ait trouvé cette démonstration et cette règle, nos deux premières propositions demeurent intactes ; et si, ces propositions subsistant, on nie les deux dernières, on se déclare sceptique, puisqu'on n'a plus ni principe de certitude ni règle de jugement.

Au reste, nier ce qu'un autre affirme ce n'est pas le réfuter ; et nous ne craignons point d'assurer que jamais on ne réfutera nos deux propositions fondamentales, et voici pourquoi. Dépendantes l'une de l'autre, elles se réduisent, comme on vient de le voir, à supposer que ce que la raison de tous les hommes ou la raison humaine croit être vrai est vrai. Or comment prouveroit-on que ce que la raison humaine croit vrai n'est pas vrai ? De quelle raison se serviroit-on pour combattre la raison humaine ? Où prendroit-on hors d'elle l'idée même de la vérité ? Pour soulever ce poids il ne manqueroit que deux choses[1], un levier et un point d'appui.

On conviendra, nous l'espérons, que rien ne nous oblige à suivre nos adversaires dans le vaste champ où leur zèle les emporte. Ils prouvent admirablement que c'est un grand malheur et une grande folie d'être sceptique, et que, lorsqu'on doute de tout, on ne croit à rien ; ce qu'assurément nous ne contestons pas, non plus que mille autres vérités aussi certaines et qu'ils ne prouvent pas moins bien. Quel dommage qu'après avoir traité si doctement tant de belles questions, il ne leur ait pas plu de dire un mot de celle dont il s'agissoit !

Qu'on nous permette de remarquer ici une bizarrerie assez singulière. Si, avec tout le respect qui leur est dû, nous demandions à nos critiques : Avez-vous le sens commun ? ils prendroient probablement cette question pour une injure. Nous n'avons cependant écrit que pour prouver la nécessité d'avoir le sens commun, et ils ne nous attaquent que parce que, à leur avis, nous insistons beaucoup trop sur cette nécessité. Ils soutiennent qu'ils ont de bonnes raisons pour cela. Soit ; mais, dans ce cas même, il faudroit encore tâcher d'être conséquent. Or il semble difficile de ne pas trouver qu'ils se contredisent un peu ; car si vous leur demandez encore ce que c'est qu'un homme qui déraisonne, un fou, un matérialiste, un athée, ils vous répondront que ce sont des gens qui n'ont pas le sens commun. Qu'est-ce donc que ce sens commun dont la privation est si terrible et si humiliante ? Que , deux partisans de la certitude individuelle raisonnant ensemble , l'un des deux avance une absurdité, l'autre à l'instant l'arrêtera; et s'il n'est pas poli, que lui dira-t-il? Vous n'avez pas le sens commun. Cependant cet homme a son sens à lui, sa raison particulière, et il en est ainsi de l'athée, du matérialiste, et du fou même. Chacun d'eux ne peut il pas dire : *Je crois à ma raison;* et n'est-ce pas précisément parce qu'il croit à sa raison qu'il n'a pas le sens commun? Encore une fois , qu'est-ce donc que ce sens commun qui n'est pas la raison particulière de chaque homme, qui souvent y est opposé, et auquel il faut que toute raison individuelle se conforme, sous peine d'erreur ou de folie? Ne seroit-ce point la raison générale , la raison humaine , cette raison dont nous avons essayé de soutenir les droits? Le sens commun apparemment ne diffère point de la raison : et puisqu'il n'est pas la raison de chaque homme, que souvent même il y est contraire , c'est donc la raison de tous les hommes, ou de la généralité des hommes; et voilà pourquoi on l'appelle *commun.* C'est lui qu'on attaque , en combattant la raison générale ou l'autorité. Qu'on y prenne donc garde; car, dans ce combat, la victoire seroit embarrassante.

CHAPITRE XIV.

Réponse aux objections qu'on a faites contre la doctrine exposée dans l'Essai sur l'Indifférence en matière de Religion.

Nous sommes arrivés à la partie la plus difficile de notre *Défense*, car nous avons promis de répondre aux objections; et pour y répondre il faut en trouver, ce qui n'est pas peu difficile. Cependant, après beaucoup de recherches et de conversations avec des personnes très estimables que nous savions ne pas partager notre sentiment, nous sommes parvenus à découvrir un petit nombre de points sur lesquels il paroît utile de donner des éclaircissemens. Nous exposerons les difficultés telles qu'on nous les a faites; et si nous en avions nous-même aperçu de plus fortes, nous les présenterions avec la même bonne foi : car c'est la vérité que nous aimons, que nous voulons défendre, et la vérité ne dissimule jamais.

I. On a dit : « Si, comme vous le soutenez, » l'homme individuel n'a pas en lui-même le prin- » cipe de certitude, comment connoîtra-t-il certai- » nement l'autorité? Comment vous-même la prou- » verez-vous? » En d'autres termes : « L'homme ne » peut connoître l'autorité que par les moyens de » connoître qu'il a en lui-même; or, selon vous, ces

» moyens sont incertains : donc l'homme ne con-
» noîtra jamais certainement l'autorité ; donc votre
» moyen de certitude n'est pas meilleur que les au-
» tres, » etc., etc.

Cette objection seroit très bonne, si nous avions
prétendu établir l'autorité par le raisonnement ; mais
nous avons, au contraire, déclaré que nous ne le
ferions pas, que *cela nous seroit impossible.* Voici nos
paroles : « Les objections contre la certitude que cha-
» que homme, considéré individuellement et sans
» relation avec ses semblables, prétendroit trouver
» en soi, peuvent, je le sais, se rétorquer contre la
» certitude qui résulte du consentement commun.
» *Aussi ne cherché-je point à l'établir par la raison.*
» *Maintenant cela seroit impossible* * ; on verra plus
» tard pourquoi. Je ne développe pas un système, je
» constate des faits (1). »

Quand donc on nous demande comment nous prouvons l'autorité, notre réponse est bien simple : *Nous
ne la prouvons pas.* Mais si vous ne la prouvez pas,
comment donc l'établissez-vous ? sur quel fondement
y croyez-vous ? Nous l'établissons *comme fait ;* et nous
croyons à ce fait, comme tous les hommes y croient,
comme vous y croyez vous-même, parce qu'il nous
est impossible de n'y pas croire. Nous croyons tous
invinciblement que nous existons, que nous sentons,
que nous pensons, qu'il existe d'autres hommes doués

---

* Parce qu'alors nous n'avions pas encore trouvé Dieu, et que
sans Dieu il n'y a de certitude d'aucune espèce.

(1) *Essai*, tom. II, pag. 28.

comme nous de la faculté de sentir et de penser, que
nous communiquons avec eux par la parole, que nous
les entendons, qu'ils nous entendent, et qu'ainsi nous
comparons nos sensations à leurs sensations, nos sentimens à leurs sentimens, nos pensées à leurs pensées.
Nul homme n'a le pouvoir de douter de ces choses,
quoiqu'il soit impossible de les démontrer. Or la pensée ou la raison particulière de chaque homme manifestée par la parole, voilà le témoignage ; l'accord des
témoignages ou des raisons individuelles, voilà la raison générale, le sens commun, l'autorité : et chacun
de nous croit invinciblement à l'existence de l'autorité comme à celle du témoignage.

Ainsi, encore une fois, l'autorité est pour nous un
fait : et « il est de fait encore qu'un penchant naturel
» nous porte à juger de ce qui est vrai ou faux d'après
» le consentement commun, ou sur la plus grande
» autorité ; que, plein de défiance pour les opinions,
» les faits dépourvus de cet appui, nous attachons la
» certitude à l'accord des jugemens et des témoi-
» gnages ; que si cet accord est général, et, plus en-
» core, s'il est universel, on cesse d'écouter les con-
» tradicteurs, et d'essayer de les convaincre ; on les
» méprise comme des insensés, des esprits malades,
» des intelligences en délire, comme des êtres mon-
» strueux, qui n'appartiennent plus à l'espèce hu-
» maine (1). »

Nier ce que tous les hommes affirment, affirmer ce

______

(1) *Essai*, tom. II, pag. 30.

qu'ils nient, n'est-ce pas précisément la folie ou l'op‑
position au sens commun? A-t-on raison *contre le sens
commun?* A-t-on raison *sans le sens commun?* Se
peut-il qu'on n'ait pas raison quand on est d'accord
avec le sens commun? Nul homme doué du sens com‑
mun n'hésitera sur les réponses qu'il doit faire à ces
questions, et l'universalité des hommes fera la même
réponse. Le sens commun est donc la règle de chaque
raison individuelle : sans lui, on ne peut rien prouver;
et l'on ne peut le prouver lui-même, parce qu'il n'y a
point hors de lui de raison humaine. Il existe; c'est un
fait dont aucun homme ne doute, et dont il ne sauroit
douter sans être à l'instant déclaré fou par tous les
autres hommes.

II. On insiste, et l'on dit : « Ne connoissant le
» témoignage et l'autorité que par les moyens de
» connoître qui sont en nous, par notre raison indi‑
» viduelle, en dernière analyse c'est toujours notre
» raison individuelle qui juge que l'autorité existe et
» qu'elle décide telle ou telle chose; et par consé‑
» quent la certitude qui nous vient de l'autorité ne
» peut jamais être plus grande que celle qui appar‑
» tient à notre propre raison, par laquelle seule nous
» connoissons l'autorité. »

Observons d'abord que nos adversaires sont obli‑
gés de résoudre cette objection aussi bien que nous :
car, assurément, nous ne connoissons l'existence et
les décisions de l'Église que par les moyens de con‑
noître qui sont en nous, par notre raison individuelle;
et quel catholique cependant soutiendra que la certi‑

tude qui nous vient de l'autorité de l'Église n'est pas supérieure à celle que nous pouvons acquérir par notre seule raison? N'est-ce pas là précisément l'erreur des hérétiques? Cette erreur, mère de toutes les autres, ne consiste-t-elle pas à nier qu'il puisse y avoir pour chaque homme une certitude plus grande que celle où il parvient par sa propre raison? Et n'est-ce pas également l'erreur fondamentale du déiste et de l'athée? Accordez-leur ce principe, et tout est fini; vous n'avez plus rien à leur répondre, et le sens privé devient le juge du sens commun.

Il y a plus, si la difficulté dont nous nous occupons étoit solide, il s'ensuivroit que Dieu lui-même, parlant à l'homme, ne sauroit lui donner une plus haute certitude d'une vérité quelconque que celle qu'il peut acquérir par sa seule raison.

Une conséquence si absurde montre assez que le principe d'où elle se déduit est erroné; mais il faut montrer, ce qui ne sera pas difficile, comment et en quoi il est erroné.

Qui ne voit que l'on confond deux choses parfaitement distinctes, les facultés intellectuelles de l'homme, son entendement, sa raison, avec les moyens extérieurs par lesquels la vérité lui est manifestée? Sans doute l'homme ne peut comprendre qu'avec son esprit, ne peut juger qu'avec sa raison, comme il ne peut voir qu'avec ses yeux, ni entendre qu'avec ses oreilles. Mais s'il est dans les ténèbres, il ne voit point; et il voit d'autant mieux, et il est plus sûr de ce qu'il voit, à mesure que la lumière augmente, quoique la lumière ne soit pas son œil, et qu'il ne voie jamais qu'à l'aide de ses yeux. De même le témoignage qui lui manifeste la raison d'autrui n'est pas sa raison, mais la lumière qui éclaire sa raison, et la rend plus sûre de ce qu'elle perçoit. Supposons que vous soyez en doute d'un fait, et que plusieurs témoins irréprochables vous l'attestent, tous vos doutes s'évanouiront. Vous avez donc acquis par le témoignage une certitude que votre raison n'avoit pas auparavant. Il en est de même des choses qui dépendent de l'évidence et du raisonnement. Une proposition vous a paru évidente, vous apprenez qu'elle ne paroît pas telle aux autres hommes ; aussitôt vous commencez à vous défier de votre jugement, quoique votre raison soit toujours la même. Que si, au contraire, les autres hommes s'accordent à la juger évidente, comme vous ; votre confiance s'augmente par cet accord, vous vous tenez plus certain d'avoir bien jugé : et cependant votre raison demeure essentiellement ce qu'elle étoit ; elle n'a rien acquis qu'un nouveau motif de croire, ou l'assurance de ne s'être pas trompée. Quand donc on dit que l'autorité ou le consentement commun est le fondement de la certitude, cela signifie simplement que, de tous les motifs de crédibilité, c'est le plus fort et le seul infaillible.

III. Quelques personnes voudroient que nous eussions admis que chaque homme, considéré isolément, a au moins la certitude de sa propre existence, même avant de savoir que Dieu est. C'est demander trop, ou trop peu.

Si l'on entend parler d'une certitude *rationnelle*, c'est-à-dire, d'une certitude telle, que la raison n'aperçoive aucune possibilité que ce qui lui paroît vrai soit faux, c'est trop demander; car Descartes lui-même ne demande pas davantage. *Je suis, j'existe;* voilà sa première proposition (1), et il est obligé de convenir qu'il n'en a pas la certitude rationnelle (2).

Si l'on entend par certitude la nécessité invincible de croire, ou l'impuissance absolue de douter, c'est demander trop peu; car il y a mille choses dont il est aussi impossible à l'homme de douter, que de sa propre existence.

D'ailleurs la certitude rationnelle de notre existence isolée supposeroit comme également certaine la rectitude de notre raison, et même son infaillibilité : car affirmer qu'on est, c'est énoncer un jugement; et s'il étoit possible qu'on se trompât en disant : *J'existe,* on ne seroit pas rationnellement certain de son existence.

Soutenir que chaque homme a en soi-même la certitude rationnelle de son existence, c'est donc déclarer qu'on adopte la philosophie cartésienne avec toutes ses conséquences; c'est se rejeter dans les in-

---

(1) *Méditations métaphysiques* de René Descartes; *Médit.* II, pag. 12. *Paris,* 1673.

(2) *Voyez* le chap. III de cette *Défense.* Il n'y a que Dieu qui puisse dire, en se considérant lui-même : *Ego sum,* Je suis; parce qu'il n'y a que Dieu qui trouve en lui-même la cause de son existence, ou qui existe nécessairement : et la philosophie qui veut que l'homme commence par cette parole, *Ego sum,* et qui en fait la base de la certitude, suppose implicitement que l'homme est indépendant d'une cause première, et contient le germe de l'athéisme.

convéniens, les contradictions, les absurdités inhérentes à cette philosophie aussi dangereuse qu'elle est niaise.

IV. D'autres personnes, en convenant que la méthode que nous employons pour combattre les incrédules est bonne et sûre, nous ont reproché d'avoir attaqué la méthode philosophique; elles voudroient que toutes deux subsistassent ensemble, et qu'on établît l'une sans ébranler l'autre.

Nous prions ces personnes d'observer, pour ce qui nous concerne particulièrement, qu'à chaque page du premier volume de l'*Essai sur l'Indifférence* nous prouvons que la philosophie qui ne donne à l'homme d'autres règles de ses croyances que sa raison individuelle, le conduit inévitablement d'erreur en erreur au scepticisme universel. Si donc nous convenions, même implicitement, dans notre second volume, que le principe fondamental de cette philosophie est vrai, ce seroit très clairement convenir ou que nous avons déraisonné d'un bout à l'autre de notre premier volume, ou que le scepticisme est un état raisonnable, ou enfin que, deux principes également vrais conduisant l'un au doute et l'autre à la foi, l'un à l'incrédulité et l'autre à la religion, il n'existe pour l'homme ni vérité ni erreur, et que la raison n'est qu'une chimère.

Et comment deux méthodes opposées, dont l'une n'est au fond que la méthode catholique, et l'autre la méthode hérétique, pourroient-elles être également bonnes, également vraies? Quel avantage trouveroit-on

à dire aux hommes : « Vous avez deux moyens
» d'arriver à la vérité : l'un est de consulter votre
» raison individuelle, qui, ayant en soi le principe de
» certitude, est seule juge de ce que vous devez
» croire; l'autre est de soumettre votre raison, inca-
» pable d'arriver par elle-même à rien de certain, à
» une raison supérieure ou plus générale, qui est la
» règle naturelle de vos jugemens et le fondement de
» vos croyances? » Tenir un pareil langage, ne seroit-ce pas visiblement se moquer du sens commun *?
La certitude appartient à l'homme, ou à la société ; à
la raison particulière, ou à la raison générale. Elle ne
peut appartenir à la fois à l'une et à l'autre, puisque la
raison particulière et la raison générale sont souvent
en opposition. La raison de l'athée, par exemple, nie

---

* La philosophie du sens privé et la doctrine du sens commun
s'excluent mutuellement comme le oui et le non. Si l'une est vraie,
l'autre est fausse : il faut nécessairement opter entre elles; et les admettre toutes deux, c'est les détruire toutes deux. — Un homme
avoit été élevé par une femme qu'il croyoit sa mère ; il l'aimoit et
la respectoit, quoiqu'elle n'eût pris aucun soin de lui dans son en-
fance, et qu'il n'eût commencé à la connoître que dans un âge assez avancé. Quelqu'un lui ayant dit : Ce n'est pas là votre véritable
mère, c'est telle autre femme, et je puis le prouver; cet homme se
fâcha d'abord, car la fausse mère, n'ayant pas sur lui d'autorité
réelle, le laissoit agir à sa fantaisie, et c'étoit, outre l'habitude,
une des causes de l'affection qu'elle lui inspiroit. Cependant les
preuves qu'on donnoit à cet homme de son erreur étoient si fortes,
qu'enfin convaincu il dit : Je vois bien que la femme que vous dites être ma mère l'est effectivement; mais pourquoi l'autre ne le se-
roit-elle pas aussi? Ne pouvez-vous défendre l'une sans attaquer
l'autre? Vous êtes trop exclusif, et c'est ce qui vous rend suspect
à mes yeux. Celle-ci est ma mère, j'en conviens ; mais celle-là l'est
aussi, quoique vous refusiez d'en convenir par orgueil ou par entê-
tement. Moi, qui suis sans passion, je les reconnois toutes deux.

l'existence de Dieu, qui est attestée par la raison du genre humain. Or il est impossible que Dieu soit et ne soit pas en même temps : donc ou l'athée ou le genre humain se trompe ; donc ou l'athée ou le genre humain n'est pas infaillible. Que si l'on nie tout ensemble l'infaillibilité de l'athée et celle du genre humain, on nie toute certitude, on se déclare sceptique ; donc, si l'on ne veut pas tomber dans le scepticisme, on ne sauroit se dispenser d'opter entre la philosophie qui, attribuant la certitude à la raison individuelle, rend chacun juge de ce qu'il doit croire, et la doctrine qui l'oblige à régler ses croyances sur les décisions de l'autorité, en plaçant la certitude dans la raison générale.

V. On a paru craindre que cette dotrine ne portât quelque atteinte aux preuves que l'on a données jusqu'ici de la vérité de la religion chrétienne ; mais nous avons déjà fait remarquer que ces preuves reposent toutes sur le témoignage, et sont par conséquent des preuves d'autorité. Oui, dit-on, mais ce témoignage n'est pas universel ; le genre humain tout entier n'atteste pas les miracles de Jésus-Christ et des apôtres, etc. Assurément, rien de plus vrai ; mais où avons-nous dit que le témoignage du genre humain étoit nécessaire pour qu'un fait quelconque fût certain ? En parlant de nos premiers parens, dont le témoignage, conservé, par la tradition, atteste l'existence de Dieu, n'avons-nous pas au contraire observé que « le » nombre de témoignages requis pour produire une » certitude complète, dépendant de mille circon- » stances variables, étoit déterminé par le consente-

» ment commun (1)? » Il s'agit donc uniquement de savoir si les faits évangéliques sont attestés de telle sorte, qu'on ne puisse refuser de les croire sans blesser le *sens commun;* il s'agit de savoir si partout les hommes n'admettent pas comme certains les faits attestés comme ceux de l'Évangile ; il s'agit, en un mot, de prouver, ce que prouvent parfaitement les apologistes de la religion, qu'il faut admettre ces faits, ou renoncer à toute certitude historique.

Au fond, le principe d'autorité une fois reconnu, qu'avons-nous à faire? Montrer que le christianisme a pour lui la plus grande autorité. Or c'est précisément ce que font tous les défenseurs de la religion chrétienne. Quelle autre religion réunit comme elle les trois grands caractères de l'antiquité, de la perpétuité, de l'universalité? Elle ne les perd pas plus parce qu'il y a eu de fausses religions, que l'Église ne les perd parce qu'il y a eu de fausses églises ; et il n'est pas un moment dans la durée des siècles où la vraie religion n'ait pu être reconnue aux mêmes marques par lesquelles on reconnoît la vraie Église ou la société dépositaire de la vraie religion.

« Je dis (c'est Bossuet qui parle), je dis qu'il n'y eut » jamais *aucun temps* où il n'y ait eu sur la terre une » autorité visible et parlante à qui il faille céder....... » Je dis qu'il faut un moyen extérieur de se résoudre » sur les doutes, et que ce moyen soit certain (2). »

---

(1) *Essai*, tom. II , pag. 49, *vid.* et p. 39.
(2) Conférence avec M. Claude· *OEuvres de Bossuet*, tom. XXIII, pag. 294 et 295, *édit. de Versailles.*

Cette *autorité visible et parlante*, c'est l'Église depuis Jésus-Christ. *Avant Jésus-Christ*, dit Bossuet, *nous avions la synagogue* (1); mais la synagogue n'a pas existé dans tous les temps, et « il n'y eut jamais » *aucun temps* où il n'y ait eu sur la terre une autorité » visible et parlante à qui il faille céder. » Qu'on trouve une autorité qui ait ce caractère, une autorité *perpétuelle, universelle*, autre que celle du genre humain. L'autorité du genre humain étoit donc, avant Jésus-Christ, le *moyen extérieur et certain de se résoudre sur les doutes;* et la règle catholique, *ce qui a été cru partout, toujours, par tous* (2), n'a jamais cessé d'être la règle par laquelle les hommes ont pu discerner avec certitude la vraie religion.

On oppose à cette règle une objection tirée de la généralité du paganisme. Nous ne pouvons, à cet égard, que répéter ce que nous avons dit ailleurs : « Nous prouverons, dans un troisième volume, que » tout ce qu'il y avoit de général dans le paganisme » étoit vrai, que tout ce qu'il y avoit de faux n'étoient » que des supersititions locales ou des erreurs de la » raison particulière, et nous ferons voir, de plus, » qu'on connoissoit parfaitement le moyen de » discerner ces erreurs des vérités primitives, et qu'en » tout ce qui concerne les croyances nécessaires et

---

(1) *Ibid.*, ubi supra.

(2) Quod ubique, qnod semper, quod ab omnibus creditum est. Hoc est enim vere proprieque catholicum, quod ipsa vis nominis ratioque declarat, quod omnia fere universaliter comprehendit. Sed hoc ita demum fict, si sequamur universitatem, antiquitatem, consensionem. *Vincentii Lirinensis Commonitorium*, cap. II.

» les devoirs de l'homme l'autorité du genre humain
» étoit reconnue pour l'unique règle de foi ou de
» certitude, comme les catholiques reconnoissent
» l'autorité de l'Église pour l'unique règle de cer-
» titude et de foi (1). »

Il seroit étrange qu'on ne pût prouver la religion chrétienne par les principes caholiques, et qu'il fallût pour cela recourir à une méthode que l'Église proscrit dans son sein, à la méthode des hérétiques, et qui les conduit, s'ils sont conséquens, de l'hérésie au déisme, du déisme à l'athéisme, et de l'athéisme au scepticisme universel.

Au reste, avant de proposer des difficultés sur l'application de notre doctrine à la religion chétienne, il sembleroit équitable d'attendre que nous ayons publié le volume où se trouvera cette application. Nous ne défendons ici que ce que nous avons dit ; et peut-être est-ce se presser beaucoup que d'attaquer d'avance ce que nous devons dire, ou ce qu'on s'imagine que nous dirons.

Indépendamment de toute discussion, n'est-il pas clair que le raisonnement n'est pas le moyen dont Jésus-Christ s'est servi pour convertir les hommes à sa religion ? Il prouve d'abord son autorité par des miracles ; et puis, que dit-il ? *Croyez.* Et, dans la suite des temps, comment le christianisme se propagera-t-il ? De la même manière qu'il s'est établi, *par une autorité enseignante,* conformément à cette parole

----

(1) *Essai,* tom. II , *préf.,* pag. LXXXVI.

10.

du Sauveur : *Comme mon Père m'a envoyé, je vous envoie* (1). *Toute puissance m'a été donnée au ciel et sur la terre : allez donc et enseignez* (2).

Et puisque les apôtres et leurs successeurs doivent toujours enseigner, et enseigner en vertu d'une autorité qui oblige à croire ce qu'ils enseignent, donc cette autorité a toujours été et sera toujours la plus grande autorité qui soit sur la terre; autrement la foi des chrétiens manqueroit de fondement. Ainsi ce que nous aurons à prouver plus tard aux incrédules est déjà certain d'avance pour tous ceux qui croient au christianisme.

VI. Le moyen que nous indiquons pour en reconnoître la vérité, fût-il sûr, n'est nullement, dit-on, un moyen facile, comme nous l'avions promis, puisqu'il a fait naître tant de contestations. Mais d'abord ne conteste-t-on pas également sur la règle catholique? Et parce que les hérétiques la combattent, en est-elle moins un moyen facile de se résoudre sur les doutes, et de connoître avec certitude toutes les vérités chrétiennes? N'est-elle pas plutôt à la fois le seul moyen infaillible, et le seul aussi qui soit à la portée de tous les hommes? Et faut-il, pour s'en servir, et s'en servir sûrement, être en état de résoudre les innombrables et captieuses objections des sectaires?

La règle que nous donnons pour discerner entre les diverses religions la véritable est identiquement la même règle par laquelle les catholiques discernent,

____

(1) Sicut misit me Pater, et ego mitto vos. *Joan.* XX, 21.

(2) Data est mihi omnis potestas in cœlo et in terra. Euntes ergo, docete omnes gentes. *Matth.*, XXVIII, 18, 19.

parmi tant de communions et d'opinions différentes, la véritable doctrine et la véritable Église. Autre chose est d'user de cette règle, autre chose est de prouver qu'elle est certaine. Tous les hommes peuvent aisément s'en servir pour reconnoître la vraie religion, comme tous les catholiques s'en servent aisément pour reconnoître la vraie Église. Mais les uns et les autres ne sont pas tous en état de la défendre contre ceux qui la rejettent, quoiqu'ils soient très raisonnablement convaincus de sa vérité.

Des exemples éclairciront ceci davantage. Il n'est point d'homme qui ne croie à plusieurs faits certains de l'histoire sans connoître les fondemens de la certitude historique, à l'existence de plusieurs lois politiques et civiles, à divers principes de géométrie, d'astronomie, de physique, de chimie, d'hygiène, et à des conséquences de ces principes admises généralement, quoiqu'il puisse ignorer jusqu'au nom de ces sciences. Sa croyance néanmoins est si raisonnable, qu'il seroit insensé s'il ne croyoit pas. Le moyen par lequel il a reconnu ces vérités est donc sûr; et en même temps si facile, qu'il n'a pas même eu besoin de réflexion pour l'employer. Il a suivi l'impulsion naturelle qui le portoit à croire sur le témoignage général, comme le catholique, sans discuter l'autorité de l'Église, sans avoir besoin d'en connoître les preuves, croit sans hésiter ce qu'elle enseigne.

Un enfant prend du pain, mange et vit; rien de plus facile. Il suit en cela l'exemple général, et les leçons qu'on lui a données. Prétendra-t-on que, pour qu'il puisse raisonnablement faire comme tout le monde, et manger du pain, il doive auparavant savoir comment on le prépare, et pourquoi il nourrit?

Le moyen donné à l'homme pour discerner avec certitude la vraie religion, ou vivre de la vie de l'âme, est de même nature et aussi facile que celui par lequel l'enfant vit de la vie du corps. Que la raison ensuite les comprenne plus ou moins, qu'elle en prouve plus ou moins clairement la bonté, la nécessité, c'est une question toute différente : et quiconque est capable de réfléchir s'étonnera profondément que la vie intellectuelle et physique se conserve, malgré le raisonnement et le penchant de l'orgueil à se révolter contre l'autorité. C'est une des plus grandes preuves de Dieu, et un miracle continuel de sa providence.

Qu'on nous permette encore de faire remarquer une inconséquence où l'on tombe en combattant, par la méthode philosophique, les déistes et les athées. On leur dit : « Il n'existe qu'une seule vraie religion, » on ne peut se sauver que dans cette religion; or » Dieu veut que tous les hommes se sauvent : donc » tous les hommes ont un moyen de reconnoître avec » certitude la vraie religion, et ce moyen est leur » raison, qui les conduira infailliblement au christia- » nisme, s'ils cherchent la vérité de bonne foi. »

Voilà donc la raison de chacun déclarée un juge infaillible de toutes les questions qu'il faut résoudre pour arriver jusqu'au christianisme. Ainsi il n'est pas un seul homme qui doive décider infailliblement par sa raison individuelle les profondes questions de l'exis-

tence de Dieu, de sa providence, de la possibilité de
la création, de l'origine du mal, du libre arbitre, de
l'accord du libre arbitre avec la prescience de Dieu.
etc., etc. : mystères qui tourmentent l'esprit humain
depuis six mille ans.

Parvenu à l'Église, on dit à ce même homme :
« Prenez garde ; jusqu'ici votre raison a été pour
» vous un guide sûr, elle a dû vous conduire infailli-
» blement à la vérité : mais si vous continuez de rai-
» sonner, elle vous conduira aussi infailliblement à
» l'erreur. Il vous arrivera ce qui est arrivé à tous
» ceux qui ont voulu soumettre à leur jugement la
» doctrine de l'Église ; ils se sont perdus dans leurs
» raisonnemens, et vous vous perdrez comme eux. »

Et pourquoi cela? demandera cet homme. Pourquoi ma raison, qui jusqu'à présent a été, selon vous,
un instrument infaillible de vérité, devient-elle un
instrument non moins infaillible d'erreur? — C'est
que l'Église enseigne des dogmes qui sont au-dessus
de la raison *. — Vous vous moquez, car je ne vois

---

* Lorsqu'un homme a reconnu la divinité du christianisme et l'infaillibilité de l'Église, on lui dit avec raison : « Dieu a parlé, sou-
» mettez-vous ; l'Église décide, croyez. » C'est une conséquence
très juste du principe avoué, mais ce n'est pas une réponse à cette
question : « Pourquoi ma raison, qui pouvoit et devoit décider in-
» failliblement certains points de doctrine avant que je fusse entré
» dans l'Église, perd-elle son infaillibilité lorsque je suis entré
» dans l'Église, de sorte qu'elle s'égarera indubitablement, si elle
» veut alors décider ces mêmes points de doctrine? » L'Église, éclairée de l'esprit de Dieu, les décide infailliblement, on en convient:
mais ou ma raison conserve sa propre infaillibilité, et dans ce cas
elle les décidera certainement comme l'Église ; ou il est possible
que, de bonne foi, elle les décide autrement que l'Église, et alors

rien dans la doctrine de l'Église qu'il soit plus difficile à la raison de pénétrer que la plupart des questions que j'ai dû décider avant d'entrer dans l'Église. Que dis-je! plusieurs de ses dogmes ne dépendent-ils pas de ces questions mêmes? L'origine du mal, le libre arbitre, l'accord de la prescience avec la liberté, n'est-ce pas là le fond de toutes les disputes et de toutes les hérésies sur la grâce? Or expliquez-moi, je vous prie, comment il se fait que, pouvant et devant résoudre infailliblement ces questions lorsque je n'étois pas encore dans l'Église, je me tromperai à peu près aussi infailliblement, si je cherche à les résoudre, après être entré dans l'Église.

Il nous semble que ces réflexions suffisent pour faire sentir les graves inconvéniens de la méthode philosophique. Nous avons éclairci, autant que nous le pouvions sans anticiper sur notre troisième volume, les difficultés qu'on a proposées contre la méthode d'autorité. Si nous ne répondons pas à tout ce qu'on a écrit à propos de notre ouvrage, c'est que nous ne voulons répondre qu'à ce qui tient au sujet que nous avons traité. Le temps est trop précieux pour le perdre en disputes inutiles, ou en justifications superflues, et nous avons pensé ne pouvoir mieux faire que de nous conformer à ce conseil de Male-

---

elle a perdu son infaillibilité. Or pourquoi l'auroit-elle perdue ? Voilà ce que je demande. Si on nie qu'avant d'être convaincu de la vérité du christianisme la raison individuelle fût infaillible, et qu'on soutienne néanmoins qu'elle est le moyen donné à chaque homme pour discerner la vraie religion, l'embarras est encore plus grand.

branche : « Quand un auteur ne se contredit que
» dans l'esprit de ceux qui cherchent à le critiquer
» et qui souhaitent qu'il se contredise, il ne doit pas
» s'en mettre fort en peine : et s'il vouloit satisfaire,
» par des explications ennuyeuses, à tout ce que la
» malice ou l'ignorance de quelques personnes peu-
» vent lui opposer, non seulement il feroit un fort
» méchant livre, mais encore ceux qui le liroient se
» trouveroient choqués des réponses qu'il donneroit à
» des objections imaginaires, ou contraires à une cer-
» taine équité dont tout le monde se pique. Car les
» hommes ne veulent pas qu'on les soupçonne de
» malice ou d'ignorance; et pour l'ordinaire il n'est
» permis de répondre à des objections foibles ou ma-
» licieuses que lorsqu'il y a des gens de quelque
» réputation qui les ont faites, et que les lecteurs
» sont ainsi à couvert du reproche que de telles ré-
» ponses semblent faire à ceux qui les exigent (1) . »

Nous devons avertir, au surplus, qu'on auroit
tort d'accuser de mauvaise foi tous ceux qui attaquent des vérités très certaines et très évidentes;
car, d'un côté, on peut avoir beaucoup de sincérité
avec peu de lumières, et, d'un autre côté, il se
trouve, comme l'observe Pascal, *des esprits excellens
en toutes autres choses,* mais qui, absolument incapables de concevoir certaines notions, *ne peuvent, en
aucune sorte, y consentir, quoique rien ne les surpasse
en clarté.* Ces frappans exemples de la foiblesse et de

____

(1) *Recherche de la vérité :* Éclaircissemens sur le Ier livre;
IVe *éclaircissement,* tom. IV, pag. 48. *Paris,* 1721.

la limitation de l'esprit humain nous sont donnés pour nous apprendre à nous défier de notre propre jugement, et pour nous faire comprendre la nécessité d'une règle supérieure à notre raison, si débile, si incertaine, si bornée.

CHAPITRE XV.

Conformité de la méthode des philosophes avec la méthode des hérétiques.

Dieu est un, et tout dans les œuvres de Dieu et dans l'ordre qu'il a établi porte ce grand caractère d'unité qui lui est propre. Plus la pensée de l'homme s'étend, plus il découvre de rapports, et plus aussi il aperçoit leur liaison entre eux et avec la loi universelle d'où ils découlent. Depuis l'athée qui ne voit que des effets isolés et sans nombre, jusqu'à l'esprit qui contemple la première cause de tous les effets, il existe des degrés infinis d'intelligence qui se développe et s'élève à mesure qu'elle approche de la vérité elle-même, de l'éternelle et immuable unité. *Je suis la voie, la vérité, la vie* (1), a dit la Vérité vivante ; et comme il n'y a qu'une vérité, il n'existe non plus qu'une voie pour y parvenir. Quiconque sort de cette voie unique s'éloigne donc de la vérité, et s'enfonce dans l'erreur ; et l'erreur n'étant rien de subsistant par soi-même, mais une simple négation de ce qui est, il n'y a qu'une voie d'erreur comme il n'y a qu'une voie de vérité. On s'avance dans cette dernière voie en *croyant* sur une autorité infaillible * ; on s'avance dans la première en

______

(1) *Ego sum via, veritas et vita.* Joan. XIV, 6.

* *C'est la foi qui chasse le doute de la cité de Dieu,* dit le célè-

niant sur sa propre autorité. Plus on nie, plus on erre ; mais l'erreur demeure toujours ce qu'elle est par son essence, une pure négation.

On doit maintenant cesser d'être surpris des nombreux rapports que nous avons fait remarquer entre tous les systèmes d'erreur. Ils sont nécessairement identiques dans leur principe ; et comme il n'existe qu'une manière de nier, il ne peut y avoir qu'une méthode d'errer.

Pour rendre ce fait plus sensible encore, nous allons comparer en détail la méthode des philosophes avec la méthode des hérétiques. Nous ne doutons pas qu'on ne soit très frappé de leur ressemblance, ou plutôt de leur parfaite conformité.

Le philosophe est un homme qui s'isole du genre humain, comme l'hérétique s'isole de l'Église.

L'un et l'autre partent de ce principe : qu'ils doivent trouver la vérité par eux-mêmes, et qu'ils en sont juges en dernier ressort.

L'un et l'autre avouent en même temps qu'ils ne sont point infaillibles.

Tous deux cherchent en eux-mêmes, le premier la règle de sa raison, le second la règle de sa foi.

Ni les philosophes entre eux, ni les hérétiques entre eux, ne sont d'accord sur cette règle, qui varie sans cesse *.

---

bre Huet : *Fides dubitationem eliminat de civitate Dei.* De imbecillit. mentis humanæ, lib. III; n. 15.

* Les hérétiques disent bien que l'Écriture est leur règle, comme les philosophes aussi disent que la raison est la leur. Mais par quelle règle certaine l'hérétique interprètera-t-il l'Écriture, de sorte qu'il

Le philosophe suppose que le genre humain peut errer ; l'hérétique en dit autant de l'Église.

Il y a cependant des philosophes qui admettent que le genre humain ne sauroit se tromper, mais en de certaines circonstances et moyennant certaines conditions dont ils restent personnellement juges. Il y a aussi des hérétiques qui avouent que l'Église est infaillible, mais en de certaines circonstances et moyennant certaines conditions dont ils restent personnellement juges.

Il n'est point de philosophe qui n'admette quelques unes des croyances du genre humain ; il n'est point d'hérétique qui n'admette quelques uns des dogmes de l'Église.

Aucun philosophe ne peut faire à personne une obligation de raison d'admettre les mêmes croyances que lui ; aucun hérétique ne peut faire à personne une obligation de foi d'admettre les même croyances que lui *.

Le philosophe ne s'écarte jamais de la croyance du genre humain que par voie de négation ; il en est ainsi

---

soit pleinement assuré d'en avoir saisi le véritable sens, et par quelle règle certaine le philosophe s'assurera-t-il que les jugemens de sa raison sont *raisonnables* ou conformes à la vérité ? Voilà la question sur laquelle l'hérétique et le philosophe varient sans cesse, et qu'il leur est impossible de résoudre.

* Voilà pourquoi les philosophes et les hérétiques se tolèrent si aisément entre eux, et se réunissent tous pour attaquer l'Église catholique qui les repousse tous également. Ce n'est pas la différence des opinions qui blesse l'orgueil, *au contraire*, mais l'obligation de céder, d'obéir à une autre raison. Et puis, hérétiques et philosophes, tous, quels qu'ils soient, sont d'accord au fond, et ils le sentent bien,

de l'hérétique, à l'égard de la doctrine de l'Église.

Le philosophe même qui nie entièrement l'infaillibilité du genre humain, est forcé d'admettre comme vraies mille choses de croyance *universelle* dont il n'a d'autre certitude que le témoignage du genre humain ; l'hérétique qui nie entièrément l'infaillibilité de l'Église est forcé d'admettre comme vrais beaucoup de points de la foi *catholique* dont il n'a d'autre certitude que le témoignage de l'Église.

Le philosophe, en s'établissant juge de toutes les vérités, préfère sa raison à la raison de tous les hommes, qu'il suppose pouvoir se tromper ; l'hérétique, en s'établissant juge de tous les dogmes *, préfère son jugement au jugement de toute l'Église, qu'il suppose pouvoir errer.

Rien de plus inconstant et de plus opposé que les opinions des philosophes ; rien de plus variable et de plus divers que les doctrines des hérétiques.

L'hérétique s'appuie sur l'Écriture, comme le philosophe sur la raison : mais, de même que le philosophe ne veut pas recevoir sa raison de la société, du genre humain, y croire sur son témoignage, et la soumettre à son autorité, ainsi l'hérétique ne veut

---

* L'hérétique dira peut-être qu'il ne juge point les dogmes en eux-mêmes : je le crois bien : il ne juge point les dogmes qu'il reconnoît, *il ne met point en doute ce qu'il admet pendant qu'il l'admet :* mais il juge si tel ou tel point de la doctrine universelle est véritablement un dogme. Le philosophe ne juge pas non plus, dans le même sens, la vérité en elle-même, mais il juge si telle ou telle notion, telle ou telle croyance, est une vérité, *et ne met point en doute ce qui lui paroît vrai, pendant qu'il lui paroît vrai.*

pas recevoir l'Écriture des mains de l'Église, y croire sur son témoignage, et en soumettre l'interprétation à son autorité.

Le philosophe cherche les preuves de sa raison dans sa raison, et l'hérétique cherche les preuves de l'Écriture dans l'Écriture même.

Le philosophe qui rejette l'autorité de la *raison humaine* ou du genre humain ne peut prouver sa propre raison ; l'hérétique qui rejette l'autorité de la tradition ou de l'Église ne peut prouver l'Écriture.

La seule autorité du philosophe est sa raison ; la seule autorité de l'hérétique est l'*Écriture interprétée par la raison* (1).

De là deux règles corrélatives pour le philosophe et pour l'hérétique.

Première règle du philosophe : La raison ne doit croire que ce qui est clair et distinct.

Première règle de l'hérétique : *L'Écriture, pour obliger, doit être claire.*

Seconde règle du philosophe : Quand la raison générale des hommes, ou le *sens commun*, paroît attester des choses incompréhensibles, et où la raison particulière ne peut atteindre, il faut ramener la raison générale au sens dont la raison particulière peut s'accommoder, quoiqu'on semble faire violence au sens commun.

---

(1) Ce principe de l'hérétique et les deux suivans sont donnés par Bossuet comme des conséquences nécessaires du protestantisme, ce que ni Jurieu ni aucun autre ministre ne contesta. VIe *Avertiss. aux Protestans*, IIIe part., n. 17 et suiv.

Seconde règle de l'hérétique : *Où l'Écriture paroît enseigner des choses inintelligibles, et où la raison ne peut atteindre, il la faut ramener au sens dont la raison peut s'accommoder, quoiqu'on semble faire violence au texte.*

Enfin l'hérétique qui est conséquent finit par douter de l'Écriture; et le philosophe qui est conséquent finit par douter de la raison.

Principes, conséquences, tout est donc commun entre le philosophe et l'hérétique ; jamais il n'exista d'identité plus parfaite, et leur méthode consiste à se réserver toujours le droit de nier. Montrons maintenant comment celle que nous exposons dans l'*Essai* s'accorde sur tous les points avec la méthode catholique.

CHAPITRE XVI.

Conformité de la méthode exposée dans l'Essai avec la méthode catholique.

Pour abréger, nous appellerons celui qui règle ses croyances et sa conduite sur les principes exposés dans l'*Essai*, nous l'appellerons, dis-je, simplement l'*homme;* et en effet, l'homme ne subsiste que dans la société et par la société universelle du genre humain : et nous appellerons le catholique simplement *chrétien*, parce qu'en effet on n'est chrétien que dans la société et par la société universelle ou catholique des chrétiens.

L'homme croit à l'autorité infaillible du genre humain, comme le chrétien croit à l'autorité infaillible de l'Église.

L'homme reconnoît qu'il peut se tromper dans les choses mêmes qui lui paroissent les plus claires et les plus évidentes; et qu'il se trompe effectivement, si sa raison particulière est en opposition avec la raison du genre humain. Le chrétien reconnoît qu'il peut se tromper dans les choses mêmes qui lui paroissent les plus claires et les plus évidentes; et qu'il se trompe effectivement, si sa raison particulière est en opposition avec les jugemens de l'Église.

Ce que le genre humain atteste être vrai, l'homme le croit, qu'il le comprenne ou non. Ce que l'Église atteste être vrai, le chrétien le croit, qu'il le comprenne ou non.

Ce que le genre humain atteste être faux, l'homme le rejette, quand même il ne concevroit pas comment il peut être faux. Ce que l'Église atteste être faux, le chrétien le rejette, quand même il ne concevroit pas comment il peut être faux.

Il y a des vérités générales unanimement attestées dans tous les siècles, que l'homme admet sur le témoignage du genre humain. Il y a des vérités générales unanimement attestées dans tous les siècles, que le chrétien admet sur le témoignage de l'Église.

Il y a des vérités moins générales, des lois, des faits, que l'homme admet sur un témoignage non universel soit quant au temps, soit quant aux lieux. Il y a des vérités moins générales, des lois, des faits, que le chrétien admet sur un témoignage non universel, soit quant au temps, soit quant aux lieux : ainsi, par exemple, le chrétien reconnoît certains faits historiques, certaines lois de discipline, sur un témoignage non universel quant aux lieux; et il croit au développement de certaines vérités, en un mot aux décisions des conciles œcuméniques, sur un témoignage non universel quant au temps.

Il y a des choses que le genre humain ne décide point, et dont les hommes peuvent disputer sans blesser son autorité. Il y a des choses que l'Église ne décide point, et dont les chrétiens peuvent disputer sans blesser son autorité. Ce sont des *opinions*, c'est-à-dire des croyances incertaines. Mais s'il arrive que l'autorité générale des hommes, ou l'autorité générale de l'Église, prononce sur ces questions, l'homme et le chrétien doivent se soumettre au jugement de l'autorité générale, le premier sous peine de folie ou sous peine de mort pour sa raison, le second sous peine d'hérésie ou sous peine de mort pour sa foi.

Sur tout ce qui n'est pas décidé de la sorte, c'est-à-dire sur les opinions, il n'y a nul accord entre le hommes, non plus qu'entre les chrétiens.

Plus l'homme a de raison, plus les croyances générales du genre humain lui paroissent vraies. Plus le chrétien a de raison, plus il aperçoit la vérité des croyances générales de l'Église.

En d'autres termes : Plus l'homme a de raison, plus elle est conforme à la raison universelle des hommes dans les choses humaines; plus le chrétien a de raison, plus elle est conforme à la raison universelle de l'Église, ou à la raison de Dieu, dans les choses divines.

La certitude des pensées de l'homme dans les choses humaines, dépend de leur conformité avec les jugemens du genre humain ou avec la raison humaine. La certitude des croyances du chrétien dépend de leur conformité avec les décisions de l'Église ou avec la raison divine.

On peut faire des objections sans fin, et plus ou moins spécieuses, contre les croyances générales du genre humain, et contre son autorité même. On peut faire des objections sans fin, ou plus ou moins spécieuses contre les croyances générales de l'Église, et contre son autorité même.

Cependant si l'homme abandonne la règle de l'autorité, sa raison, sans appui et sans guide, vient s'éteindre, à l'égard des choses humaines, dans un doute universel. Il en est ainsi du chrétien à l'égard des choses divines.

Point de certitude, point de raison, point de vie pour l'homme, hors de la société.

Point de certitude, point de foi, point de vie pour le chrétien, hors de l'Église.

« C'est une erreur de s'imaginer qu'il faille tou-
» jours examiner avant que de croire. Le bonheur de
» ceux qui naissent, pour ainsi dire, dans le sein de
» la vraie Église, c'est que Dieu lui ait donné une
» telle autorité, qu'on croit d'abord ce qu'elle pro-
» pose, et que la foi précède ou plutôt exclut l'exa-
» men... Parmi les vrais chrétiens on croit d'abord...
» De cette sorte on ne passe pas, comme parmi nos
» réformés, d'un état de doute à un état de certitude,
» ou..... d'une foi humaine à une foi divine. La foi
» divine se déclare d'abord dès les premières instruc-
» tions de l'Église ; et cela ne seroit jamais, n'étoit
» que son infaillible autorité prévient tous nos doutes
» et tout examen (1). »

Le bonheur de ceux qui naissent pour ainsi dire dans le sein de la société, c'est que Dieu lui ait donné une telle autorité, qu'on croit d'abord ce qu'elle pro-

____

(1) Réflexions sur un écrit de M. Claude. *OEuvres de Bossuet*, tom. XXIII, pag. 362 et 374, *édition de Versailles*.

pose, et que la foi précède ou plutôt exclut l'examen. Parmi les hommes vraiment raisonnables, on croit d'abord. De cette sorte on ne passe pas, comme parmi nos philosophes, d'un état de doute à un état de certitude, ou d'une foi individuelle à une foi humaine. La foi humaine se déclare d'abord dès les premières instructions de la société; et cela ne seroit jamais, n'étoit que son infaillible autorité prévient tous nos doutes et tout examen.

Comment l'homme connoît-il l'autorité du genre humain, et s'assure-t-il de ses décisions? Comme le chrétien connoît l'autorité de l'Église, et s'assure de ses décisions.

Il y a des hommes qui peuvent n'être pas à portée de connoître les décisions du genre humain sur différens points. Il y a des chrétiens qui sont dans le même cas par rapport aux décisions de l'Église.

Toutes les difficultés que vous ferez à l'homme sur cette règle de ses croyances, on les fera au chrétien sur la règle de sa foi.

Tout ce que vous répondrez pour le chrétien, on le répondra également, et avec autant de raison, pour l'homme.

En un mot, on est chrétien par le même principe qu'on est homme; et ce principe est notre nature même. C'est pourquoi dès qu'on attaque la règle de foi du chrétien, on détruit la vérité, la certitude, l'intelligence et l'homme tout entier.

. Lorsque, dans son état naturel ou parfait, sortant des mains du Créateur, il naquit à l'intelligence, quelle fut l'origine de ses pensées, la règle de sa raison, le fondement de sa certitude? Dieu lui parla, et il crut à sa parole; il crut sur une autorité infinie. Voilà le commencement et la base de la tradition universelle, l'explication de notre raison et sa loi immuable. Mais un esprit plus puissant, un esprit mauvais, le séduit bientôt et l'égare. *Vous serez comme des dieux* (1), dit-il à nos premiers parens; c'est-à-dire : Vous serez à vous-mêmes votre lumière, vous trouverez en vous la vérité; votre raison ne dépendra que d'elle-même. *Vous serez comme des dieux, sachant le bien et le mal :* jusqu'ici vous avez cru sur le témoignage d'un autre être; maintenant vous *saurez,* et vous ne croirez que sur votre propre évidence. Ainsi l'homme, qui possédoit la vérité parce qu'il croyoit, ne se contente plus de la foi, il veut *savoir,* il veut juger; et à l'instant le doute et l'erreur entrent dans le monde pour n'en plus sortir qu'à la fin des temps, lorsque la religion, fondée sur la foi et l'autorité, triomphera de toutes les fausses opinions enfantées par la raison ignorante et présomptueuse. Alors une dernière et éternelle manifestation de Dieu rétablira l'ordre troublé par l'orgueil, et affermira pour jamais la règle de la vérité, en soumettant toute intelligence à l'intelligence infinie. Jusqu'à ce moment il y aura deux règnes, celui de Dieu et celui de l'homme; il existera deux sociétés, une société de *foi* pour conserver la vérité sur la terre, et une so-

---

(1) *Eritis sicut dii, scientes bonum et malum.* Genes. III, 5.

ciété de *science* qui perpétuera l'erreur : et de ces deux sociétés, toujours en guerre comme le bien et le mal, comme la lumière et les ténèbres, l'une, immuable dans ses principes et infaillible dans son enseignement, reposera constamment sur une autorité qui remonte jusqu'à Dieu ; et l'autre, sans principes fixes, sans stabilité, sans unité, n'aura d'autre base que la raison variable et incertaine de chaque homme. Le christianisme, source de toute vérité et de tout ordre, le christianisme, qui a commencé avec l'homme, est la loi de cette première société ; la philosophie, source de toute erreur et de tout désordre, la philosophie, qui a commencé au moment où l'homme succomba pour la première fois à la tentation de *savoir*, est la loi de la seconde.

CHAPITRE XVII.

Résumé et conclusion.

Nous venons de développer et d'éclaircir, autant qu'il nous étoit possible, l'idée fondamentale de l'*Essai sur l'Indifférence en matière de Religion*. Nous n'avons laissé sans réponse aucune objection un peu plausible; et nous croyons que s'il y avoit en effet quelque chose d'obscur dans notre doctrine, elle ne renferme plus rien qui puisse embarrasser les esprits habitués à ce genre de considérations, et c'est à ceux-là seuls que nous nous adressons. Ceux qui sont ou tout-à-fait ignorans de ces matières, ou prévenus, ou distraits, n'entendront pas plus cette *Défense* qu'ils n'ont entendu l'ouvrage même. On ne sauroit être assez clair pour eux, parce qu'on ne peut être clair, nous le répétons, que pour les esprits attentifs et préparés par des études et des réflexions précédentes. Ainsi donc, quoique nos principes nous paroissent très évidens, nous savons trop quel est l'empire des préjugés sur l'homme, et surtout combien les jugemens de la raison individuelle sont divers, pour nous flatter que nos preuves dissiperont tous les doutes, et feront cesser toute opposition. Il n'est rien dont on ne dispute, et dont on ne puisse disputer éternellement, tant que chacun n'a d'autre règle de vérité que sa raison. On disputera donc sur l'autorité aussi long-temps qu'on voudra ; on dispute bien sur Dieu : et que ne peut-on pas nier, puisqu'on le nie ?

Ainsi la contradiction ne prouve point qu'une doctrine soit fausse, ou obscure, ou incertaine ; mais seulement qu'elle paroît telle à quelques esprits. La contradiction prouve ce que nous avons essayé de prouver, le besoin d'un juge, la nécessité d'une autorité infaillible, ou d'une raison supérieure , sur laquelle se règlent toutes les autres raisons ; et les catholiques, avant même d'avoir examiné si cette autorité existe réellement, devroient désirer qu'elle existât : ils devroient, après en avoir reconnu l'existence, s'unir pour défendre ses droits ; heureux de trouver, dans la règle et le fondement de leur foi, le fondement et la règle de la raison même. Que les incrédules rejettent un principe qui renverse toutes leurs erreurs, on le conçoit ; et peut-être auroit-on pu leur laisser le soin de le combattre. Hélas ! il est si facile de répandre des nuages sur les vérités les plus évidentes, que si quelque chose doit étonner ce n'est pas qu'on parvienne à les obscurcir, mais qu'au milieu des ténèbres dont les passions se plaisent à les environner, elles soient encore visibles à nos foibles yeux.

Ici se présente à nous une réflexion que nous prions le lecteur chrétien de méditer sérieusement. Dieu a tout fait pour lui-même ; la foi nous l'assure, et il n'est rien en même temps de plus clair pour la raison. Il y a donc dans la nature de l'homme une tendance vers Dieu. Et en effet qu'est-ce que Dieu ? la vérité infinie ; et l'homme a un désir infini de connoître ou de posséder la vérité. Mais si Dieu a mis dans la nature de l'homme cette tendance vers lui, nécessairement il y a mis aussi un moyen d'arriver là où il tend, c'est-à-dire à la vérité, ou à Dieu même, autant qu'il veut être connu de l'homme ici-bas. Quel est ce moyen ? Depuis l'origine du monde les hommes n'ont cherché la vérité que par deux voies.

Ou, soumettant leur propre raison à la raison universelle, ils ont cru sans examen, sur la foi de la tradition, tout ce qu'atteste la plus grande autorité ; et cette voie, si on la suit jusqu'au bout, conduit l'homme au christianisme, ou à une parfaite connoissance de Dieu, et l'y conduit par l'humilité, par l'obéissance, par l'exercice de toutes les vertus que l'Évangile recommande.

Ou prenant leur propre raison pour règle, et soumettant toutes les traditions à son jugement, ils n'ont voulu croire que ce qui lui paroissoit clair, évident, démontré ; et cette voie, si on la suit jusqu'au bout, conduit l'homme, d'erreur en erreur, au scepticisme, ou aussi loin qu'il lui soit possible d'être de Dieu, et l'y conduit par l'orgueil, par l'indépendance et la révolte, par tout ce que l'Évangile condamne et réprouve.

Est-il possible que le chrétien hésite entre ces deux voies ? Est-il possible que le principe du mal, que l'orgueil soit le principe de certitude ? que l'humble esprit qui croit quand une raison supérieure enseigne, soit hors du chemin de la vérité ? Ce sont là cependant

les conséquences des systèmes que nous combattons.
Ces conséquences, il est vrai, on ne les tire pas dans
nos écoles, on en auroit horreur; mais on les tire
dans d'autres écoles, et n'est-ce pas assez pour abandonner les maximes d'où elles se déduisent?

Avant de terminer cet écrit, il nous semble utile
d'en présenter un court résumé; afin qu'on saisisse
plus aisément l'ensemble des idées et leur liaison.

En remontant à l'origine de la philosophie, et en
l'observant à toutes les époques de sa durée, nous
avons constaté un fait important, c'est qu'en enseignant à l'homme à chercher la vérité dans sa raison
seule, elle a partout ébranlé les vérités tradition-
nelles, et perdu les peuples en les précipitant dans le
doute et dans l'erreur.

Cherchant ensuite la raison de ce fait, nous avons
vu que toute philosophie qui place le principe de certitude dans l'homme individuel ne peut en effet donner
de base solide à ses croyances, ni de règle sûre à ses
jugemens.

Le défaut d'une base solide sur laquelle reposent
les croyances produit le scepticisme; le défaut d'une
règle sûre des jugemens produit le scepticisme et
l'erreur.

Convaincus ainsi que la philosophie est une voie
d'erreur et de doute, c'est-à-dire une voie de destruction, nous avons cherché hors d'elle un moyen d'arriver à la vérité; et ce moyen, nous l'avons trouvé
dans notre nature même.

En effet la nature force tous les hommes de croire

mille et mille choses dont il est aussi impossible de démontrer la vérité, qu'il est impossible d'en douter.

Nous sommes donc convenu d'admettre comme vrai ce que tous les hommes croient invinciblement. Cette foi invincible, universelle, est pour nous la base de la certitude; et nous avons montré qu'en effet si on rejette cette base, si on suppose que ce que tous les hommes croient vrai puisse être faux, il n'y a plus de certitude possible, plus de vérité, plus de raison humaine.

Et pour que l'on conçoive nettement en quoi notre premier principe diffère de celui de la philosophie, nous les réduirons ici tous deux à leur plus simple expression.

Premier principe d'où nous partons : *Ce que tous les hommes croient être vrai est vrai.*

Premier principe de la philosophie : *Ce que la raison de chaque homme perçoit clairement et distinctement est vrai.*

Si ce que tous les hommes croient être vrai est vrai, il s'ensuit que l'uniformité des perceptions et l'accord des jugemens est le caractère de la vérité; cette uniformité et cet accord, qui nous sont connus par le témoignage, constituent ce que nous appelons la raison générale ou l'autorité : l'autorité ou la raison générale est donc la règle de la raison individuelle.

Si ce que la raison de chaque homme perçoit clairement et distinctement est vrai, chaque homme doit tenir pour vrai tout ce qu'il croit percevoir clairement et distinctement; en d'autres termes, ce que chaque homme croit fortement être vrai est vrai.

Nous montrons que cette règle philosophique autorise toutes les erreurs, et qu'en rendant la raison de chacun juge de ce qu'il doit croire, on n'a rien à répliquer aux incrédules, lorsqu'ils vous disent : Ma raison n'est pas convaincue. Qu'on se place à leur égard dans la même position où sont les hérétiques à l'égard les uns des autres ; en un mot, qu'on adopte le principe de l'hérésie avec toutes les contradictions et les absurdités qu'il entraîne. Appliquant ensuite aux controverses contre les athées et les déistes le principe d'autorité, nous faisons voir comment, avec ce seul principe, on force tous les ennemis du christianisme à en reconnoître la vérité, ou à nier leur propre raison.

Enfin nous répondons aux objections qu'on a proposées contre notre doctrine, et, après avoir montré que, loin de porter atteinte aux preuves ordinaires de la religion, elle les complète et les fortifie, nous prouvons que la méthode des philosophes est identiquement la même que la méthode des hérétiques, comme la méthode exposée dans l'*Essai* n'est que la règle de la foi catholique.

C'est donc bien vainement qu'on l'attaque ; elle n'est pas moins inébranlable que la vérité catholique elle-même : et nous sommes arrivés à des temps où, contraints de ramener de loin, et comme des extrémités de l'erreur, un grand nombre d'esprits à cette vérité sainte, on a dû mieux reconnoître la voie qui y conduit, et s'assurer qu'il n'en existe qu'une. On le verra plus clairement de jour en jour, il suffit d'attendre ; et nous aurions pu laisser l'avenir, et un avenir très prochain, répondre pour nous. Ce mouvement prodigieux qui agite le monde, ces ténèbres qui s'épaississent et se répandent sur la raison humaine, ce désordre profond et presque universel, ce terrible ascendant de l'erreur, Dieu le permet-il sans dessein, et n'en doit-il résulter aucune instruction nouvelle ? Non, non ; ne le pensez pas. Quelque chose de grand se prépare ; du sein de cette nuit jaillira une lumière plus éclatante : les *enfans de lumière* la salueront comme l'aurore de leur délivrance ; les *enfans des ténèbres* la maudiront comme l'annonce de leur ruine : et à mesure que s'approchera le moment de la dernière séparation, le ciel s'ouvrant pour recevoir ses élus montrera plus à découvert l'immuable vérité qu'ils contempleront éternellement.

PIÈCES

RELATIVES AU SECOND VOLUME

DE

L'ESSAI SUR L'INDIFFÉRENCE

EN MATIÈRE

DE RELIGION.

AVERTISSEMENT.

Nous avons cru convenable de joindre à notre *Défense* plusieurs morceaux sur le même sujet. Les uns avoient déjà paru, les autres nous ont été communiqués par des professeurs de théologie et d'autres ecclésiastiques très respectables, mais qui, en se prononçant pour nous dans les contestations que notre ouvrage a fait naître, nous ont ôté le droit de dire ici tout ce que nous pensons nous-même d'eux. Il nous a semblé que les mêmes principes envisagés sous divers rapports, et présentés sous différentes formes, seroient plus aisément conçus; car ce qui est clair pour un esprit ne l'est pas toujours pour un autre : afin qu'ils voient également bien le même objet, il faut changer le point de vue pour chacun ; et c'est une des causes pour lesquelles un livre, quel qu'il soit, ne persuade jamais tout le monde. Nous aurions voulu retrancher les expressions beaucoup trop flatteuses pour nous qui se trouvent dans quelques uns des morceaux qu'on va lire ; mais cela nous a été quelquefois impossible, parce que ces retranchemens auroient tout-à-fait interrompu la suite du discours. Nous pensons qu'il suffit d'en avertir.

PIÈCES

RELATIVES AU SECOND VOLUME

DE

L'ESSAI SUR L'INDIFFÉRENCE

EN MATIÈRE DE RELIGION.

SUR UN DERNIER OUVRAGE

DE M. L'ABBÉ DE LA MENNAIS,

PAR M. DE BONALD.

J'apprends dans ma retraite que le deuxième volume de l'*Essai sur l'Indifférence religieuse*, publié par mon illustre ami M. l'abbé de La Mennais, a été dans la capitale, parmi des hommes instruits, un objet de contradiction, et peut-être même pour quelques uns un sujet de scandale.

Persuadé que cet écrivain, quelque justement estimé qu'il soit, n'est pas plus que tout autre à l'abri de l'erreur, et certain en même temps qu'il s'empresseroit, qu'il s'honoreroit même de désavouer celles où il auroit pu tomber, si elles lui étoient démontrées,

12.

j'ai lu son ouvrage avec attention ; j'en parlerai avec impartialité.

Il seroit au premier coup d'œil assez extraordinaire que le philosophe religieux qui s'est élevé, dans son premier volume, avec tant de force et de succès contre l'*indifférence en matière de religion*, nous eût, au second, rejetés dans le scepticisme, et qu'il eût détruit d'une main ce qu'il a de l'autre si solidement édifié ; mais il seroit possible que, dans un siècle où l'on a tout ôté à la foi pour donner tout à la raison, entraîné loin de son terrain par la nécessité de suivre ses adversaires, il eût dépassé les bornes, et ôté trop à la raison pour le donner à la foi : et ce ne seroit pas le premier exemple de ces excès souvent involontaires auxquels de bons esprits se sont quelquefois laissés aller, et qui sont moins la faute des hommes que celle des temps où ils vivent et des doctrines qu'ils ont à combattre.

Réfléchissons toutefois à la terrible guerre que les vérités sur lesquelles est fondée la société soutiennent depuis trois siècles, et à ce furieux combat marqué de nos jours par une audace inouïe et des succès si déplorables, et nous reconnoîtrons que cet abandon presque général de la vérité, ces défections honteuses, cette extinction de la foi, d'autant plus alarmante qu'elle est politique et en quelque sorte nationale, semblent indiquer qu'il manque quelque développement aux vérités, fondemens de l'ordre public ; car la vérité, même la vérité morale, n'est publiquement combattue que parce qu'elle est méconnue, et l'on ne nie pas plus la légitimité de la défense du meurtre et du vol, que les propositions élémentaires de la géométrie ; et nous ne nous étonnerons plus qu'il paroisse de loin en loin dans le monde social, non des vérités nouvelles, elles sont toutes aussi anciennes que Dieu et que l'homme, mais des manières nouvelles de les présenter, *non nova*, dit saint Augustin, *sed novè*, appropriées aux temps et aux esprits, qui les offrent aux hommes sous des rapports qu'ils n'avoient pas encore aperçus, qu'il ne leur avoit pas même été nécessaire d'apercevoir, et qui, renfermés dans la vérité comme dans le sein de leur mère, en sortent quand il faut et comme il faut : et ainsi s'approche peu à peu le moment où les hommes verront la vérité face à face, et non comme en figure et sous des voiles : *nunc quasi per speculum et in œnigmate, tunc autem facie ad faciem.*

Et ne pourrions-nous pas trouver un exemple de ce développement successif des vérités nécessaires dans ce sublime ouvrage *Du Pape* récemment publié par l'homme célèbre dont l'amitié m'honore et le suffrage m'encourage, M. le comte de Maistre, ministre d'État du roi de Sardaigne ? Je sais qu'il a essuyé en France les mêmes contradictions que celui de M. l'abbé de La Mennais. Mais on auroit dû, ce me semble, considérer que les opinions qu'on a reprochées à l'auteur étranger, plutôt nationales que personnelles, et qui sont celles de toute l'Europe catholique, la France exceptée, n'ont jamais été condamnées par l'Église ; qu'on est, hors de France, et même en France, libre de les adopter, libre de les combattre ; que de grands esprits les ont hautement défendues ; que d'autres grands esprits, sans combattre celles-là, en ont, et avec quelque timidité, soutenu de contraires ; que celles-ci ont été en France beaucoup plus appuyées par l'autorité laïque que par l'autorité ecclésiastique ; et en laissant à part ces opinions, que l'autorité religieuse a jugées jusqu'ici indifférentes, on auroit reconnu que M. le comte de Maistre a présenté la papauté, centre et premier moyen de toute la civilisation du monde et de toute perfection morale de la société, sous les points de vue les plus magnifiques, les plus nouveaux et les plus vrais ; qu'il a appris aux gouvernemens ce qu'elle étoit dans le monde même politique, et ce qu'elle devoit être ; et qu'il a, plus que tout autre écrivain, mis sur le chandelier cette lumière qui doit éclairer toutes les nations. Ces grandes vérités, Leibnitz lui-même, quoique né dans une communion séparée, les avoit entrevues ; mais il étoit nécessaire de les montrer dans tout leur jour, depuis que tous les pouvoirs de la société, et celui-là plus que tous les autres, étoient devenus l'objet de la haine la plus envenimée et de l'attaque la plus furieuse qu'ils eussent jamais essuyée.

D'autres écrivains avoient essayé de faire voir l'intime alliance des vérités religieuses et des vérités politiques, conduits à cette démonstration par la séparation totale qu'on avoit voulu introduire entre elles pour mieux les ruiner toutes : M. l'abbé de La Mennais a considéré d'une manière rationnelle les vérités religieuses; il a voulu faire cesser le divorce qui existoit entre la philosophie et la religion, en montrant ou plutôt en démontrant que la plus haute et la meilleure philosophie consiste à soumettre sa raison à l'autorité de la religion.

On peut ramener à un seul point la question qui s'est élevée entre M. l'abbé de La Mennais et ses adversaires.

L'homme a en lui-même, et dans sa nature, intelligente à la fois et corporelle, trois moyens de parvenir à la connoissance de la vérité : les sens, le sentiment ou sens intime, et le raisonnement. Jusque-là l'auteur est d'accord avec ses contradicteurs. Mais ces trois moyens sont insuffisans pour le conduire à la certitude, non à cette certitude en quelque sorte provisoire, ou, si l'on veut, spéculative, qui fait que l'homme se rend à lui-même témoignage et se croit suffisamment assuré de la vérité de ce qu'il invente ou de ce qu'il découvre; mais de cette certitude définitive, absolue, publique, pratique, cette certitude dont l'individu n'a pas besoin pour exister, mais dont la société a besoin pour établir l'ordre, et qui est le fondement de toutes les lois qu'elle nous impose et de tous les sacrifices qu'elle nous commande. Car remarquez encore qu'autre chose est la croyance, autre chose est la certitude. *On croit beaucoup de choses;* la croyance suffit à l'homme pour tout ce qu'il veut entreprendre. Mais pour donner des lois et imposer des croyances à la société, j'entends des croyances vraies et salutaires, il faut la certitude. Quand Christophe Colomb alloit chercher un nouveau monde, il avoit la croyance de le trouver ; et cette croyance, tout impérieuse qu'elle étoit, n'étoit pas une certitude. Mais pour donner des lois à la société humaine, il faut avoir la certitude de leur bonté absolue ; et où peut-elle se trouver, sinon dans l'autorité des lois primitives naturelles, divines, dont tous les législateurs ont tiré, comme des conséquences, leurs lois positives ?

C'est ici que commence la contradiction, et l'on a cru voir que M. l'abbé de La Mennais ruinoit toute autre certitude que celle qui nous vient de la foi, et qu'il ôtoit trop à la raison pour le donner à l'autorité, et trop à l'homme pour en investir la société.

Remarquons d'abord que les sens, le sentiment, le raisonnement, ne sont en eux-mêmes des moyens de connoître la vérité qu'autant que nous réfléchissons sur le rapport de nos sens, sur les aperçus de notre raison, ou que nous avons la conscience de nos sentimens. Mais nous ne pouvons avoir cette conscience ni réfléchir sur ce que nos sens nous rapportent ou que notre raison aperçoit, sans penser, ni penser sans signes ou expressions au moins *mentales* de nos pensées ; c'est-à-dire que nous ne pouvons penser sans paroles, et que, les paroles ou le langage nous ayant été transmis d'autorité, sans contradiction de notre part, même sans raisonnement et par un acquiescement indélibéré, il est vrai de dire que même les moyens de connoître, ou, si l'on veut, la faculté d'en faire usage, nous ont été transmis d'autorité, et nous sont venus de la société d'êtres semblables à nous en intelligence.

En général, cette doctrine de la liaison intime, nécessaire, indispensable, de la pensée et de la parole, a quelque peine à entrer dans les esprits qui, ne voyant la parole que dans l'articulation extérieure, ne réfléchissent pas assez qu'il faut, comme je l'ai dit ailleurs, *penser sa parole pour pouvoir parler sa pensée;* que les idées sont en nous sans doute , mais que nous ne les apercevons que dans les expressions qui les revêtent et leur donnent en quelque sorte un corps.

Quand on a accusé M. l'abbé de La Mennais de ruiner tous les fondemens de la croyance humaine , lorsqu'il a nié la certitude de l'axiome de Descartes, *je pense, donc je suis,* en tant que cette certitude ne nous viendroit que de nous-mêmes; on n'a pas fait attention que l'homme ne pourroit, même mentalement, dire, *je pense,* sans paroles intérieurement prononcées, auxquelles il donne le sens que lui ont enseigné ceux qui les lui ont apprises, et que dès-lors cette certitude, cette conscience de sa propre existence, qu'il tire de cette pensée, lui vient précisément de l'autorité qui lui a enseigné à dire *je pense,* ou le mot équivalent qui, dans toutes les langues, signifie cette opération de l'esprit qui nous représente les objets, leurs rapports et leurs propriétés; et que sans cette première instruction, que l'homme certainement ne s'est pas donnée à lui-même, il ne pourroit, pas plus que l'animal, dire *je pense,* ni par conséquent ajouter, *donc je suis;* et loin d'avoir aucune certitude de sa pensée et de son être, il ne pourroit pas plus que la brute avoir la conscience de l'un ni de l'autre. Son existence, sans doute, seroit une vérité, mais pour lui elle ne seroit pas une certitude ; il n'y penseroit pas, et elle seroit pour lui comme si elle n'étoit pas.

Il faut, avant tout, bien s'entendre sur ce qui est vérité ou erreur. La vérité est tout ce qui conserve, l'erreur tout ce qui détruit ; la vérité aboutit à la vie, l'erreur à la mort : et cela est vrai au sens moral comme au sens physique.

Il y a des vérités relatives à notre conservation purement individuelle et physique pour lesquelles la nature nous avertit sans autre autorité que la sienne, mais elles sont en plus petit nombre qu'on ne pense.

Je marche , un précipice s'ouvre sous mes pas, je m'arrête et me détourne ; une pierre est prête à m'écraser, je fuis ; je suis fatigué , je m'assieds ; il pleut, je me retire sous un abri. Les animaux en font autant ; et je n'ai besoin , pour cela, ni de pensée, ni de réflexions, ni de l'autorité des leçons, ni de celle des exemples.

Mais si je veux satisfaire des besoins plus composés, si j'ose ainsi parler, de ces besoins qui supposent l'homme en quelque état de société ; si je veux me loger et me vêtir, est-ce par mes propres réflexions ou par l'autorité de l'exemple que je préfère telle ou telle manière à telle autre ? Même pour le premier de tous les besoins, celui de se nourrir, la nature apprend-elle à l'homme, comme elle apprend à l'animal, à distinguer les substances nuisibles des alimens salutaires ; et pourroit-il, au premier âge de la société, choisir entre ceux-ci et ceux-là, si celle qui lui a donné de son sein la première nourriture ne lui avoit indiqué, au moins par son exemple, les alimens qui doivent la remplacer?

On dira peut-être que c'est par la raison même, et non par autorité, que nous parvenons à la connoissance des vérités mathématiques. Mais, outre qu'elles nous ont été primitivement enseignées par des maîtres comme toutes les vérités rationnelles; outre qu'elles ne peuvent être l'objet de nos pensées, de nos réflexions, de nos recherches, que par le moyen du langage qui nous a été transmis par la société, il faut ici distinguer la vérité intrinsèque d'une chose de sa certitude extérieure et publique, et cette distinction me paroît jeter un grand jour sur la question qui nous occupe.

Tout ce qui est est vrai ou vérité; car l'erreur n'est rien, n'est pas : il est vrai indépendamment de notre faculté de connoître et même de notre acquiescement; mais il ne devient absolument certain pour nous que lorsqu'il est non seulement connu de quelque esprits, mais qu'il est universellement reconnu pour vrai, et les mots latins qui servent à exprimer la certitude, *certum facere, certum fieri*, indiquent tout seuls que la certitude nous vient d'ailleurs que de nous-mêmes.

Les propriétés du carré de l'hypothénuse étoient vraies de toute éternité, mais les hommes n'en ont eu la certitude que lorsque la démonstration en a été universellement connue et approuvée. Combien, dans les sciences, de vérités cachées, peut-être soupçonnées, et à qui il manque la certitude qui naît du consentement universel! Et si la démonstration d'une vérité géométrique n'étoit pas universellement reçue des savans, cette vérité, toute vérité qu'elle seroit, auroit-elle pour nous aucune certitude?

Je passe aux vérités morales ou sociales, les seules qui aient été l'objet des méditations de M. l'abbé de La Mennais. Pour fortifier sa démonstration, il s'est longuement étendu sur la foiblesse, l'incertitude, les erreurs de nos sens, de notre sentiment, de nos jugemens : mais dans quels philosophes, même religieux, ne trouve-t-on pas les mêmes observations? Que n'ont pas dit sur ce même sujet et Montaigne et Pascal, et Malebranche, qui veut que nous voyions tout en Dieu, et même le monde sensible! Et M. l'abbé de La Mennais n'a fait que dire d'une manière plus absolue que ces trois moyens de connoître, suffisans pour l'objet que la nature s'est proposé, suffisans, si l'on veut, à notre existence passagère, faillibles euxmêmes, et tout le monde en convient, étoient insuffisans pour donner à la société cette certitude absolue, infaillible, dont elle a besoin pour soumettre les hommes au joug de ses croyances et de ses lois.

Et d'abord considérez que les vérités morales sont certaines d'une certitude morale, qui repose ellemême sur l'autorité des témoignages; et ici s'applique, ce me semble, le mot de l'apôtre : *Fides ex auditu : quomodo audient sine prædicante ?* « La foi vient par » l'ouïe: comment entendront-ils si on ne leur parle? »

Qui est-ce qui auroit connu la première vérité de l'ordre moral, l'existence de Dieu, si Dieu lui-même ne s'étoit révélé aux hommes ; et si la société, une fois instruite de cette vérité, fondement de toute existence sociale, n'avoit transmis à ses enfans, à mesure qu'ils venoient au monde, quelque connoissance de cette révélation primitive? Comment les hommes auroient-ils pu connoître le grand fait de la rédemption du genre humain, moyen de toute perfection et de tout ordre, si des histoires authentiques, conservées d'âge en âge, une tradition non interrompue et d'incontestables monumens, n'en avoient fixé l'époque et raconté les principaux événemens? Les hommes, sans doute, ont des moyens de connoître la vérité, puisque l'intelligence qui les distingue des animaux n'est que la faculté de connoître la vérité, et que la raison qui doit les distinguer entre eux n'est que la *vérité connue*. Mais l'homme, quel que soit son génie, qui découvre ou croit découvrir une vérité, a-t-il en lui-même l'autorité nécessaire pour la faire recevoir des autres hommes, et leur en donner cette certitude qui triomphe de leurs penchans les plus chers et de leurs habitudes les plus invétérées? Même pour les vérités de l'ordre physique, qui sont dans les rapports matériels des êtres sensibles : une fois qu'elles sont montrées aux hommes, s'ils les retrouvent dans leur propre raison, s'ils les adoptent, le consentement universel établit la certitude, et cette vérité prend son rang parmi les vérités les plus anciennes; et si, comme nous l'avons déjà dit, elle étoit contredite, et si elle n'étoit pas universellement reconnue, elle seroit encore incertaine, quoiqu'elle pût être une vérité; et il manqueroit quelque chose à sa certitude, parce qu'elle auroit encore quelque côté obscur par où elle ne pourroit être aperçue.

Ainsi le raisonnement, les sens, le sentiment de chaque homme, sont faillibles, et dès-lors il ne peut en tirer une certitude infaillible; et cependant leur faillibilité et leur foiblesse sont sans danger pour lui, parce qu'elles peuvent être redressées et averties par les sens, le sentiment, la raison des autres. Mais les sens, le sentiment, le raisonnement de l'universalité des hommes est infaillible, parce qu'ils sont appuyés sur l'autorité de la raison générale, qui est en Dieu, père et conservateur des sociétés humaines, qui a voulu que l'homme ne pût pas vivre isolé, et qui a fait de sa foiblesse individuelle la raison de sa sociabilité et le lien le plus fort de toute existence sociale. Et ne trouvons-nous pas une analogie de cette vérité même dans l'ordre physique, où des entreprises, impossibles à la force individuelle de tous les hommes du monde pris un à un, sont facilement exécutées par les forces réunies d'un certain nombre? Si l'homme avoit en lui-même la vérité, la certitude, la force, il pourroit vivre seul, et seroit à lui-même toute sa société.

Les vérités de l'ordre moral, ces vérités qui contrarient nos passions, même lorsque notre raison n'a rien à leur opposer, ont besoin, et plus que les autres, de l'autorité du consentement universel pour être reçues. Et qui peut inspirer ce consentement universel à des vérités qui ne tombent pas sous les sens, et qui ont contre elles et les illusions des sens et les révoltes de l'orgueil, si ce n'est celui dont l'intelligence infinie éclaire toutes les intelligences finies, comme sa volonté absolue triomphe tôt ou tard de toutes nos volontés passagères? Ainsi nous retrouvons partout le consentement universel à l'existence de quelque être supérieur à l'homme, à la distinction du bien et du mal, à une vie future, etc., etc. Et le plus ou moins de développement de ces vérités primitives, le plus ou moins de conséquences déduites de ces vérités-principes, et appliquées à la conduite des hommes et à l'ordre des sociétés, marquent dans tout le globe les divers degrés de civilisation ou de perfection morale, et par conséquent le plus ou moins de lumières et de force de stabilité et même de bonheur des peuples. Les peuples chrétiens ne sont sur la terre les peuples les plus éclairés, et les plus forts de force d'expansion et de stabilité, que parce qu'ils ont déduit plus de conséquences et des conséquences plus justes de ces premiers principes, et qu'ils les ont appliquées à l'état de leurs sociétés. Ainsi (pour en citer un seul exemple) de ces principes fondamentaux universellement reconnus, *tu ne tueras pas, tu ne voleras pas*, ils en ont déduit comme une conséquence plus ou moins prochaine la défense ou la répression du tort le plus léger fait à son prochain dans sa personne ou dans ses biens, et les lois mêmes de simple police n'ont pas une autre raison. Ainsi de cet autre principe, *tu ne commettras point d'adultère*, ils en ont tiré comme une conséquence la pudeur du sexe, et le respect dû à sa foiblesse, ce respect qui va jusqu'à lui faire rendre par les mœurs l'empire que les lois lui refusent.

Ainsi, si l'homme trouve en lui-même et par une impulsion naturelle la certitude de quelques vérités ou de quelques faits relatifs à sa conservation personnelle, et qui, par cette raison, commune à tous les êtres animés, ne lui sont venus d'aucune autorité et ont prévenu toute réflexion ; il ne trouve que dans la société, il ne reçoit que de la société des êtres intelligens, les seuls qui puissent faire société entre eux, les vérités sociales, patrimoine commun auquel nous sommes tous substitués, et dont nous avons l'usufruit pour le transmettre intact et agrandi, si nous pouvons, aux générations qui nous succèderont, comme nous leur transmettrons le langage que nous avons reçu, et qui sera pour elles, comme il aura été pour nous, le lien de toute sociabilité et le dépôt de toutes les vérités.

Ainsi, je ne vois pas de fondemens raisonnables aux critiques que l'on a faites du dernier ouvrage de M. l'abbé de La Mennais; mais je reconnois toutefois qu'il est utile, qu'il est nécessaire que toute manière nouvelle de présenter des vérités, même anciennes, paroisse suspecte et soit l'objet d'un examen sévère. La vérité est une denrée qui vient d'un pays éloigné, et dont on ne connoît pas bien l'état sanitaire ; et il est bon de lui faire faire quarantaine avant de l'admettre : et plût à Dieu qu'on eût pris en Europe la même précaution contre l'erreur ? Aussi, lorsqu'une opinion nouvelle est élevée dans le monde religieux, l'Église

a laissé long-temps le champ libre à la dispute ; et lorsqu'elle l'a jugée suffisamment éclaircie, elle a prononcé
avec autorité sur le vrai et le faux, sur ce qu'il falloit
admettre et sur ce qu'il falloit rejeter.

Au reste, si je n'avois pas pleinement justifié M. l'abbé de La Mennais, la faute en seroit à moi, qui me
suis peut-être trop hâté de le défendre, lorsqu'il n'a
encore, du moins à ma connoissance, été attaqué que
dans des articles de journaux, faits par des hommes
de beaucoup d'esprit et de connoissances, et dont les
excellentes intentions sont connues, mais qui n'ont
pas pu donner à leur critique un développement que
le terrain qu'ils avoient choisi ne comportoit pas.
Leur méprise, je le crois, est d'avoir confondu la
vérité d'une chose et sa *certitude ;* la vérité, qui est en
elle-même indépendamment de nous, et que nous
pouvons connoître par les moyens qui nous ont été
donnés, et connoître jusqu'à nous en former une
opinion ou une croyance qui suffit à nos déterminations
individuelles ; la certitude, qui existe hors de nous,
quelquefois malgré nous, et qui, devant régler l'état
de la société, est inébranlablement établie sur l'autorité de la société, la révélation divine, et le consentement universel. « L'homme, dit très bien M. l'abbé
» de La Mennais, peut avoir des opinions ; les dogmes
» appartiennent à la société. Aussi, quand la société
» se dissout, les opinions succèdent aux croyances. »
Il peut y avoir erreur ou vérité dans les opinions, il
doit y avoir certitude dans les dogmes.

Enfin, et cette preuve, sur laquelle insiste M. l'abbé

de La Mennais, n'a pas été appréciée, il est si vrai que les hommes regardent le consentement universel comme le *criterium* définitif de la certitude des choses, qui n'est que leur vérité universellement connue, qu'ils n'ont d'autre manière de juger l'absence de la raison, ou la démence, dans ses divers degrés de singularité et de bizarrerie, que l'opposition de celui qui en est atteint aux opinions universellement reçues et à la manière générale de voir et de penser.

Avec le temps, je crois, on rendra justice à M. l'abbé de La Mennais, qui n'a fait que tirer les dernières conséquences de l'enseignement religieux, qui parle sans cesse à l'homme de sa misère, de sa foiblesse, de son néant, et qui, sans doute, n'a pas voulu attribuer la prérogative divine de l'infaillibilité de ses moyens de connoître à ce *peu de cendre et de poussière.* Certes si jamais l'homme a fait une expérience décisive des erreurs de sa raison, c'est dans la révolution qui désole l'Europe et dans l'extravagance des milliers de lois fondamentales qui désolent la France ; et la doctrine de l'auteur que je défends n'est au fond qu'une explication et une application positive de cet axiome aussi ancien que le monde, et vrai quand on le renferme dans de justes bornes, *Vox populi, vox Dei.*

Laissons les vaines disputes. On peut faire sans doute de fortes objections, des objections, si l'on veut, insolubles, contre l'existence des corps que nous connoissons par le rapport de nos sens, dont nous avons le sentiment intime, et sur laquelle le rai-

sonnement peut s'exercer ; mais en sommes-nous
moins persuadés de l'existence des corps , et n'agis-
sons-nous pas, ne vivons-nous pas même dans cette
croyance ? C'est ainsi qu'on oppose des difficultés insurmontables à notre *libre arbitre,* et qu'on veut
nous démontrer que, quoi que nous fassions, nous ne
pouvons rien changer à un ordre de choses déterminé
d'avance ; et cependant nous croyons fermement à ce
libre arbitre, et nous agissons constamment en conséquence de cette croyance. M. l'abbé de La Mennais a
cherché dans les choses qui tombent sous les sens,
ou qui sont l'objet du sens intime , des exemples de
l'impuissance de nos moyens de connoître , pour arriver à une certitude infaillible dans les choses morales : ces exemples, il les a peut-être forcés ; mais
le fond de son système n'en est pas moins vrai, et il
se réduit tout entier à cette proposition : que *l'homme
n'a pas en lui-même les moyens de parvenir à une certitude infaillible dans les choses morales.* Ses adversaires
soutiennent le contraire ; et la dispute, ramenée ainsi
à ses termes les plus simples , rappelle les différends
qui existent entre les catholiques , qui croient que
nous devons recevoir de l'autorité l'interprétation des
livres saints , et les protestans , qui soutiennent que
nous la trouvons dans notre propre sens, et qu'elle
nous est rendue sensible comme les saveurs et les
couleurs. Cependant la politique n'exige pas de nous
cette certitude infaillible, même pour les fonctions où
elle seroit nécessaire , et même indispensable , si on
pouvoit l'obtenir, pour la fonction de condamner à

13.

mort : et quel est le juge ou le jury qui osât dire qu'il a une certitude infaillible de la culpabilité du condamné, et qu'il est impossible qu'il se soit trompé? La religion l'exige encore moins, puisqu'elle ne la fait venir que de l'autorité, et qu'elle nous avertit sans cesse de nous défier de nos lumières, et de ne pas croire à notre propre sens : sans doute une certitude infaillible, dans des êtres si fragiles, si foibles, si passionnés, seroit une bien haute prérogative, une perfection qui les approcheroit de la Divinité elle-même; mais la religion ne nous dit-elle pas que tout don parfait, tout ce qui nous est *donné* de meilleur, nous vient d'en-haut, et descend du Père des lumières, en qui il n'y a ni ombre, ni changement, ni défaillance... *Omne datum optimum et omne donum perfectum desursum est, descendens à Patre luminum, apud quem non est transmutatio, nec vicissitudinis obumbratio?* Il répugne que la certitude infaillible des vérités fondamentales de la société ait été donnée à un être contingent aussi passager, aussi faillible que l'homme ; et certes quand on voit les erreurs, même politiques, où sont tombés les plus grands esprits, et encore dans le *siècle des lumières,* et malgré la *perfectibilité indéfinie* de la raison humaine, on sent qu'il faut au moins ajourner à un temps plus heureux la déclaration de notre infaillibilité individuelle.

SUR LE SECOND VOLUME

DE

L'ESSAI SUR L'INDIFFÉRENCE

EN MATIÈRE DE RELIGION,

PAR M. GENOUDE.

La religion fut d'abord toute la philosophie des chrétiens, comme elle avoit été la philosophie des Hébreux. Parmi les premiers peuples aucun ne sentit le besoin d'une philosophie pour découvrir les vérités nécessaires, qui étoient toutes renfermées dans les traditions qui remontoient à Dieu même. Ils n'en appelèrent ni au témoignage des sens, ni au sens intime, ni au raisonnement, de ce qu'ils devoient croire. *Nos pères nous ont dit,* parce que nos pères ont reçu la vérité de Dieu même; voilà sur quel fondement reposa d'abord la vérité. Les traditions furent ensuite altérées par l'orgueil et par les passions. Alors parurent les systèmes des philosophes. Quand le christianisme eut converti le monde, et même les philosophes, ceux-ci voulurent retenir leurs vains systèmes, et les concilier avec la religion. Bientôt mille sectes déchirèrent l'Église. L'invasion des Barbares arrêta ce mouvement inquiet des esprits. Durant plusieurs siècles les peuples se reposèrent dans la foi : on croyoit alors à l'existence de Dieu, à la création de la matière, à l'union de l'âme et du corps dans l'homme, à la distinction du juste et de l'injuste, aux peines et aux récompenses de l'autre vie, non parce que la philosophie démontroit ces vérités, mais parce qu'elles faisoient partie de la religion. On ne cherchoit pas alors si c'étoit sur le sens intime ou sur le raisonnement qu'on doit appuyer ces vérités ; on se contentoit de la religion comme de la règle infaillible de vérité : car la religion est la raison de Dieu même, transmise à chaque homme par la tradition. A la renaissance des lettres, l'orgueil, sous le nom de science, enivra quelques esprits foibles : on se prosterna devant Aristote, et on sépara la philosophie de la religion ; on crut à certaines vérirités, qu'on appela philosophiques, parce qu'on les jugeoit évidentes, et on crut les autres parce qu'elles étoient enseignées par l'Église. L'esprit humain ne s'arrête jamais dans l'erreur, et bientôt une grande scission eut lieu dans l'Église chrétienne. Des hommes parurent qui affirmèrent que, même dans la religion, il ne falloit rien croire d'après l'autorité, mais qu'on ne devoit se soumettre qu'à ce qui paroissoit évident dans l'Écriture et la tradition. On se défend difficilement d'une erreur fort répandue et qui flatte notre orgueil. Descartes, qui attaqua la philosophie d'Aristote, établit le doute universel. Toutes les traditions furent rejetées par ce nouveau philosophe, qui disoit que, pour bien connoître, *il ne falloit pas chercher ce qu'on avoit écrit ou pensé avant nous, mais savoir*

s'en tenir à ce qu'on reconnoissoit soi-même pour évi-
dent. Il fit donc reposer toute la philosophie sur le sens
intime, sur l'évidence, et commença ainsi la science
de l'idéologie. « C'est Descartes, dit Thomas dans
» son Éloge, qui créa cette logique intérieure de
» l'âme par laquelle l'entendement se rend compte
» à lui-même de toutes ses idées. » Descartes isola
donc l'homme des traditions, et détruisit ainsi
l'homme social dans le fond de son être, dans son intelligence : et quand il sort de son doute universel
pour nous dire : Puisque je doute, je pense ; puisque
je pense, j'existe ; il franchit un abîme immense, et
pose au milieu des airs (suivant les expressions de
l'auteur de l'*Essai*) la première pierre de l'édifice
qu'il entreprend d'élever. Le principe de sa philosophie, de *ne regarder comme vrai que ce qui est évident,*
n'en conserve pas moins tout son danger. Ce que dit
Thomas pour prévenir l'accusation de témérité dans
la philosophie de Descartes est fort remarquable, et
fait voir qu'il sentoit très bien la contradiction que
Descartes établissoit entre la philosophie et la religion.
« Il n'est pas nécessaire d'avertir que le doute philo-
» sophique de Descartes ne s'étendit jamais aux vé-
» rités révélées ; il les regardoit comme d'un ordre
» trop supérieur à la raison pour vouloir les y assu-
» jettir. On voit partout dans ses ouvrages qu'il dis-
» tinguoit le philosophe du chrétien, et que, s'il par-
» loit avec audace sur tous les objets de la raison, il
» ne parloit qu'avec soumission sur tous les objets de
» la foi. »

Certes l'existence des corps, l'union de l'esprit et de la matière, l'existence de Dieu même, objets de la philosophie, sont aussi des vérités d'un ordre supérieur à la raison, et on vit bientôt les effets funestes d'un système qui les abandonnoit au doute. Le scepticisme remplaça la foi. Descartes va jusqu'à dire que l'homme a inventé sa pensée et la pensée de l'infini ; à peu près comme ceux qui prétendent que l'homme a inventé sa parole et le verbe, moyen universel du langage. La pensée et la parole sont intimement liées, elles se développent l'une à l'aide de l'autre, et ces biens sont, comme la vie, une tradition, un héritage. Locke, venu après Descartes, voulut trouver dans les sens les principes de nos idées, que Descartes avoit fait naître d'elles-mêmes et du doute. Rousseau prétendit qu'elles étoient gravées dans les cœurs, et que la conscience étoit la règle de la vérité. Kant nia la raison même, et affirma que nous ne pouvons être sûrs de rien, pas même de l'existence des corps ; car qui nous dit que l'espace et la durée ne sont pas des formes de notre entendement, et que nous ne voyons les objets hors de nous étendus et successifs à cause de la forme de notre intelligence, comme nous voyons avec des verres rouges les objets rouges, quoiqu'ils ne le soient pas réellement? Les sens, le raisonnement, le sentiment, sont donc des bases de philosophie tour à tour ruinées par des philosophes. Qu'on nous montre en philosophie un *établissement,* pour parler le langage de Leibnitz, ou une vérité reconnue. Toutes les philosophies jusqu'ici n'ont donc abouti qu'au scepticisme.

M. de La Mennais, en attaquant l'indifférence en matière de religion, a dû rechercher d'où venoit ce mal, et en indiquer le remède ; et nous croyons que sa philosophie, qui n'est rien moins que nouvelle, est la philosophie du bon sens. La première question qu'il a dû se faire, pour montrer aux hommes qu'ils devoient rechercher la vérité, est celle-ci : Y a-t-il un moyen de s'assurer des vérités nécessaires ? La réponse n'est pas douteuse, puisque le genre humain vit de foi à ces vérités, malgré les variations perpétuelles de la philosophie et l'incertitude de ses systèmes. Pendant que les philosophes arrivent au scepticisme et doivent douter de tout, tous les hommes « croient » invinciblement mille et mille vérités, qui sont le » lien de la société et le fondement de la vie hu- » maine. » Pourquoi ce résultat si différent ? Parce que les uns demandent à leur raison de leur démontrer toutes les vérités, pendant que les autres admettent comme vrai ce que l'universalité des hommes a reconnu pour tel. M. de La Mennais constate des faits dont l'ensemble constitue le seul système qui conduise à la vérité. Après avoir montré admirablement que ce n'est pas dans les sens que nous pouvons trouver le fondement de la certitude, puisqu'il n'existe aucun rapport nécessaire entre nos sensations et la réalité des choses ; ni dans le sentiment, qui se laisse emporter par l'erreur comme par la vérité ; ni dans le raisonnement, avec lequel les philosophes ont tout nié et tout affirmé ; M. de La Mennais parle ainsi :

« Mais, quoi ! perdant toute espérance, nous plon-

» gerons-nous, les yeux fermés, dans les muettes
» profondeurs d'un scepticisme universel? Douterons-
» nous si nous pensons, si nous sentons, si nous
» sommes? La nature ne le permet pas ; elle nous
» force de croire lors même que notre raison n'est
» pas convaincue. La certitude absolue et le doute ab-
» solu nous sont également interdits. Le scepticisme
» complet seroit l'extinction de l'intelligence et la
» mort totale de l'homme. Or il ne lui est pas donné
» de s'anéantir. Il y a en lui quelque chose qui résiste
» invinciblement à la destruction , je ne sais quelle foi
» vitale, insurmontable à sa volonté même. Qu'il le
» veuille ou non, il faut qu'il croie, parce qu'il faut
» qu'il agisse, parce qu'il faut qu'il se conserve. La
» raison, s'il n'écoutoit qu'elle, ne lui apprenant
» qu'à douter de tout et d'elle-même, le réduiroit à
» un état d'inaction absolue ; il périroit avant d'avoir
» pu seulement se prouver à lui-même qu'il existe.
» Ainsi l'homme est dans l'impuissance naturelle de
» démontrer pleinement aucune vérité, et dans une
» égale impuissance de refuser d'admettre certaines
» vérités. Bien plus, les vérités que la nature le con-
» traint d'admettre avec le plus d'empire sont celles
» dont il a le moins de preuves : tels sont tous les
» principes qu'on appelle évidens; on les reconnoît
» même à ce caractère qu'on ne sauroit les prouver.
» Dès qu'on veut que toutes les croyances reposent
» sur des démonstrations , l'on est directement con-
» duit au pyrrhonisme. Or le pyrrhonisme parfait,
» s'il étoit possible d'y arriver, ne seroit qu'une par-

» faite folie, une maladie destructive de l'espèce
» humaine. De là vient que le même sentiment qui
» nous attache à l'existence nous force de croire et
» d'agir conformément à ce que nous croyons. Il se
» forme malgré nous dans notre entendement une
» série de vérités inébranlables au doute, soit que
» nous les ayons acquises par les sens ou par quelque
» autre voie. De cet ordre sont toutes les vérités né-
» cessaires à notre conservation, toutes les vérités sur
» lesquelles se fondent le commerce de la vie et la
» pratique des arts et métiers indispensables. Nous
» croyons invinciblement qu'il existe des corps doués
» de certaines propriétés, que le soleil se lèvera de-
» main, qu'en confiant des semences à la terre elle
» nous rendra des moissons. Qui jamais douta de ces
» choses et de mille autres semblables ?

» Dans un ordre différent, nous ne doutons pas
» davantage d'une multitude de vérités que la science
» constate; et c'est cette impuissance de douter, ou
» du moins, si l'on doute, l'assurance d'être déclaré
» fou, ignorant, inepte, par les autres hommes, qui
» constitue toute la certitude humaine. Le consente-
» ment commun (*sensus communis*) est pour nous le
» sceau de la vérité; il n'y en a point d'autre. Suppo-
» sons en effet que les hommes, dans les mêmes cir-
» constances, fussent affectés de sensations, de senti-
» mens contraires, formassent des jugemens opposés,
» aucun d'eux ne pourroit rien nier, rien affirmer,
» parce qu'aucun d'eux ne trouveroit en soi de preuves
» déterminantes en faveur de ce qu'il sent et de ce

» qu'il juge. Sa raison étonnée s'arrêteroit en silence
» devant la raison d'autrui, comme nous nous arrête-
» terions, pleins de surprise et de doute, devant des
» miroirs qui placés en face du même objet en réflé-
» chiroient des images dissemblables.

» Qu'il y ait contradiction entre les rapports des
» sens, les témoignages intérieurs de l'évidence, ou
» les jugemens raisonnés de plusieurs individus, sur-
» le-champ le défaut d'accord produit l'incertitude,
» et l'esprit demeure en suspens jusqu'à ce que le con-
» sentement commun ramène avec soi la persuasion.
» Un principe, un fait quelconque est plus ou moins
» douteux, plus ou moins certain, selon qu'il est
» adopté, attesté plus ou moins universellement.
» Toutes les idées humaines sont pesées à cette ba-
» lance ; les hommes n'ont point d'autre règle pour
» les apprécier. »

Et voilà comment s'exprime celui qu'on accuse de
nier la vérité et l'erreur, le bien et le mal. Où avez-vous
vu qu'il dise que la raison ne puisse servir à conduire
à la vérité ? Il dit seulement qu'elle ne peut par
elle-même arriver à la certitude, et qu'il faut qu'elle
s'aide de l'autorité ou d'une raison plus générale qui
la redresse quand elle s'égare *.

---

* Répétons ici l'explication qu'on a déjà donnée : « Un moyen in -
faillible de certitude est celui qui ne peut pas tromper. Or les sens,
le sens intime ou ce qu'on prend pour tel, le raisonnement ou la
raison particulière de l'homme, le trompent souvent.

» Donc ni les sens, ni le sens intime, ni la raison particulière de
l'homme, ne sont des moyens infaillibles de certitude. Ce n'est pas
à dire que les sens, le sens intime et la raison particulière de l'homme le trompent toujours, mais c'est-à-dire que l'homme ne trouve

On fait cette objection : L'homme réduit à lui même ne peut s'assurer d'aucune vérité ; mais comment arrivera-t-il à croire cette vérité, que *l'autorité est une règle infaillible de certitude ?* Parce que c'est là une de ces vérités qu'il n'est pas possible à la raison, je ne dis pas de prouver, mais de ne pas croire, et que M. de La Mennais ne constate que des faits ; parce que Dieu ayant voulu que le genre humain se conservât, encore que les individus périssent, n'a pas voulu que le genre humain se trompât, encore que les individus pussent errer ; parce que l'homme doit tout à cette autorité : et comme il reçoit d'autrui les alimens nécessaires à la vie physique, il en reçoit aussi la nourriture de l'intelligence. C'est à la famille que l'enfant doit tout d'abord ; et comme la famille où il est né est l'image de cette première famille dont

---

en lui-même aucun moyen infaillible de reconnoître d'une manière certaine si ses sens, son sentiment intime, sa raison particulière, ne le trompent pas.

» Ce n'est pas à dire non plus que l'homme puisse et doive rejeter le rapport des sens, son sentiment intime, ou le jugement de sa raison particulière. Non : le rapport des sens, le sentiment intime, la raison particulière de l'homme, sont, chacun dans son ressort, une autorité privée à laquelle, quoiqu'elle puisse se tromper, et qu'elle se trompe souvent en effet, il est forcé de croire et de s'en rapporter, faute de mieux, en mille et mille circonstances.

» Mais aussi le rapport des sens, le sentiment intime, la raison de plusieurs hommes, sont une autorité plus grande, et qui, toutes choses égales d'ailleurs, doit l'emporter sur l'autorité particulière d'un seul. Enfin, le rapport des sens, le sentiment intime, la raison de l'universalité des hommes, voilà l'autorité la plus grande possible sur la terre, et par conséquent le moyen le plus sûr de parvenir à la certitude ; car cette autorité n'est autre chose que le rapport des sens, le sentiment intime, la raison humaine élevée à sa plus haute puissance. »

Dieu étoit le père, il doit rechercher, dès que sa raison est formée, tout ce que Dieu a dit à cette première famille. Ce que tous les peuples croient appartient à cette première tradition. Tout ce qui leur est particulier en est une altération. Ainsi donc l'homme en rapport avec la société l'est avec Dieu même. Rompez ce lien, que reste-t-il à l'homme isolé? Je laisse à chacun de mes lecteurs à se représenter ce que seroit l'homme abandonné à sa naissance, et n'ayant aucune communication avec des êtres humains, quand il parviendroit même à conserver la vie.

L'existence de Dieu, l'immortalité de l'âme, la nécessité d'un culte, les peines et les récompenses pour les bons et les méchans, etc.; ces vérités, défendues par le consentement commun, n'ont plus besoin de démonstrations (*Consensus omnium probat esse rem*, Cic.), puisque c'est se déclarer en état de folie que de vouloir contredire le genre humain : et ainsi le scepticisme est détruit à jamais. Tout le christianisme découle de ces vérités; puisque le christianisme n'est que la religion de tous les temps, qui a reçu le sceau d'une nouvelle révélation. Dans toutes les religions il y a des vérités qui sont communes à toutes, et ces vérités appartiennent au christianisme. Les erreurs sont particulières à chacune; elles n'appartiennent plus à la tradition générale, elles ne sont plus appuyées sur le consentement commun. Il n'y a pas dans le christianisme une vérité qui ne se trouve chez tous les peuples; mais le christianisme seul représente fidèlement les premières vérités révélées par Dieu au premier homme. Or le principe sur lequel M. de La Mennais fait reposer la philosophie est le même sur lequel est fondée la religion, et ceux qui l'attaquent ne font pas attention qu'ils répondent tous les jours aux incrédules comme M. de La Mennais leur répond à eux-mêmes. Vous détruisez la raison, disent les philosophes, en établissant l'autorité. Vous dites : Croyez sans examen, croyez ce que vous ne pouvez comprendre. On répond qu'on ne détruit pas la raison, mais qu'on ne lui permet que d'examiner si les titres de l'autorité qu'on lui propose sont valides. Après cela on l'oblige à croire tout ce qu'enseigne l'autorité. M. de La Mennais ne dit pas autre chose.

En un mot, l'autorité est la règle, dit M. de La Mennais. Deux hommes disputent sur l'existence de Dieu : la raison de l'un lui dit que Dieu n'est pas; la raison de l'autre lui affirme qu'il est. Où est l'évidence certaine ? L'autorité est invoquée, le genre humain dépose que Dieu est : dès-lors l'existence de Dieu est un fait qu'il n'est plus possible de nier sans se déclarer fou. Ainsi donc parce que les philosophes n'avoient pas découvert cette règle innée en nous, et ne l'avoient pas encore exposée, leur orgueil se révolte, et pourquoi ? Le genre humain vit sur ce principe, sans s'inquiéter si les philosophes l'ont reconnu ou nié ; et il est bien plus important que le genre humain ne se soit pas trompé, que quelques rêveurs qui ont élevé systèmes sur systèmes pour en venir enfin à un désolant scepticisme.

Le second volume de M. l'abbé de La Mennais est

donc, comme on le voit, de la plus haute importance; car le principe qu'il pose, admis en philosophie, détruit non seulement les erreurs de toutes les philosophies, mais encore celles des sectes, ou les hérésies : car un homme qui est obligé d'abandonner le sens particulier, et d'en référer au consentement commun en philosophie, pour mettre à couvert les premières vérités, sera infailliblement conduit à abandonner également le sens particulier en religion, et à s'en rapporter à la tradition universelle ou à l'autorité de l'Église. Il étoit digne de M. l'abbé de La Mennais de montrer enfin l'accord de la véritable philosophie et de la religion; et, après un siècle qui, en voulant les séparer, avoit tout ébranlé dans le monde moral, de prouver que la philosophie, pour arriver à la vérité, ne doit employer que le moyen dont la religion se sert pour y parvenir. C'est ainsi que l'erreur contribue toujours au triomphe de la vérité. Si l'on n'avoit pas vu le trouble qui résultoit, pour les intelligences, de la séparation de la philosophie et de la religion, M. de La Mennais n'auroit pas été conduit à montrer que la religion est la seule bonne philosophie; et il n'auroit pas porté jusqu'à l'évidence ce qu'avoit déjà dit Bacon de la religion : que *peu de philosophie en éloigne*, et que *beaucoup de philosophie y ramène*.

LETTRE DE M. GENOUDE

A. M. LE DIRECTEUR DU DÉFENSEUR.

MONSIEUR,

J'apprends que M. T. se prépare à répondre à l'article que vous avez inséré dans la trentième livraison du *Défenseur*. Je crois donc essentiel, avant cette nouvelle attaque, de bien poser l'état de la question, et d'expliquer dans quel sens l'*homme isolé* est pris par M. de La Mennais, en montrant la liaison qui existe entre le premier et le second volume de l'*Essai sur l'Indifférence*. Ceux qui ont lu le premier chapitre du second volume, sans réfléchir qu'ils lisoient le treizième chapitre d'un ouvrage, et non pas le premier, ont accusé M. de La Mennais de ruiner toute espèce de certitude, et l'ont transformé en sceptique. Si l'on n'étoit pas accoutumé à cette précipitation des jugemens humains, il y auroit vraiment là de quoi s'étonner. Mais on commence aujourd'hui à se dire : Il faut bien que nous n'ayons pas entendu M. de La Mennais ni M. de Bonald qui l'a défendu, puisque ce que nous leur faisons dire est absurde.

Voici le plan de l'*Essai* :

M. de La Mennais, après avoir montré dans son premier volume, en combattant les trois systèmes généraux d'incrédulité, que le principe fondamental de l'hérésie, du déisme et de l'athéisme est la souveraineté de la raison individuelle, c'est-à-dire que l'hérétique, le déiste et l'athée soutiennent que la raison particulière de chacun est la règle de ses croyances, en sorte qu'ils n'admettent comme vrai que ce qui est démontré à cette même raison, ce qui les conduit inévitablement au scepticisme universel, considère dans le second volume l'homme dans l'état où l'hérétique, le déiste et l'athée se placent volontairement.

L'homme dès-lors, cet être contingent, rejetant Dieu, être nécessaire, est forcé de se nier lui-même, puisqu'il n'aperçoit plus de raison de son existence.

Il ne peut donc avoir la certitude rationnelle de rien, et doit par conséquent demeurer dans le doute. Cependant cet état est impossible. Il y a en lui quelque chose qui le force invinciblement à croire mille et mille choses dont il n'a aucune preuve certaine; d'où il résulte que le doute, et par conséquent l'isolement de la raison qui produit ce doute, sont opposés à sa nature. Cet homme croira donc nécessairement. En cet état, que doit-il raisonnablement regarder comme certain? Ce que tout le genre humain croit. Il croira donc ce qui sera appuyé sur l'autorité des autres hommes, et voilà le fondement de sa certitude, en voilà la raison dernière. Il lui est impossible d'en assigner une autre, avant d'avoir trouvé Dieu. Il ne peut dire, comme le philosophe religieux : Mes sens s'accordant à croire à l'existence des corps, Dieu me jetteroit lui-même dans l'illusion, si les corps n'exis-

toient pas réellement ; puisque celui à qui s'adresse
M. de La Mennais nie Dieu de droit ou de fait. M. de
La Mennais montre ensuite au sceptique le genre humain tout entier attestant l'existence de Dieu, l'immortalité de l'âme, les peines et les récompenses d'une
autre vie, etc. Dieu une fois reconnu, en lui se trouve
la *certitude absolue*, parce qu'il est seul la dernière
raison des choses, et l'autorité de l'Église n'est encore
que l'autorité de Dieu même. Ainsi donc M. de La
Mennais force l'homme qui raisonne rigoureusement
à admettre l'autorité de l'Église, ou à rejeter l'existence de Dieu, et par là toute certitude. Voilà ce que
dit M. de La Mennais. Que deviennent les difficultés
qu'on a faites contre son livre? On voit comment il
nie la certitude rationnelle des axiomes de géométrie,
les vérités physiques, et à quoi se réduit cette dernière
objection, que l'homme, incapable par lui-même
d'acquérir aucune vérité, ne pourroit même acquérir
celle-ci, que *l'autorité est le seul et unique fondement de
certitude.*

Mais à quoi sert, dit-on, de remuer toutes ces questions? Parce qu'il faut accommoder les remèdes aux
maladies, et que, la plaie de ce siècle étant le scepticisme, M. de La Mennais a dû présenter aux sceptiques un moyen de revenir à la vérité.

———

14.

QUELQUES

OBSERVATIONS RESPECTUEUSES

AUX ADVERSAIRES DE M. DE LA MENNAIS,

Par M. R...

L'opposition momentanée qu'éprouve le deuxième volume de l'*Essai*, de la part de quelques personnes, provient, à ce qu'il paroît, de la persuasion où elles sont que l'auteur va trop loin, qu'il renverse toutes les thèses de logique sur la relation des sens, le sens intime, le raisonnement; qu'il détruit la preuve des miracles et de l'inspiration des prophètes, etc. Il me semble, au contraire, que, si on veut bien s'attacher moins aux mots qu'à la chose, on se convaincra que M. de La Mennais ne va qu'au but, qu'il ne renverse que l'erreur et l'orgueil, qu'il établit la certitude sur le seul fondement inébranlable, et qu'au fond l'école est d'accord avec lui.

Pour commencer par ce dernier point, je m'adresserai aux adversaires de M. de La Mennais, dont les principaux, à ce qu'on dit, sont défenseurs nés des thèses de l'école; et je leur dirai : Autant que je puis vous comprendre, vous m'assurez que la relation de mes sens, mon sens intime, ma raison individuelle,

sont pour moi autant de moyens infaillibles de connoître la vérité, je dirois presque autant de machines
à certitude que je n'ai qu'à mettre en mouvement pour
leur faire produire leur effet immanquable. Mais
d'après cela il me semble que, pour avoir la certitude
toutes les fois que je voudrai et sur quoi je voudrai, je
n'ai pas besoin de vous, ni de vos savans auteurs, ni
de vos traités de logique et de morale; que je n'ai pas
besoin d'aller me casser la tête sur les bancs pour
graver dans ma mémoire les règles du syllogisme et
du dilemme, méditer les oracles de Bossuet, de Leibnitz, de Malebranche, de Descartes, en un mot me
fatiguer l'esprit pour apprendre à raisonner juste,
comme on se fatigue le corps pour apprendre à faire
des armes. Si cela est, messieurs, je puis vous assurer
que vous rendez un très grand service et que vous
faites un très grand plaisir à plus d'un élève en philosophie.

Il paroît que vous êtes jeune encore, me direz-
vous; car vous oubliez que pour être juste la raison
des jeunes gens a besoin d'être formée auparavant sur
l'experience et la raison supérieure de personnes plus
âgées.

Que dites-vous là? Quoi! ma raison particulière,
qui, selon vous, m'est par elle-même une règle
infaillible de vérité, soit qu'elle juge sur la relation
de mes sens ou sur mon sens intime, soit qu'elle tire
des conséquences d'une vérité déjà connue, ma raison
particulière a cependant besoin, pour devenir juste
et infaillible, d'être formée sur l'expérience et la raison

de gens plus habiles que moi? Elle n'est donc pas infaillible par elle-même, ou bien elle n'a pas besoin d'être formée par personne.

Nous ne voulons pas dire cela. Mais, tout en soutenant que la relation des sens, le sens intime, la raison individuelle, sont pour l'homme, même isolé, des moyens infaillibles de certitude, nous ajoutons néanmoins que, dans l'emploi que ce même homme fait de ces règles infaillibles de vérité, il peut se glisser bien des erreurs, dont les principales sources sont au nombre de six, savoir : la précipitation, les préjugés, les passions, l'illusion des sens, l'imagination, et l'ignorance (1).

C'est bien fait, messieurs, d'apprendre aux jeunes gens qu'avec leurs trois moyens infaillibles de certitude il est encore possible qu'ils se trompent. Autrement ils se croiroient tous des oracles. Pour moi, je vous confesse que je me sens devenir dès ce moment un peu plus humble que je n'étois tout-à-l'heure. Car je vois bien, d'après ce que vous venez de dire, que, tant que je ne serai pas sûr d'être exempt de toutes ces sources d'erreurs, je ne serai sûr de rien, malgré mes trois moyens infaillibles d'être sûr de tout. Mais enfin que faut-il que je fasse pour me garantir de tant de causes d'erreur?

Il faut observer certaines conditions, certaines règles qu'on enseigne dans les écoles. Par exemple,

---

(1) Voyez la *Philosophie* imprimée à Lyon, chez Ruzand, et employée dans les principaux diocèses de France, tom. I, p. 152, *édit. de* 1810.

il faut qu'il y ait certitude dans la relation des sens, que cette relation soit constante, uniforme, et de plus conforme à la raison ou à l'expérience. Il faut que l'évidence même, pour être une vraie évidence, soit l'éclat rejaillissant d'idées bien claires et bien distinctes, et non le feu follet de l'imagination, des préjugés, des passions; il faut, pour qu'un syllogisme prouve quelque chose, que les prémisses en soient bien vraies et la conséquence bien juste (1).

Mais, messieurs, puisque d'après vous j'ai trois moyens infaillibles de certitude, et trois moyens infaillibles pour mon individu, même isolé, qu'ai-je besoin de toutes les règles de l'école? Ne puis-je pas en faire moi-même de nouvelles qui seroient aussi bonnes que les vôtres?

Monsieur, à vous permis d'être fou, si cela vous plaît. Mais si vous voulez être raisonnable, il faut que vous suiviez dans vos jugemens ces règles établies d'un commun accord par l'expérience des siècles et des hommes les plus sages.

Alors, messieurs, accordez-vous avec vous-mêmes. Vous m'assurez que j'ai en moi-même des moyens de certitude si infaillibles que, quoi qu'en dise M. de La Mennais, jamais je n'ai besoin, pour être pleinement certain, de recourir à une autorité plus grande que la mienne. Et maintenant vous me dites que pour être certain d'une chose quelconque, il faut absolument que je recoure et que je me con-

____

(1) Voyez, *ibidem*, pag. 74, 78 et 81.

forme à certaines règles que l'imposante autorité de tous les siècles et de tous les hommes a établies d'un commun accord. Et encore, comment saurai-je d'une manière sûre que j'ai bien observé ou non toutes ces règles?

Rien de plus facile. Craignez-vous, par exemple, que vos yeux vous aient trompé; faites comme tout le monde, prenez de bonnes lunettes. N'êtes-vous point encore rassuré, priez vos amis ou vos voisins d'y regarder à leur tour; appelez-y tous les hommes, si vous voulez, ce sera toujours mieux. De même, avez-vous des doutes si une proposition qui vous paroît évidente, un raisonnement qui vous paroît juste, l'est en effet : faites comme nous, dans nos colléges, nos séminaires, nos académies; voyez ce qu'en penseront vos condisciples et surtout vos professeurs. N'en êtes-vous pas encore contens; examinez ce qu'en ont dit les grands hommes, les bons auteurs de tous les pays et de tous les siècles. Leur accord, voilà le *nec plus ultra* de la certitude humaine.

Je suis ravi de vous entendre, messieurs; car, de tout ce que vous venez de dire, voici ce qui résulte, à mon avis. Si ma raison individuelle n'est pas formée sur la raison générale, mon sens privé sur le sens commun; si je ne suis pas sûr d'être exempt de toutes les causes d'erreur qui peuvent influer sur le jugement que je porte d'après la relation de mes sens, ou d'après mon sentiment intime; si une autorité infaillible ne m'assure point que j'ai fidèlement observé toutes les règles de certitude prescrites par l'autorité des siècles, je ne suis et ne serai jamais sûr de rien par moi seul, malgré tous les moyens de certitude que je puis trouver en moi-même : c'est-à-dire que par bien des tours et des détours, où j'ai failli me perdre en vous suivant, vous m'amenez enfin au même terme où M. de La Mennais arrive en deux pas et en ligne droite ; c'est-à-dire, enfin, que tous les argumens, toutes les objections que vous lancez avec tant de vigueur contre M. de La Mennais vous retombent directement sur la tête, et de tout leur poids, sans compter l'espèce de contradiction qu'il y a entre vos principes et votre pratique.

Il y a même quelque chose de plus. Pour soutenir que la relation des sens est pour l'homme, même isolé, un moyen infaillible de certitude, vous êtes réduits, aussi bien que la *Philosophie* de Lyon, à faire intervenir la sagesse et la bonté de Dieu, et ensuite vous vous servez de cette même relation des sens pour prouver l'existence de Dieu même ; ce qui ressemble tant soit peu à ce qu'on appelle un cercle vicieux : de sorte que, sans le respect que je vous dois, j'oserois presque dire que M. de La Mennais est plus d'accord avec vous que vous-mêmes.

La seule différence que je vois entre sa doctrine et la vôtre, c'est que d'une condition reconnue essentielle à toute certitude, le consentement commun, le sceau de l'autorité la plus grande, c'est que de cette condition reconnue essentielle, expressément ou tacitement, sous un nom ou sous un autre, par tout le monde et par vous même , M. de La Mennais fait une règle générale et décisive, avec laquelle, comme avec une hache à deux tranchans, il abat d'un coup et par la racine l'athéisme, le matérialisme, le déisme, le protestantisme et toute hérésie quelconque, qui tombent dès-lors avec toutes leurs objections comme des arbres déracinés avec leurs branches.

En effet, que dit en dernière analyse l'athée, le matérialiste, le protestant? « Je crois en moi seul contre tous; je crois sur l'autorité privée de mes sens, de mon sentiment individuel, de ma raison particulière, contre la relation des sens, le sentiment commun, la raison générale de tous les hommes, ou de tous les chrétiens; je me crois moi seul plus instruit, plus raisonnable, plus sage que tous, et seul je proteste contre tout le genre humain, ou contre toute l'Église universelle. » Or que fait M. de La Mennais? Dans un seul chapitre, il montre à tous ces fous que s'ils rejettent le bouclier de la foi humaine et divine, la certitude qui repose sur la plus grande autorité, toutes les armes qu'ils emploieroient pour attaquer ou se défendre se brisent entre leurs mains, ou se tournent contre eux-mêmes; et il réduit leur monstrueux orgueil à ne pouvoir plus dire ni oui ni non.

C'est ainsi que le grand Bossuet, employant la méthode prompte et décisive de Tertullien et des Pères de l'Église, en agit avec M. Claude dans sa célèbre conférence devant mademoiselle de Duras. Cet habile ministre du calvinisme usoit de toutes les subtilités de son esprit pour éviter le coup, comme un oiseau léger qui saute de branche en branche pour échapper à la poursuite d'un ennemi redoutable. Mais l'aigle de Meaux, le tenant fixé dans ses serres puissantes, l'empêcha de donner le change, et le força de convenir de deux choses : 1° que tout protestant se croyoit et devoit se croire lui seul plus capable et plus instruit que tous les Pères, que tous les conciles, que toute l'Église ; 2° que, par une conséquence rigoureuse de ce principe fondamental de la réforme, un doute universel étoit inévitable (1). Aussi mademoiselle de Duras, épouvantée de voir tant d'orgueil et tant de folie sous une apparence de science, se convertit dèslors à la religion catholique, c'est-à-dire à la plus grande autorité.

A la bonne heure, dira-t-on, qu'on termine les controverses de religion par voie d'autorité ; mais en vouloir user de même pour toute discussion quelconque, c'est aller trop loin.

M. de La Mennais a répondu d'avance à cette difficulté, ou plutôt à cette équivoque, en disant dans sa préface : « Qu'est-ce que l'autorité à laquelle » tous les esprits doivent obéir ? Est-ce la force ? » Ce seroit absurde. Est-ce l'autorité d'un ou de quel- » ques hommes ? Non, mais la raison générale mani- » festée par le témoignage ou par la parole. » Il nous

----

(1) *OEuvres de Bossuet*, tom. XXIII, pag. 289 et 312, *édit. de Versailles.*

semble donc que l'auteur de l'*Essai* entend en général par l'autorité un motif quelconque de croire, de tenir pour certain quelque chose. Ainsi, sur l'autorité de nos sens, nous tenons pour certaines l'existence et les qualités des objets extérieurs; sur l'autorité de notre sens intime, nous tenons pour réelle l'évidence de certaines vérités premières; sur l'autorité de notre raison, nous tenons pour justes les conséquences que nous tirons par le raisonnement de certains principes généralement admis. Ensuite le jugement que porte un homme, d'après la relation de ses sens, son sens intime, sa raison particulière, devient à son tour pour un autre homme une autorité, un motif de croire, de tenir pour certain ce qu'il dit; autorité plus ou moins grave, selon le plus ou moins de moyens et de vertu du sujet qui la présente : ainsi de plusieurs hommes, et de degré en degré, jusqu'à l'universalité du genre humain, dont la commune relation des sens, le sentiment universel, la raison générale, présentent la plus grande autorité, les plus grands motifs possibles qu'il y ait sur la terre de croire, de tenir pour certain quelque chose. Mais dans cette hiérarchie d'autorités qui comprend tous les motifs de croire, tous les moyens de certitude humaine, tous les principes de science, il y a des autorités, des moyens de certitude, qui nous trompent quelquefois, ou, si vous aimez mieux, avec lesquels nous nous trompons. Cela est évident; autrement l'erreur seroit impossible. Maintenant, où l'erreur et l'incertitude peuvent-elles se trouver? où la vérité et la certitude? M. de La Mennais prétend que le doute et l'erreur ne peuvent se trouver que là où les moyens de certitude sont moins nombreux et moins sûrs, c'est-à-dire dans la moindre autorité ; la certitude et la vérité, au contraire, que là où ces mêmes moyens sont plus sûrs et en plus grand nombre, c'est-à-dire dans la plus grande autorité. Cette prétention vous paroîtroit-elle déraisonnable ?

Tout cela ne détruit nullement la preuve des miracles ou de l'inspiration des prophètes. D'abord un miracle, comme tout autre fait, se prouve, non par le simple dire d'un seul témoin, qui ne formeroit qu'une probabilité, mais par une réunion de témoignages et de circonstances telle que le sens commun en conclut que les témoins ne sont ni trompés ni trompeurs.

De même, d'après cette parole de l'Évangile : *Si ego testimonium perhibeo de me ipso, testimonium meum non est verum;* ce n'est point par la simple assertion de celui qui se dit inspiré que se prouve l'inspiration prophétique (1). Car, depuis les prêtres de Baal jusqu'au protestant Jurieu, il y a eu de faux prophètes qui prophétisoient des mensonges, en disant : Le Seigneur a dit ; tandis que le Seigneur ne leur avoit point parlé (2). Elle se prouve, 1° par la vie sainte du prophète ; 2° par les miracles qu'il opère : ainsi Moïse, avant de croire lui-même à sa mission surnaturelle, demanda à voir des prodiges ; et, pour prouver aux Israélites qu'il ne vient point en son propre

____

(1) *Job*, 5 , 31.
(2) *Ezech.* 13.

nom, mais qu'il est envoyé du Seigneur, il renouvelle ces prodiges en leur présence ; 3° par des prophéties particulières dont l'accomplissement contemporain étoit une preuve du futur accomplissement des autres. C'est ainsi que les prédictions des prophètes qui regardoient certaines personnes, ou bien le sort temporel des Juifs et de quelques autres peuples, s'accomplissant à la lettre, étoient un sûr garant que les prophéties qui regardoient des siècles plus éloignés s'accompliroient de même.

Si, au contraire, la relation des sens et le sens intime de l'individu lui sont par eux-mêmes des règles infaillibles du vrai, il faudra ajouter une foi entière aux vieilles femmes, toutes les fois qu'elles assurent avoir vu, entendu et même touché des esprits nocturnes ; il faudra croire à l'inspiration de tous les enthousiastes, de tous les visionnaires, et y croire avec d'autant plus de confiance qu'ils seront plus en délire : car alors leur sentiment intime sera d'autant plus vif, et conséquemment d'autant plus certain.

Mais enfin, dira-t-on, lorsqu'on a lu le premier chapitre de M. de La Mennais, on ne sait plus où l'on est, ni si on sait encore quelque chose.

Il paroît en effet qu'en voyant l'impétuosité avec laquelle M. de La Mennais attaque, renverse et désarme tous ses adversaires dans le même champ clos, certaines personnes, saisies d'une terreur panique, malgré les assurances de paix qu'il leur donne avant d'entrer en lice, ont cru que c'étoient elles-mêmes qu'il attaquoit, renversoit, désarmoit et dépouilloit

jusqu'à leur enlever leur raison même (1). Qu'elles
se rassurent ; les seuls ennemis que combatte M. de
La Mennais sont ces esprits follement orgueilleux qui
rejettent la raison générale manifestée par le témoignage ou par la parole, et lui préfèrent présomptueu-
sement leur raison individuelle. C'est à ces extrava-
gans que l'auteur démontre, non pas que leur raison
n'est rien, mais qu'étant aussi foible et aussi incertaine qu'elle l'est, abandonnée à elle seule, elle ne peut
parvenir par ses propres forces tout au plus qu'à une
opinion probable, et jamais à la certitude, à ce repos
de l'intelligence qui se trouve uniquement dans le
consentement commun, dans la plus grande autorité.
C'est ce que Salomon enseignoit déjà il y a trois mille
ans, lorsqu'il disoit : Les pensées des mortels sont
timides, et nos prévoyances incertaines. Le corps
qui se corrompt appesantit l'âme, et cette demeure
terrestre accable l'esprit dans la multitude de ses pensées. Nous ne conjecturons que difficilement ce qui
se passe sur la terre, et nous ne discernons qu'avec
peine ce qui est devant nos yeux (2). Malheur donc à
celui qui est seul ; car s'il tombe, qui le relèvera?
s'il s'égare, qui le redressera (3)? Ne vous appuyez
donc pas sur votre prudence. Ne soyez pas sage tout
seul. La voie du fou lui paroît droite, mais le sage
écoute les conseils des autres : il craint avec ses propres
yeux, il se défie de lui-même ; tandis que l'insensé

---

(1) *Voyez* la *préface.*
(2) *Sap.* 9.
(3) *Eccl.* 4.

passe outre avec une confiance téméraire (1). Ne méprisez donc pas, ajoute le fils de Sirach, les discours des anciens sages, ni les entretiens des vieillards qui ont appris de leurs pères; méditez au contraire leurs sentimens : car c'est d'eux que vous apprendrez la sagesse et la doctrine de l'intelligence (2).

Ainsi les personnes sensées, qui, selon les préceptes de la sagesse divine, ne s'en rapportent pas à elles seules, mais qui consultent autant qu'elles peuvent l'expérience des hommes et des siècles les plus sages, n'ont aucunement à se plaindre de M. de La Mennais, puisque c'est leur conduite même qu'il propose et qu'il défend comme le vrai modèle, comme le moyen le plus sûr et même comme l'unique moyen pour parvenir à la certitude. Elles doivent au contraire reconnoître en lui le vengeur éloquent de leur sage modestie et du sens commun de tous les temps, contre l'orgueil et la folle présomption de notre siècle.

____

(1) *Proverb.* 3, 12, 13, 20.
(2) *Eccl.* 8.

NOUVELLES

OBSERVATIONS RESPECTUEUSES

AUX ADVERSAIRES DE M. DE LA MENNAIS,

Par M. R...

MESSIEURS,

Comme vous ne répondez point aux premières observations respectueuses que je me suis permis de vous adresser, j'en conclus que vous ne les trouvez pas mauvaises, et qu'enfin vous pensez comme M. de La Mennais. Je m'en réjouis de tout mon cœur; car je souhaite ardemment de voir des hommes que je suis très porté à estimer, être enfin d'accord avec un auteur que j'aime et que j'admire.

Mais tandis que je m'applaudis de votre silence, vous souriez peut-être de compassion à ma joie puérile; et je commence à craindre que vous n'ayez raison d'en rire; car il me semble vous voir retranchés derrière les Pascal, les Descartes, les Malebranche, les Leibnitz, les Euler, les d'Aguesseau, comme dans un bataillon carré, prêts à lancer quelque réponse foudroyante qui tout-à-coup écrasera le pauvre M. de La Mennais avec tous les siens.

Mais ne voilà-t-il pas qu'un de mes amis m'annonce (chose bien incroyable) que ces grands hommes, que vous croyez si fort vos amis et vos patrons, sont pour vous des ennemis redoutables, qui, après avoir paru un instant vous protéger de quelques paroles mal interprétées, vont faire volte-face un de ces jours, et vous livrer, pieds et poings liés, à votre adversaire !

Comme je n'ai pas l'honneur de connoître ces messieurs aussi familièrement que vous, et que d'ailleurs vous y êtes plus intéressés que moi, je vous prie d'y regarder de plus près, et de bien examiner si, sous le casque troyen, ce ne sont pas des Grecs prêts à vous transpercer de vos propres armes.

D'abord, pour commencer par celui de tous qui m'est le moins inconnu, comment se peut-il que vous opposiez *Pascal* à M. de La Mennais; Pascal, qui, dans le troisième chapitre de ses *Pensées*, s'écrie : « C'est en vain, ô homme, que vous cherchez dans » vous-même le remède à vos misères ! toutes vos » lumières ne peuvent arriver qu'à connoître que ce » n'est point en vous que vous trouverez ni la vérité » ni le bien. Malheureux que nous sommes ! nous » sentons une image de la vérité et ne possédons que » le mensonge, incapables d'ignorer absolument et » de savoir *certainement;* » *Pascal*, qui, généralement dans tout son livre, mais surtout dans le chapitre huitième, tient continuellement l'homme suspendu entre un doute universel et la foi *chrétienne :* tandis que M. de La Mennais présente du moins un moyen terme, la foi *humaine,* la certitude résultant de l'accord des hommes, et surtout de l'universalité du genre humain : foi *humaine* qui prenant l'homme *isolé* dans les régions désolantes du doute, le conduit de degré en degré jusqu'à la certitude *divine?* Comment pouvez-vous, pour montrer à M. de La Mennais qu'il va trop loin, lui opposer un homme qui va plus loin encore? Comment, ne faisant sur ce point aucun reproche à *Pascal,* qui va réellement trop loin, à ce qu'il me semble, vous êtes-vous récriés contre l'auteur de l'*Essai,* qui modifie ce qu'il y a d'excessif dans l'auteur des *Pensées ?*

Ensuite on assure que *Descartes,* examinant dans sa première *méditation* les fondemens de toutes nos connoissances, y compris l'*arithmétique* et la *géométrie,* est conduit au doute absolu par des raisons qui lui paroissent sans réplique, et qu'il finit par dire : « Non, je ne trouve rien à répondre à ces argumens, » mais je suis forcé enfin d'avouer que de toutes les » choses que je regardois autrefois comme vraies il » n'y en a aucune dont il ne soit permis de douter; » et cela, non par défaut de réflexion ou par légè- » reté, mais pour des raisons bien fortes et bien mé- » ditées. »

Voilà donc *Descartes,* par la justesse et la force même de sa raison, parvenu à cet abîme d'incertitude où vous prétendez que M. de La Mennais vous précipite tous sans distinction et sans remède, tandis qu'il n'y pousse que la raison individuelle, la raison de l'homme seul, de l'homme qui se sépare de la société des autres êtres intelligens, et ne veut croire que lui ; et qu'il ne l'y pousse que pour lui faire avouer son insuffisance et lui faire accepter l'unique moyen de certitude, la FOI, que déjà il ajoute nécessairement au témoignage général en mille et mille choses.

Cependant, voyons par quelle voie ou par quelle échelle *Descartes* sortira de cet abîme du doute. La prmière vérité qu'il cherche à ressaisir, le premier échelon qu'il cherche à se faire, est de dire, dans sa troisième *Méditation :* « Je pense, je suis un être » pensant, *Ego sum res cogitans.* » Puis il ajoute surle-champ : « Je suis certain que je pense, que je suis » un être pensant, *Sum certus me esse rem cogitan-* » *tem.* » Mais aussitôt, cherchant à affermir ces deux échelons, il se demande à lui-même : « Sais-je bien » aussi ce qu'il faut pour que je sois certain de quel- » que chose? Tout ce que je sais, c'est que je ne vois » dans cette première connoissance qu'une perception » claire et distincte de ce que j'affirme; ce qui, sans » doute, ne suffiroit pas pour me rendre certain de la » vérité d'une chose, s'il pouvoit arriver jamais que » quelque chose que je concevrois aussi clairement et » aussi distinctement fût faux. Je crois donc pouvoir » dès-lors établir pour règle générale que ce que je » conçois d'une manière claire et distincte est vrai. »

Mais, pouvoit-on lui dire, si votre principe même n'est pas certain, s'il n'est pas à l'abri de tout doute, s'il n'est pas démontré impossible que vous conceviez jamais clairement et distinctement une chose fausse ; vous n'êtes certain de rien, pas même de votre existence. *Descartes* en convient le premier. Aussi cherche-t-il à s'assurer de la vérité de son principe fondamental. Mais, trouvant aussitôt de nouveaux motifs de douter, il ajoute : « Pour avoir quelque chose de » certain et de fixe, je dois examiner au plus tôt si » Dieu existe, et si, existant, il peut me tromper ; » car, tant que j'ignorerai ce point, je ne vois pas que » je puisse jamais être pleinement certain d'aucune » autre chose (1) : *Hac enim re ignorata, non videor* » *de ulla alia plane certus esse unquam posse.* »

Ainsi Dieu seul et sa véracité éternelle, voilà l'unique fondement de la certitude de *Descartes*. M. de La Mennais a donc eu raison de dire que quand ce grand homme, « essayant de sortir de son doute méthodique, » établit cette proposition, *Je pense, donc je suis,* avant » d'avoir démontré l'existence de Dieu et son infailli-» ble véracité, il franchit un abîme immense, et pose » au milieu des airs la première pierre de l'édifice qu'il » entreprend d'élever ; car, à la rigueur, et d'après » *Descartes* lui-même, nous ne pouvons pas dire alors » *je pense,* nous ne pouvons pas dire *je suis,* nous ne » pouvons pas dire *donc,* ou rien affirmer par voie de » conséquence (2). » *Hac enim re ignorata, non videor de ulla alia plane certus esse unquam posse.*

Direz-vous que *Descartes* ne manque pas de prouver en effet l'existence de Dieu, ainsi que ses attributs ; j'en conviens. Mais encore, comment le prouve-

---

(1) *Médit.* III.
(2) *Essai*, tom. II, pag. 16.

t-il? En partant de ce principe même qui lui paroît douteux, si Dieu n'existe pas; c'est-à-dire qu'il démontre ce qui est à prouver par ce qui est en question, et ce qui est en question par ce qu'il faut prouver : cercle vicieux, dont il est impossible qu'il se tire avec son principe; semblable à un homme tombé dans un abîme, qui croit enfin avoir rencontré une échelle pour sortir, mais qui ne trouve ni où l'appuyer ni où l'accrocher : de sorte qu'il a beau la dresser de toutes ses forces, la tourner et la retourner en tout sens; dès qu'il veut monter le premier échelon, elle s'enfonce plus profondément encore avec lui.

Selon Malebranche, « les esprits créés ne peuvent « voir dans eux-mêmes ni l'essence des choses ni leur » existence (1). » Donc, selon Malebranche, l'homme qui s'isole de tous les autres êtres intelligens et de Dieu même ne peut trouver en soi la certitude d'aucune vérité, même de sa propre existence.

Ne peut-on pas tirer la même conclusion des paroles suivantes de Leibnitz? « A mon avis, c'est dans l'en- » tendement de Dieu, et indépendamment de sa vo- » lonté, que subsiste la réalité des vérités éternelles; » car toute réalité doit se fonder sur quelque chose de » *réellement* existant. Il est vrai qu'un homme qui ne » croit pas en Dieu peut être géomètre. Mais si Dieu » n'existoit point, la géométrie n'auroit aucun objet; » car, sans Dieu, non seulement rien n'existeroit, mais » rien ne seroit possible. Il est vrai encore que ceux

____

(1) *Recherche de la vérité*, liv. III, part. II, chap. 5.

» qui ne voient point le rapport et la liaison des choses
» entre elles et avec Dieu peuvent apprendre certaines
» sciences; mais ils ne sauroient en concevoir la pre-
» mière origine, *qui est en Dieu* (1). »

Ainsi, selon Leibnitz, l'essence, la première origine des choses est en Dieu ; les vérités éternelles et
nécessaires dépendent de son entendement, les vérités
contingentes de sa volonté, d'après la distinction qu'il
fait dans ses *Principes de philosophie adressés au
prince Eugène.* Par conséquent, la certitude fondamentale de toutes nos connoissances est en Dieu. Donc
l'homme qui s'isole de Dieu et des autres êtres intelligens ne sauroit la trouver en lui-même.

Dans ses *Remarques sur le livre de l'Origine du mal,*
Leibnitz, traitant de nouveau la question de la certitude, dit : « Pour passer jusqu'à la *cause première,*
« l'auteur cherche un *critérion,* une marque de la vé-
» rité ; et il la fait consister dans cette force par la-
» quelle nos propositions internes, lorsqu'elles sont
» évidentes, obligent l'entendement à leur donner son
» consentement ; c'est par là, dit-il, que nous ajou-
» tons foi aux sens ; et il fait voir que la marque des
» cartésiens, savoir, une perception claire et dis-
» tincte, a besoin d'une nouvelle marque pour faire
» discerner ce qui est clair et distinct, et que la conve-
» nance ou disconvenance des idées (ou plutôt des
» termes, comme on parloit autrefois) peut encore
» être trompeuse, parce qu'il y a des convenances

----

(1) *Oper. theolog.*, tom. I, pag. 265, *edit. Dutens.*

» réelles et apparentes. Il paroît reconnoître même
» que la force interne qui nous oblige à donner notre
» *assentiment* est encore·sujette à caution, et peut
» venir de préjugés enracinés. C'est pourquoi il avoue
» que celui qui fourniroit un autre *critérion* auroit
» trouvé quelque chose de fort utile au genre hu-
» main. J'ai tâché d'expliquer ce *critérion* dans un
» petit discours sur la vérité et sur les idées, publié
» en 1684 ; et quoique je ne me vante point d'y avoir
» donné une nouvelle découverte, j'espère avoir dé-
» veloppé des choses qui n'étoient connues que con-
» fusément. Je distingue entre les vérités de fait et les
» vérités de raison. Les vérités de fait ne peuvent être
» vérifiées que par leur confrontation avec les vérités
» de raison, et par leur réduction aux perceptions
» immédiates qui sont en nous, et dont saint Augus-
» tin et M. Descartes ont fort bien reconnu qu'on ne
» sauroit douter ; c'est-à-dire que nous ne saurions
» douter que nous pensons, et même que nous pen-
» sons telles ou telles choses. Mais, pour juger si nos
» apparitions internes ont quelque réalité dans les
» choses, et pour passer des pensées aux objets, mon
» sentiment est qu'il faut considérer si nos *perceptions*
» sont bien liées entre elles et avec d'autres que nous
» avons eues, en sorte que les vérités de mathéma-
» tiques et autres vérités de raison y aient lieu ; en ce
» cas on doit les tenir pour réelles, et je crois que
» c'est l'unique moyen de les distinguer des imagina-
» tions, des songes et des visions. Ainsi la vérité des
» choses hors de nous ne sauroit être reconnue que

» par la liaison des phénomènes. Le *critérion* des vé-
» rités de raison, ou qui viennent des *conceptions*,
» consiste dans un usage exact des règles de la logi-
» que (1). »

Ah! messieurs, vous qui paroissez avoir une si grande habitude de Leibnitz, aidez-moi, de grâce, à faire usage du moyen unique qu'il me présente pour distinguer ce que je dois tenir pour réel de ce que je dois regarder comme des imaginations, des songes et des visions. Il me semble en ce moment que j'ai du papier devant moi, que je tiens une plume à la main, et que je vous écris avec de l'encre. Mais est-ce une réalité ou une vision? Quand le saurai-je d'une manière certaine d'après Leibnitz? D'abord, puisque la première origine des choses est en Dieu, puisque sans Dieu non seulement rien n'existe, mais rien n'est possible, il faut, pour savoir d'une manière vraiment certaine que je vous écris sur du papier blanc avec de l'encre noire, il faut de toute nécessité que je m'assure qu'il y a un Dieu, et que je sache réfuter pour cela toutes les objections des athées. Il faut de plus que je confronte ce qui me semble des vérités de fait avec les vérités de raison, et sans doute avec toutes les vérités de raison; il faut en outre que, par une espèce d'analyse, je réduise ces vérités de fait aux perceptions immédiates qui sont en nous, et dont on ne sauroit douter, s'il faut en croire saint Augustin et M. Descartes. Encore qui m'assurera que j'ai bien

______

(1) *Oper. theolog.*, tom. I, pag. 438 439, *edit. Dutens.*

fait cette confrontation et cette réduction *leibnit-zienne?* Quel embarras, messieurs, pour savoir si je vois du papier et si je tiens une plume ! Que dis-je? quel embarras pour savoir simplement si je vois ou si je tiens quelque chose ! Car de savoir si ce que je vois est réellement du papier, si ce que je tiens est réellement une plume, c'est une autre affaire. Il me faut pour cela considérer attentivement si mes perceptions de papier blanc, d'encre noire, de plume ronde, sont bien liées entre elles et avec toutes celles que j'ai eues depuis que je suis au monde ; il faut que je voie si les vérités de mathématiques et les vérités de raison y ont lieu ; il faut, en conséquence, que je sache l'algèbre et la géométrie transcendante autant que le plus habile mathématicien. Et encore ne suis-je pas au bout : il faut, de plus, que je m'assure si mes perceptions de papier, d'encre et de plume s'accordent bien avec toutes les vérités de raison ou de logique. Mais comment m'assurerai-je de ces vérités de raison mêmes? Par une exacte observation des règles de la logique, répond Leibnitz. Mais qui m'assurera qu'on m'a bien enseigné ces règles? qui m'assurera que je les ai bien comprises? qui m'assurera que je les ai bien appliquées? Sera-ce vous, messieurs? J'en serois fort aise. Mais, pour que vous ayez raison contre M. de La Mennais, il faut que je puisse m'assurer de tout cela d'une manière infaillible, par moi-même, et sans le secours de personne.

Ah ! messieurs, croyez-moi, je suis indigne de l'honneur que vous me faites de me croire infaillible.

Car je vous confesse à ma honte que le privilége d'infaillibilité dont vous voulez absolument m'investir m'embarrasse très fort, je ne sais qu'en faire ; et qu'après avoir fait de mon mieux, comme vous me dites, je suis encore réduit à m'écrier, comme cet autre : *Que sais-je ?* Ah ! si vous vouliez avoir la bonté de ne pas le trouver mauvais, j'y renoncerois volontiers, je reconnoîtrois de bon cœur mon insuffisance, j'avouerois sans peine la nécessité de l'autorité comme règle de certitude, même dans les mathématiques ; et je le publierois hautement : avec qui ? devinez. Je vous le donne en dix, je vous le donne en vingt, je vous le donne en cent. Avec Leibnitz lui-même, avec ce vaste génie que vous opposez avec tant d'assurance à M. de La Mennais. Car voici les paroles remarquables qu'il écrivoit à Molanus : « Je croyois ferme-
» ment, Monsieur, que ma dernière lettre seroit
» capable de faire voir à M *Eckardus* en quoi con-
» siste l'imperfection de la méthode dont il s'est
» servi. Mais j'ai appris plusieurs choses par cette
» dispute, *et entre autres celle-ci que je ne croyois pas :*
» *c'est qu'il faut un juge de controverse en mathéma-*
» *tiques aussi bien qu'en théologie* (1). »

Pour prouver, contre M. de La Mennais, que la raison individuelle est infaillible, et que l'homme isolé trouve en lui-même tous les moyens désirables de certitude, vous lui avez encore opposé le savant *Euler.* Et je crois que vous avez eu raison en cela

______

(1) *Oper. mathemat.*, tom. III, pag. 649, *edit. Dutens.*

comme en tout le reste; car je ne vois pas que M. de La Mennais ait autre chose à vous répondre, que de vous demander si c'est le même *Euler,* ou un autre du même nom, qui dans des lettres adressées à une princesse d'Allemagne, écrit ces paroles : « Je sou- » haiterois pouvoir fournir à Votre Altesse les armes » nécessaires pour combattre les idéalistes et les » égoïstes, et démontrer qu'il existe une liaison » réelle entre nos sensations et les objets mêmes » qu'elles représentent; mais plus j'y pense, plus je » dois avouer mon insuffisance. Il est aussi difficile » de disputer avec les idéalistes, et il est même impos- » sible de convaincre de l'existence des corps un » homme qui s'obstine à la nier (1). »

Enfin voulant à toute force gagner votre procès contre M. de La Mennais, vous appelez à votre défense l'éloquent avocat-général, le célèbre chancelier de France, d'Aguesseau. Écoutez donc ce qu'il dit : « Je sens, comme vous et comme Horace, que » *maxima pars hominum decipimur specie recti,* et il » pourroit dire aussi bien *specie veri.* Il n'y a point » d'homme qui n'en ait fait de tristes expériences, » sans être obligé de recourir à des exemples. Mais » nos méprises ou nos erreurs, toujours fondées sur » un défaut d'attention suffisante et méthodique, » n'empêchent pas qu'il ne soit toujours vrai que l'é- » vidence parfaite ne sauroit nous tromper; il faut

---

(1) *Lettres à une princesse d'Allemagne*, tom. II, pag. 74, *édit.* de 1788.

» tou_ours distinguer en cette matière la majeure et
» la mineure du raisonnement. L'évidence véri-
» tab e ne sauroit nous induire en erreur; voilà la
» ma eure, dont les preuves paroissent incontes-
» tab es : or je vois clairement et évidemment telle
» et elle proposition; voilà la mineure, et c'est la
» seu e sur laquelle nos doutes peuvent tomber :
» ma s cette mineure, *souvent disputable*, ne regarde
» que le fait actuel de l'évidence dans une décou-
» ver e particulière. Le droit de l'évidence en gé-
» nér l (si je puis parler ainsi) subsiste dans son
» ent er. Malheur à celui qui l'applique mal , et qui
» se âte de dire qu'il voit quand il ne voit pas encore!
» *L'évidence n'est le caractère certain de la vérité*
» *qu'autant qu'il est évident qu'on a pris toutes les*
» *précautions possibles pour chercher l'évidence par*
» *l'évidence même ; c'est-à-dire que l'évidence des*
» *moyens doit produire l'évidence de la fin et de la*
» *conclusion qui en résulte* (1). »

Que veut dire tout cela, messieurs? Ce plaidoyer
est-il pour ou contre l'infaillibilité de la raison individuelle? Si, comme vous l'assurez, chacun de nous
est infaillible , d'où vient donc, d'après d'Aguesseau,
que si souvent l'apparence de la vérité nous trompe ;
d'où vient qu'il n'y a pas d'homme qui n'en ait fait
de tristes expériences? L'évidence véritable ne sauroit nous induire en erreur, d'accord. Mais quand
serai-je sûr d'avoir trouvé cette évidence tant désirée?

____

(1) *Œuvres du chancelier d'Aguesseau*, tom. XII, pag. 226,
227.

Quand sera-t-il évident que j'ai pris toutes les précautions possibles pour chercher l'évidence par l'évidence même ? Pour moi, messieurs, je crois, sauf meilleur avis, que, même après le plaidoyer de votre avocat-général, il faut encore qu'il intervienne un arrêt de la cour suprême, pour décider sans appel que telle ou telle proposition est une évidence véritable.

Voilà ce que disent, à ce qu'on assure, les auteurs que vous opposez à M. de La Mennais ; voilà les conséquences que j'en tire. Voyez maintenant, messieurs, si ces citations sont exactes et ces conséquences justes. D'abord, puisque, nonobstant le deuxième volume de l'*Essai*, vous persistez tous à l'unanimité à me déclarer individuellement infaillible, je vous déclare aussi à mon tour, avec toute l'infaillibilité de ma raison individuelle, que, malgré les trois moyens infaillibles de certitude que vous fournissent la relation de vos sens, votre sens intime et votre raison particulière ; vous n'êtes pas mieux entrés dans la pensée des auteurs morts que dans celle de l'auteur vivant. Car les uns disent tout le contraire de ce que vous avez cru qu'ils disoient ; et l'autre ne cesse de répondre, aux personnes qui le consultent, que, s'il avoit eu le malheur d'enseigner ce que vous lui faites dire, il mériteroit, non pas d'être réfuté par personne, mais d'être enfermé comme fou. Tel est l'arrêt solennel que j'ai prononcé contre vous, avec toute l'infaillibilité que vous me reconnoissez propre. Cependant je ne prétends pas vous obliger à soumettre votre infail-

libilité à la mienne ; car, malgré toutes vos raisons,
je ne crois guère ni à l'une ni à l'autre. Seulement je
vous prie de m'apprendre, au cas que vous contredi-
siez mon jugement infaillible par un autre également
infaillible, à quel tribunal plus infaillible encore je
dois en appeler pour entendre juger notre procès en
dernier ressort.

En voyant, par les passages que j'ai eu l'honneur
de vous citer, combien les grands hommes que vous
avez crus opposés à M. de La Mennais sont au contraire d'accord avec lui, certaines personnes se sont
imaginé peut-être que l'auteur de l'*Essai* n'a fait qu'em-
prunter sans rien dire leur doctrine presque oubliée, et
la rajeunir par l'éclat d'un style brillant. Heureusement
pour M. de La Mennais qu'il existe une différence
notable entre lui et les auteurs que vous avez allégués
pour votre défense : c'est que le reproche que vous lui
faites de favoriser le scepticisme tombe uniquement
sur vos prétendus défenseurs, tandis que l'auteur de
l'*Essai* emploie le seul moyen efficace de réduire au
silence le sceptique.

En premier lieu, pour vous convaincre qu'avec
les principes de Descartes, Leibnitz, etc., il vous est
impossible d'échapper aux argumens des sceptiques,
supposons pour un moment que tous ceux qui, sous
un nom ou sous un autre, déclarent leur raison particulière règle souverainement infaillible, protestant,
déiste, matérialiste, athée, se réunissent dans une
même enceinte, appelée pour cela *temple de la raison
individuelle ;* et voyons ce qui arrivera.

D'abord ils commenceront tous par une hymne à la divinité du temple. Tous s'écrieront à l'envi l'un de l'autre : O ma raison ! c'est en toi seule que je crois ; toi seule es un guide sûr, toi seule un flambeau qui éclaire tout ! toi seule seras donc ma règle infaillible de vérité ! — Or , ajoutera le luthérien, je vois clairement par mon sens privé , ma raison particulière, que la sainte Bible a été inspirée de Dieu, à l'exception de tel et tel livre qui contrarient trop ma manière de voir ; je vois clairement dans l'Évangile que Jésus-Christ est réellement dans l'eucharistie, non pas comme le croient les catholiques, mais comme je l'explique moi-même.—Vous vous trompez très fort, lui répondra le calviniste ; car je vois clairement par mon esprit propre, et dans ce même Évangile, que Jésus-Christ n'est réellement dans l'eucharistie , ni à votre manière, ni à celle des catholiques. Je vois d'une manière infaillible qu'il n'y est en aucune manière, et que le pain et le vin ne sont qu'une figure vide de son corps et de son sang. — Vous n'êtes pas plus raisonnables l'un que l'autre, reprendra le socinien, de vous occuper tant du mystère de l'eucharistie : vous n'entendez l'Écriture ni l'un ni l'autre ; car j'y vois clairement par ma droite raison qu'il n'y a aucun mystère ni Trinité, ni incarnation, ni rédemption , et que Jésus-Christ est tout au plus un grand prophète. — Mais vous-même , dira le déiste à son tour, puisque, après tout, votre raison est votre seul guide, qu'avez-vous besoin de la révélation des livres saints ? Moi je vois aussi clair que le jour, et par ma raison seule, que Dieu n'a jamais parlé ni pu parler aux hommes, et que par conséquent votre Écriture sainte n'est qu'une compilation insignifiante, pour ne rien dire de plus. Je vois évidemment enfin qu'il n'y a que deux dogmes de vrais, le premier qu'il y a un Dieu, le second que nous avons une âme immortelle.—Passe pour l'existence de votre Être suprême, s'écriera le matérialiste, pourvu encore qu'il ne se mêle de rien : mais pour une âme, vous avez tort de croire que vous en avez une ; car je vois clairement par ma raison individuelle, qui est infaillible comme la vôtre, que vous et moi n'en avons pas plus que les bêtes. — Vous avez raison, répliquera l'athée, de juger que vous n'avez pas plus d'âme ni de raison que les brutes; mais vous avez tort de croire qu'il y a un Être suprême, une cause première, un rémunérateur de la vertu, un vengeur du crime : car je vois clairement, par mon infaillible raison, qu'il n'y en a point et que tout est l'effet du hasard. — Vous êtes aussi fous les uns que les autres, conclura enfin le sceptique, d'assurer que votre raison voit clairement quelque chose ; car la mienne me dit au contraire qu'il est impossible de savoir jamais certainement quoi que ce soit, mais que tout est plongé dans un doute éternel.

Voilà donc une multitude d'hommes qui tous, aussi bien que vous, proclament et invoquent leur raison particulière comme un guide qui ne sauroit égarer, comme une règle qui ne sauroit tromper ; et cependant tous ces hommes se contredisent réciproquement, tous se donnent le démenti les uns aux autres, en vertu de leur raison même, et dans les choses les plus importantes. A présent, qui croire? à qui entendre? qui a raison? qui a tort? Tout cela prouve-t-il beaucoup en faveur de notre raison individuelle? tout cela nous la montre-t-il comme un guide bien sûr, comme une règle bien infaillible? tout cela justifie-t-il beaucoup le titre pompeux de *temple de la raison* que nous avons donné par supposition à une pareille assemblée?

Mais je vais trop loin : car vous allez sans doute, entrant vous-même dans le temple auguste de cette moderne divinité, les mettre tous d'accord en leur enseignant cet art d'infaillibilité qui est contenu dans les œuvres de Descartes, de Leibnitz, de Malebranche, etc. Il me semble donc vous voir commençant par le sceptique, lui tenir à peu près ce langage : Vous avez raison de repousser la doctrine de M. de La Mennais, et de vous en rapporter à votre raison seule, parce qu'elle est réellement infaillible ; mais vous avez tort de conclure, même en vertu des contradictions que vous venez d'entendre, que notre raison ne peut rien savoir de certain, et que la vérité et l'erreur, s'il y en a, sont à jamais confondues dans le même doute et la même incertitude : car voici MM. Descartes, Leibnitz, Malebranche, Euler, d'Aguesseau, qui vous assurent que, si vous faites bien exactement tout ce qu'ils vous disent, vous serez sûrs de la vérité.

Mais, pourra-t-il vous répondre, qui êtes-vous pour oser me dire que je me trompe ? D'où vient à votre raison le privilége d'être plus infaillible que la mienne ? Ne pourroit-il pas se faire que nous ayons autant raison ou autant tort l'un que l'autre ? Et puis que sont votre Descartes, votre Leibnitz, votre Malebranche, votre Euler, votre d'Aguesseau, pour que vous me les donniez pour maîtres? De quel droit prétendez-vous me dépouiller de mon infaillibilité légitime, pour les en investir eux seuls, comme les despotes de la métaphysique? Ma raison n'est-elle pas aussi individuelle que la leur ?.

Toutefois, je veux bien, par excès de condescendance, examiner ce qu'ils disent. Voyons donc quels sont leurs principes , et sur quoi ils les appuient. Descartes m'assure que tout ce que je conçois clairement et distinctement est vrai. Leibnitz fait entendre, au contraire, que cette perception claire et distincte ne suffit point, mais qu'il faut encore réduire les vérités de fait à leurs perceptions immédiates , les confronter les unes avec les autres, ainsi qu'avec les vérités de raison, et les vérités de raison aux règles de la logique. Malebranche pose un autre principe, d'Aguesseau encore un autre. Maintenant, ô vous qui me donnez ces hommes comme des docteurs irréfragables, dites-moi, lequel faut-il que j'écoute? Est-ce Descartes? Est-ce Leibnitz? Est-ce Malebranche? Est-ce Euler ? Est-ce d'Aguesseau ? Est-ce tous à la fois? Mais ils ne sont pas d'accord entre eux. Est-ce un seul de préférence aux autres? Mais pour-

16.

quoi celui-ci plutôt que celui-là? donnez-m'en une raison sans réplique.

Mais voyons enfin ce que ces maîtres eux-mêmes pensent de leurs principes fondamentaux. D'un commun accord ils avouent que l'homme ne peut parvenir à la certitude d'aucune vérité, ni eux par conséquent à la certitude de leurs premiers principes, sans s'être assurés auparavant de l'existence d'un Dieu. *Hac enim re ignorata,* dit Descartes, *non videor de ulla alia plane certus esse unquam posse.* Et avec raison ; car s'il n'y a point de Dieu, ou si c'est un Dieu qui puisse me tromper, comme le mauvais principe des manichéens, qui m'assurera que ma perception la plus claire et la plus distincte n'est pas un jeu du hasard, ou une illusion du dieu de mensonge? Mais si, d'après vos maîtres, il n'est aucun principe certain, que l'existence et la véracité de Dieu ne soient prouvées auparavant, sur quel principe s'appuieront-ils pour prouver que ce Dieu de vérité existe? Ce sera nécessairement sur un principe douteux et qui a lui-même besoin de preuves : par conséquent ils ne prouveront rien, et la vérité de leurs principes et l'existence de Dieu restent dans le même doute et la même incertitude.

Direz-vous que ce sont là de ces premiers principes, de ces axiomes si clairs, qu'ils ne peuvent être prouvés et qu'il faut les admettre *de foi,* si on veut qu'aucun raisonnement soit possible : mais comment alors osez-vous combattre l'auteur de l'*Essai,* et m'assurer, malgré lui, que ma raison, même isolée, est infaillible ; puisque enfin, d'après vous, comme d'après lui, pour que cette pauvre raison subsiste il faut que je l'appuie sur la *foi*, la nécessité de croire ? Ensuite, s'il me plaisoit de ne pas admettre, *de foi* et sans preuves, vos premiers principes, malgré ce que vous appelez leur évidence, qu'auriez-vous à me répondre ? Ne seriez-vous pas réduits à me dire, comme M. de La Mennais, que je suis fou, parce que je ne pense pas comme les gens raisonnables ? Mais je ne serai pas si difficile : je veux au contraire pousser la complaisance jusqu'au bout, et supposer, pour vous faire plaisir, que le principe fondamental de chacun de vos philoso-phes est certain et indubitable ; en serai-je plus avan-cé ? ne faudra-t-il pas de plus une règle certaine pour être assuré que j'ai bien appliqué ce principe ? Par exemple : Tout ce que je perçois clairement et distinc-tement est vrai, dit Descartes ; mais tous ces hommes que vous avez entendus se contredire les uns les autres, croient tous voir clairement et distinctement ce qu'ils disent. Direz-vous pour cela que tout ce qu'ils con-çoivent est vrai, bien que contradictoire ?

Ah ! il me semble qu'avec toutes vos règles de cer-titude vous n'avez fait que multiplier mes incertitudes : incertitude si je dois suivre la doctrine de personne ; incertitude de qui je dois embrasser les principes ; in-certitude de ces principes en eux-mêmes ; incertitude dans l'application de ces mêmes principes, supposés certains par la nécessité d'y croire.

Voilà, entre autres choses, ce que le sceptique pourroit vous répliquer : et je ne vois pas ce que vous auriez à lui répondre.

Voyons maintement comment, avec la doctrine de M. de La Mennais, on peut, sans partir d'aucun principe incertain, sans s'embarrasser dans un cercle vicieux, réduire au silence, ou ramener à l'unité de la *foi*, le sceptique, l'athée, enfin tous ceux que nous voyons se contredire en vertu de leur raison individuelle.

Commençant comme vous par le sceptique, je lui dirai : Toutes les religions vous sont indifférentes, vous n'en croyez ni n'en pratiquez aucune ; vous les regardez toutes comme également incertaines, parce qu'enfin, selon vous, il n'y a aucun moyen certain de s'assurer de quoi que ce soit au monde. Voilà la grande raison, si ce n'est pas l'unique, que vous donnez de votre indifférence et de votre inertie. Mais si, comme vous l'assurez, tout est confondu dans une éternelle incertitude, d'où vient donc que vous dites à telle ou telle personne, *mon père* ou *ma mère ;* à telle autre, *mon oncle* ou *ma tante?* D'où vient que vous les honorez avec tant de piété, que vous les aimez avec tant d'affection, que vous les écoutez avec tant de soumission pendant leur vie ? D'où vient qu'après leur mort vous vous appropriez leurs biens et leurs titres? Si tout est également incertain, comme vous le dites, il me semble que ces biens et ces titres ne vous appartiennent pas plus qu'à tout autre, et que le plus fort peut s'en emparer légitimement.

Pour me répondre, irez-vous m'exhiber votre acte de naissance, signé de deux témoins et homologué par la notoriété publique, par lequel il conste que

vous êtes enfant légitime de telle ou telle personne,
que par conséquent vous avez droit à leur succession?
Je vous avoue que, sans attendre la sentence des tri-
bunaux, je me tiendrai pour bien et dûment débouté
de ma prétention à être votre cohéritier; mais vous
aussi vous perdrez par le fait même le droit de vous
dire sceptique, le droit de prétendre que tout est également incertain, puisque vous trouvez assez de certitude dans un acte signé de deux témoins et non
contesté par l'autorité du public, pour fonder sur cela
vos affections les plus chères, vos devoirs les plus
saints, vos droits les plus légitimes. Et non seulement
je ne vous blâme point de régler sur ce fondement
toute votre vie, mais je reconnois que vous ne pouvez
pas faire autrement, que cela est absolument nécessaire, que sans cette foi, sans cette croyance au témoignage, il n'y a plus de parenté, d'amitié, de droit,
de justice, de société possible parmi les hommes, et
que la destruction du genre humain est inévitable.

« Oui, ôtez la foi, tout meurt; elle est l'âme de la
» société et le fond de la vie humaine. Si le laboureur
» cultive et ensemence la terre, si le navigateur tra-
» verse l'océan, c'est qu'ils croient; et ce n'est qu'en
» vertu d'une croyance semblable que nous partici-
» pons aux connoissances transmises, que nous usons
» de la parole, des alimens même. On dit à l'enfant :
» Mangez; et il mange. Qu'arriveroit-il, s'il exigeoit
» qu'auparavant on lui prouvât qu'il mourra s'il ne
» mange point? On dit à l'homme : Vous voulez aller
» en un tel lieu, suivez cette route. S'il refusoit de

» croire au témoignage , l'éternité entière s'écoule-
» roit avant qu'il eût seulement acquis la certitude
» rationnelle de l'existence du lieu où il désire se ren-
» dre. La pratique des arts et des métiers, les mé-
» thodes d'enseignement, reposent sur la même base.
» La science est d'abord pour nous une espèce de
» dogme osbcur que nous ne parvenons ensuite à con-
» cevoir plus ou moins, que parce que nous l'avons
» premièrement admis sans le comprendre, que parce
» que nous avons eu la foi. Qu'elle vienne à défaillir
» un instant, le monde social s'arrêtera soudain : plus
» de gouvernement, plus de lois, plus de transactions,
» plus de commerce, plus de propriété , plus de jus-
» tice; car tout cela ne subsiste que par l'autorité,
» qu'à l'abri de la confiance que l'homme a dans la
» parole de l'homme : confiance si naturelle , foi si
» puissante, que nul ne parvint jamais à l'étouffer en-
» tièrement; et celui-là même qui refuse de croire en
» Dieu sur le témoignage du genre humain , n'hési-
» tera point à envoyer son semblable à la mort sur le
» témoignage de deux hommes! Ainsi nous croyons,
» et l'ordre se maintient dans la société; nous croyons,
» et nos facultés se développent, notre raison s'éclaire
» et se fortifie, notre corps même se conserve : nous
» croyons et nous vivons; et, forcés de croire pour
» vivre un jour, nous nous étonnerons qu'il faille
» croire aussi pour vivre éternellement (1)! »

Voilà donc, non pas, comme dans la doctrine de

-----

(1) *Essai* , tom. II, pag. 87, 88, 89.

Descartes et de Leibnitz, un principe dont la vérité dépend de l'existence de Dieu que ce même principe sert à prouver, mais un fait incontestable, un fait indépendant de tout raisonnement, à l'abri de toute chicane; la nécessité naturelle, invincible, où sont tous les hommes, le sceptique comme les autres, de croire sur le témoignage général mille et mille choses prouvées ou non. C'est sur cette nécessité naturelle, invincible, comme sur un roc immuable, que M. de La Mennais, évitant le cercle vicieux où sont tombés les autres philosophes, élève, inébranlable à toutes les tempêtes, le majestueux édifice de la vérité. Il ne raisonne point contre le sceptique, il lui dit : Vous ne l'êtes pas; vous assurez de bouche que vous doutez de tout, et toutes vos actions, votre vie entière, donnent le démenti à vos paroles. Il dit à l'athée : Vous croirez en Dieu, ou vous renoncerez entièrement à la raison quelle qu'elle soit; vous vous anéantirez comme être intelligent. Il lui dit : « En ne considérant que » l'homme, la plus grande autorité que nous puis-» sions concevoir est l'autorité du genre humain; » par conséquent elle renferme le plus haut degré » de certitude où il nous soit donné de parvenir. Si » donc il existoit une vérité universellement crue, » unanimement attestée par tous les hommes, dans » tous les siècles; vérité de fait, de sentiment, d'évi-» dence, de raisonnement, à laquelle ainsi toutes » nos facultés s'uniroient pour rendre hommage : » cette vérité souveraine, manifestement investie » d'une puissance suprême sur notre entendement,

» viendroit se placer en tête de toutes les autres
» vérités dans la raison humaine. La nier, ce seroit
» détruire la raison même. Quiconque en effet la nie-
» roit, niant par là même le témoignage unanime
» des sens, du sentiment et du raisonnement, ne
» pourroit en aucun cas l'admettre, et seroit con-
» traint de douter de sa propre existence, qu'il ne
» connoît que par ces trois moyens. Encore est-ce
» trop peu dire; et si l'on a bien saisi les principes
» exposés précédemment, il sera aisé de comprendre
» que, la vérité dont il s'agit étant beaucoup plus
» certaine que notre propre existence, puisqu'elle
» est attestée par des témoignages beaucoup plus
» nombreux, il y auroit incomparablement plus de
» folie à en douter, qu'à douter que nous existons.

» En définissant les caractères de cette vérité
» sublime, universelle, absolue, j'ai nommé Dieu.
» Avec quel ravissement, quels transports, ne de-
» vons-nous pas voir cette magnifique et resplendis-
» sante idée se lever tout à coup sur l'horizon du
» monde intellectuel, enveloppé d'ombres épaisses,
» et répandre la lumière et la vie jusque dans ses
» profondeurs les plus reculées (1)! »

En effet, tant que Dieu n'est pas reconnu, on ne
voit la raison de rien, « l'univers n'est plus qu'une
» grande illusion, un songe immense, et comme une
» vague manifestation d'un doute infini. » Mais *Celui
qui est*, Dieu en un mot, étant reconnu et admis par
une suite de la nécessité naturelle et invincible de

______

(1) *Essai*, tom. II. pag. 42, 43, 44.

croire, « tout change ; et l'univers, expliqué par sa
» volonté et sa toute puissance, s'attache, pour ainsi
» dire, à sa cause, et s'affermit sur cette base iné-
» branlable : on aperçoit clairement la raison première
» de tous les effets et de toutes les existences ; et les
» intelligences créés, remontant à leur source, se
» rencontrent et se reconnoissent dans l'intelligence
» éternelle d'où elles sont toutes émanées (1). »

On s'explique ainsi pourquoi l'homme est nécessairement forcé de croire ou d'obéir à l'autorité, qui n'est
que la raison générale ; on conçoit que cette raison
est nécessairement infaillible, et on trouve ainsi une
règle certaine de vérité pour la raison individuelle.

Car on voit qu'en créant le premier homme, Dieu
a dû lui donner « tout ce qui lui étoit nécessaire pour
» se conserver et se perpétuer comme être intelligent
» aussi-bien que comme être physique ; donc la
» pensée, donc la vérité, donc la parole, nécessaire
» au moins pour communiquer la pensée et trans-
» mettre la vérité, noble héritage de vie substitué
» à toutes les générations humaines : et cette première
» révélation, en nous expliquant notre existence,
» incompréhensible sans elle, explique encore notre
» intelligence, et nous en montre le fondement dans
» les vérités essentielles reçues à l'origine, et invin-
» ciblement crues sur le témoignage de Dieu, dont
» l'autorité devient ainsi la base de la certitude, et
» la raison de notre raison (2). »

---

(1) *Essai*, tom. II, pag. 76.
(2) *Ibid*, tom. II, pag. 81, 82.

On voit que, comme Dieu communique et conserve maintenant la vie du corps par la société, il communique et conserve de même par la société la vie de l'intelligence, la vérité ; que, « comme Dieu parla au
» premier père, le père parle à l'enfant, et l'enfant
» croit au témoignage du père comme le père origi-
» nairement a cru au témoignage de Dieu : et ici
» encore il y a union, société, parce qu'il y a connois-
» sance, amour des mêmes vérités, et soumission à
» l'ordre qui en dérive. Ainsi, et toujours selon la
» même loi, se forme la raison de la famille, la raison
» des peuples, la raison du genre humain, dont le
» témoignage devient l'infaillible garantie des tradi-
» tions primitives qu'il conserve, et qu'il ne pourroit
» perdre sans perdre en même temps la parole, la
» pensée, la vie.

» L'autorité est donc tout ensemble l'unique fon-
» dement de vérité, et l'unique moyen d'ordre ou de
» bonheur. L'obéissance de l'esprit à l'autorité s'ap-
» pelle foi ; l'obéissance de la volonté, vertu : toute
» société est dans ces deux choses. Ainsi le genre hu-
» main, comme l'enfant et plus que l'enfant, a sa foi,
» qui est toute sa raison ; et il a sa conscience, ou le
» sentiment, l'amour des vérités qu'il connoît par la
» foi : et la foi au témoignage du genre humain est la
» plus haute certitude de l'homme, comme la foi au
» témoignage de Dieu est la certitude du genre hu-
» main (1). »

-----

(1) *Essai*, tom. II, pag. 85, 86.

Comme personne n'a critiqué, que tout le monde, au contraire, a admiré les chapitres XIV et XV d'où j'ai tiré ces développemens de la doctrine de M. de La Mennais, je vous engage à les y lire vous-mêmes plus au long.

Je n'ajouterai plus qu'une remarque pour la consolation de certaines gens, qui, à ce qu'on assure, sont presque scandalisés de ce que M. de La Mennais soit le seul ou le premier qui ait découvert l'unique moyen de certitude; car je crois pouvoir les assurer qu'il n'est ni le seul ni le premier, et que long-temps avant lui un auteur bien célèbre a professé dans ses écrits et suivi dans sa conduite les mêmes principes. En effet, saint Augustin a fait un livre *De l'utilité de croire*, qu'il auroit pu intituler aussi bien *De la nécessité de croire*, dans lequel il établit les mêmes vérités et dans le même ordre que M. de La Mennais dans son deuxième volume : l'insuffisance de la raison, la nécessité de la foi, et sa certitude.

« Rien n'est plus facile, commence-t-il par dire à son ami *Honoratus*, non seulement de dire, mais encore de vous faire accroire qu'on a trouvé la vérité, tandis que c'est réellement une chose très difficile, comme j'espère vous le montrer par cet écrit. Vous savez, continue-t-il, que la seule cause qui m'éloigna de la foi catholique, comme d'une superstition, et nous fit donner tous deux dans le parti des manichéens, c'étoient les pompeuses promesses qu'ils nous faisoient de nous garantir de toute erreur, et de nous conduire à la vérité par la raison seule, sans nous imposer le joug effrayant de l'autorité. Mais, après les avoir écoutés avec beaucoup d'attention pendant neuf ans, je reconnus qu'ils étoient plus éloquens à disserter, chose facile, sur les erreurs de quelques catholiques ignorans, que capables d'établir eux-mêmes aucune vérité. Cela est si vrai que, quand, au milieu de leurs déclamations contre les catholiques, ils avançoient quelque principe de leur secte, nous nous persuadions que, faute de mieux, il falloit, par nécessité, nous en tenir là (1). »

Il ajoute « qu'après avoir désespéré quelquefois avec les académiciens de jamais trouver cette vérité, objet de tous ses désirs, il y avoit été ramené par la FOI, en faisant réflexion que l'intelligence de l'homme étoit trop pénétrante et trop active pour être condamnée à l'ignorer toujours; que, si elle n'y parvenoit point, c'étoit faute d'un moyen sûr, et enfin que, pour être certain, ce moyen devoit se fonder sur une autorité divine (2).»

Et, pour le prouver, il suit la même marche que M. de La Mennais; il montre que les plus forts liens qui unissent les hommes entre eux, la piété filiale, la parenté, l'amitié, en un mot la société entière, se fondent sur la foi au témoignage, et que, si on ne vouloit croire que ce que la raison comprend, il n'y auroit plus de société possible (3). De là il conclut que la so-

____

(1) *Oper. sancti Augustini* tom. VIII, pag. 45, 46, 47, *edit. Benedict.*

(2) *Ibid.*, page 37.

(3) *Ibid.*, pag. 62 et 63.

ciété des hommes, le genre humain, reposant tout
entier sur la foi humaine, il étoit convenable et naturel que la société des chrétiens, l'Église, reposât sur
la foi divine, et finalement que la foi étoit la seule voie
sûre. « Car, dit-il (1), quelque esprit que nous ayons,
si Dieu ne nous aide, nous rampons à terre; et Dieu
ne nous aidera qu'autant qu'en cherchant la vérité suprême nous ne nous isolerons point de la société des
autres hommes : *Cujusmodi enim libet excellant inge-
nia, nisi Deus adsit, humi repunt. Tunc autem adest,
si societatis humanœ in Deum tendentibus cura sit.* Voilà,
conclut-il, le moyen le plus sûr qui puisse se trouver.
Pour moi, je ne puis resister à ces raisons; car comment pourrois-je dire qu'il ne faut croire que ce que
l'on comprend, puisqu'il n'y auroit aucune amitié ni
aucun lien de parenté si on ne croyoit certaines choses
qui ne peuvent être démontrées par la raison? »

Il est vrai qu'il dit dans le même livre : *Quod intel-
ligimus, debemus rationi; quod credimus, auctoritati :*
c'est-à-dire : Ce que nous comprenons, nous le devons
à la raison ; ce que nous croyons, à l'autorité. Mais
il ajoute aussitôt que celui-là même qui comprend ne
laisse pas de croire, comme les bienheureux qui
croient à la vérité elle-même ; tandis que ceux qui
l'aiment et la cherchent ici-bas croient à l'autorité :
*Invenimus primum beatorum genus ipsi veritati credere;
secundum autem studiosorum amatorumque veritatis,
auctoritati.*

____

(1) *Oper. sancti Augustini* tom. VIII, pag. 60 et 61, *edit. Benedict.*

LETTRE

A M. LE RÉDACTEUR DU DÉFENSEUR.

Monsieur,

Ayant lu dans un des numéros du *Défenseur* que vous vouliez bien accueillir tout ce qui peut tendre à éclaircir les difficultés que l'on fait de toutes parts contre le deuxième volume de M. de La Mennais, je prends la liberté de vous envoyer aussi le résultat de mes réflexions sur cet ouvrage. Le déchaînement contre M. de La Mennais a été poussé à un tel point, que j'ai entendu dire que, si sa doctrine venoit à prévaloir, c'en étoit fait de la religion, de la société, et que le monde moral tomberoit infailliblement dans le chaos. On est allé même jusqu'à vouloir défendre la lecture de son livre aux jeunes gens. Ce qu'il y a de plus déplorable, c'est qu'on a entendu pousser ces cris, non seulement par des hommes que leur impiété bien connue trahit suffisamment, mais encore, chose étonnante ! par des hommes bien pensans, droits, et qui d'ailleurs ne manquent ni de connoissances ni d'esprit, et qui font profession de défendre la religion. C'est à ces derniers seulement qu'il faut s'adresser ; ils n'ont besoin que d'être éclairés sur le véritable sens de M. de La Mennais. Une fois détrompés, ils reviendront facilement de leurs préventions, et finiront par rendre justice à un ouvrage dont les principes ne pourroient être universellement méconnus sans que la religion et la société tout entière ne fussent ébranlées jusque dans leurs fondemens.

J'ai cru, Monsieur, qu'une analyse courte, simple et toute nue, pour ainsi dire, du premier chapitre, seroit le moyen le plus propre pour en faciliter l'intelligence, ainsi que du reste de l'ouvrage. M. de La Mennais, dans son premier volume, a poussé les ennemis de l'autorité, quels qu'ils soient, jusqu'à l'athéisme. C'est là qu'il les saisit dans son premier chapitre du deuxième volume, et les presse avec tant de vigueur qu'il les réduit à *expirer dans le vide,* ou à consentir enfin à *vivre de foi.* La force de leurs principes les contraint à douter de tout, à douter d'eux-mêmes; dernier excès *où finit la raison humaine,* comme l'a dit M. de Bonald.

Celui qui ne veut rien croire que d'après sa *raison* particulière, pour être conséquent ne doit rien admettre sans une démonstration ou une preuve qui lui donne une certitude vraiment *rationnelle.* Or il sera à jamais impossible à l'homme *isolé,* abandonné à sa raison particulière, ou à l'*athée,* de parvenir à cette certitude *rationnelle.* Il ne pourroit l'acquérir que par ses sens, le sentiment et le raisonnement. Vains efforts ! Je somme d'abord l'athée de me prouver, par sa *raison,* qu'il existe un rapport nécessaire entre ses sensations et la réalité des objets extérieurs; je lui demande une preuve purement *rationnelle* de l'existence des corps, et le voilà réduit aussitôt à l'impuissance d'articuler un seul mot : le voilà forcé d'avouer que sa raison ne lui dit rien là-dessus ; et que s'il croit l'existence des objets qui nous environnent, c'est une contradiction évidente à ses principes, ou un acte de *foi* aussi réel, aussi positif que celui par lequel nous croyons les mystères de la religion.

En vain voudra-t-il se rattacher au sentiment ou à l'évidence : ce moyen de certitude lui échappe comme le premier, cette seule question va le lui enlever sans retour. La matière dont vous êtes uniquement formé (car pour une âme, vous ne pouvez point en avoir dans votre système), cette matière, dis-je, n'a-t-elle pas pu être organisée par l'aveugle hasard, de manière que vous preniez pour vrai ce qui est faux, et pour faux ce qui est vrai ? Prouvez-moi *rationnellement* que cette supposition est impossible. Et si vous n'avez point une certitude *rationnelle* de son impossibilité, à quoi vous servira votre sentiment ou l'évidence que vous prétendez avoir ? Si enfin je vous demande la *raison* pour laquelle vous admettez une vérité comme évidente, que répondrez-vous ? Quelle preuve rationnelle donnerez-vous de la légitimité de votre assentiment à cette vérité ?

Il ne reste plus à l'athée que le raisonnement. Mais le raisonnement supposant les idées, et l'athée, comme nous venons de le voir, ne pouvant s'assurer *rationnellement* de la vérité d'aucune d'entre elles, quelle lumière son raisonnement fera-t-il jaillir de cet abîme de ténèbres? Les principes d'où il voudra partir étant incertains, comment pourra-t-il en tirer des conséquences certaines? Quelle preuve *rationnelle* donnera-t-il d'ailleurs qu'il y a un rapport nécessaire entre les opérations de son *cerveau* et la réalité des choses? Ne retombera-t-il pas d'aplomb dans toutes ses perplexités et dans ce doute effrayant dont il essayoit de sortir?

Ainsi donc l'homme *isolé*, l'athée, ne peut s'assurer *rationnellement* de rien, ne peut pas dire, avec une certitude *rationnelle*, *je pense*, ne peut pas dire *je suis*, ne peut pas dire *donc*, ou *rien affirmer par voie de conséquence*. Poussé jusqu'au pyrrhonisme par ses principes, voudra-t-il, en désespéré, prendre le parti de s'y tenir; il ne le peut sans se détruire lui-même, *et il y a en lui quelque chose qui résiste invinciblement à la destruction*. D'un autre côté, tandis que je le force de convenir qu'en se tenant à sa raison particulière il n'est certain de rien, quelque chose de plus fort que ses principes le pousse invinciblement à croire mille et mille vérités, et le met dans l'impossibilité de les révoquer en doute. État malheureux d'une intelligence qui s'est détournée de la source de la lumière, en se séparant volontairement de la société de Dieu et de ses semblables! Mais comment ressaisira-t-il donc cette certitude qu'il a perdue? Nul autre moyen que de recourir au principe dont l'oubli et le mépris l'ont plongé dans le scepticisme. Ce principe, c'est l'autorité : en secouant son joug, il est descendu jusqu'au fond de l'abîme; pour en sortir, il fant qu'il implore cette autorité salutaire et qu'il se jette entre ses bras.

17.

Chercher ailleurs la certitude, c'est *explorer le néant.*
Or cette autorité, c'est la *raison générale* , ou la raison
même de Dieu, *manifestée par le témoignage ou par la
parole;* autorité, par conséquent, qui nous donne,
non la certitude *rationnelle* que cherche vainement
l'orgueilleux, mais une certitude infinie comme la
certitude de Dieu même.

Ainsi la logique de M. de La Mennais a poussé ,
dans son premier volume , les ennemis de l'autorité
jusqu'à l'athéisme ; dans son deuxième, il les plonge
dans le pyrrhonisme *rationnel* et leur fait voir qu'ils
n'ont aucun moyen d'en sortir qu'en reconnoissant
l'autorité qu'ils avoient méprisée.

Cette manière de venger la religion des attaques de
ses ennemis n'est pas nouvelle ; d'autres écrivains l'ont
employée avant M. de La Mennais. Bergier s'en sert
dans le discours préliminaire de son grand *Traité de
la Religion.* On peut voir aussi *la Religion vengée de
l'incrédulité*, par M. Lefranc de Pompignan ; sans en
nommer un grand nombre d'autres. Mais personne
jusqu'ici n'avoit présenté cette preuve dans un aussi
beau jour que M. de La Mennais.

J'ai l'honneur d'être, etc.

B., professeur de théologie au séminaire de N.

Extrait de la quarante-deuxième livraison du
DÉFENSEUR.

La seconde lettre que nous avons annoncée nous a
été adressée par M. l'abbé F...., aussi professeur de
théologie au même séminaire. « Je désire, » nous dit-il
avec une candeur qui fait également honneur à son
cœur et à son esprit, « qu'il vous soit possible de pu-
» blier dans le *Défenseur* les réflexions que je vous
» envoie sur le second volume de l'*Essai ;* et je vous
» le demande comme une sorte d'expiation pour la
» faute de l'avoir lu d'abord trop précipitamment, et
» de m'être un moment rangé au nombre des adver-
» saires de son respectable auteur. Aujourd'hui que
» j'ai enfin la satisfaction de le comprendre, je pense
» qu'il pourra n'être pas inutile, pour ramener beau-
» coup de lecteurs qui peut-être ont lu et jugé comme
» moi trop légèrement, de faire savoir qu'une per-
» sonne qui, dans le principe, avoit rejeté et combattu
» cette doctrine, la reconnoît aujourd'hui comme
» vraie, et admire la manière dont M. l'abbé de La
» Mennais a su la présenter. »

Les raisonnemens dans lesquels entre ensuite M. l'abbé F..., diffèrent peu de ceux que contient la lettre
précédente : nous nous bornerons donc à en extraire
le passage suivant, qui traite du scepticisme absolu,
dans lequel doit nécessairement et progressivement
tomber celui qui rejette la raison générale pour ne
suivre d'autre guide que sa raison individuelle.

« Si l'on objecte, dit-il, que l'hérétique, le déiste,
» l'athée, n'en viennent jamais, par le fait, à ne rien
» croire absolument, je l'avoue, parce que, dit
» Pascal, la nature confond le pyrrhonien, et empêche
» l'homme d'extravaguer à ce point. Mais qu'importe,
» s'ils y sont néanmoins conduits par le raisonne-
» ment; si les principes qu'ils se sont faits les forcent
» de dévorer ces absurdités, et si on leur prouve qu'il
» ne leur reste absolument aucun moyen d'acquérir
» la *certitude rationnelle*, que de s'attacher à la
» croyance commune du genre humain, et de faire
» un acte de foi de toutes les vérités qu'il croit néces-
» sairement? La seule différence qu'il y a alors entre
» eux et celui qui, croyant à l'autorité générale,
» remonte par elle jusqu'à Dieu, source de toute
» raison et raison de toute autorité, c'est qu'ils obéis-
» sent *en esclaves* à cette même autorité à laquelle
» l'homme *qui a la foi* se soumet librement.

» Le second volume de l'*Essai* me semble donc la
» continuation nécessaire du premier, » etc.

LETTRE

A M. L'ABBÉ DE LA MENNAIS,

PAR M. R...

Comme j'ai appris que vous vous occcupez d'écrire une défense de la doctrine que vous avez établie dans le deuxième volume de votre *Essai*, permettez-moi de vous communiquer quelques réflexions nouvelles que m'a fait naître l'opposition inconcevable que votre livre éprouve de la part de quelques personnes. J'appelle cette opposition inconcevable, parce que plus je pense à ce que vous établissez dans votre deuxième volume, plus je suis convaincu que votre doctrine n'est que la doctrine simple, naturelle et incontestable du sens commun ; car voici comme je pense qu'on peut la résumer en quelques lignes : « Je crois le sens
» commun dans les choses humaines, comme je crois
» l'Église catholique dans les choses divines, parce
» que le sens commun et l'Église catholique sont au
» fond cette même *lumière qui luit dans ce monde et*
» *qui éclaire tout homme venant en ce monde.* Et si,
» dans les choses humaines, vous ne croyez pas le
» sens commun, qui est l'autorité du genre humain,
» vous n'avez plus aucun principe de raison ni de cer-
» titude, et vous tombez nécessairement dans un état

» qui n'a point de sens, dans un doute absolu et irré-
» médiable : de même que si, dans les choses divines,
» vous ne croyez pas à l'autorité de l'Église catholi-
» que, qui est le sens commun des chrétiens, vous
» n'avez plus aucune règle de foi, et vous tombez
» nécessairement dans un état où il n'y a plus ni foi
» ni croyance, ni certitude ni raison. »

Telle est la doctrine que je découvre à toutes les pages de votre second volume; mais particulièrement à la page 20, où vous dites : « Dès qu'on veut que » toutes les croyances reposent sur des démonstrations, » l'on est directement conduit au pyrrhonisme. Or le » pyrrhonisme parfait, s'il étoit possible d'y arriver, » ne seroit qu'une parfaite folie, une maladie destruc- » tive de l'espèce humaine. De là vient que le même » sentiment qui nous attache à l'existence nous force » de croire et d'agir conformément à ce que nous » croyons. Il se forme, malgré nous, dans notre en- » tendement, une série de vérités inébranlables au » doute, soit que nous les ayons acquises par les sens » ou par quelque autre voie. De cet ordre sont toutes » les vérités nécessaires à notre conservation, toutes » les vérités sur lesquelles se fonde le commerce ordi- » naire de la vie, et la pratique des arts et des métiers » indispensables. Nous croyons invinciblement qu'il » existe des corps doués de certaines propriétés, qu'en » confiant des semences à la terre elle nous rendra des » moissons. Qui jamais douta de ces choses, et de » mille autres semblables?

» Dans un ordre différent, nous ne doutons pas

» davantage d'une multitude de vérités que la science
» constate ; et c'est cette impuissance de douter, ou
» du moins, si l'on doute, l'assurance d'être déclaré
» fou, ignorant, inepte, par les autres hommes, qui
» constitue toute la certitude humaine. Le consente-
» ment commun, *sensus communis*, est pour nous le
» sceau de la vérité ; il n'y en a point d'autre. »

On vous reproche de détruire la raison, et par con-
tre-coup la religion même, parce que vous montrez
que la raison de l'individu est fautive, et qu'elle a besoin
de se régler sur une raison plus droite et immuable.
Mais qu'on fasse donc alors les mêmes reproches à
celui qui s'écrie : « O vérité, ô lumière, ô vie, quand
» vous verrai-je ? quand vous connoîtrai-je ? Connois-
» sons-nous la vérité parmi les ténèbres qui nous en-
» vironnent ? Hélas ! durant ces jours de ténèbres,
» nous en voyons luire de temps en temps quelque
» rayon imparfait : aussi notre raison incertaine ne
» sait à quoi s'attacher, ni à quoi se prendre parmi
» ces ombres. Si elle se contente de suivre ses sens,
» elle n'aperçoit que l'écorce ; si elle s'engage plus
» avant, sa propre subtilité la confond. Les plus doc-
» tes, à chaque pas, ne sont-ils pas contraints de de-
» meurer court ? Ou ils évitent les difficultés, ou ils
» dissimulent et font bonne mine ; ou ils hasardent ce
» qui leur vient sans le bien entendre, ou ils se trom-
» pent visiblement et succombent sous le faix.

» Dans les affaires même du monde, à peine la
» vérité est-elle connue. Que ferai-je donc ? où me
» tournerai-je, assiégé de toutes parts par l'opinion ou

» par l'erreur ? Je me défie des autres , et je n'ose
» croire moi-même mes propres lumières. A peine
» crois-je voir ce que je vois et tenir ce que je tiens,
» tant j'ai trouvé souvent ma raison fautive.

» Ah ! j'ai trouvé un remède pour me garantir de
» l'erreur. Je suspendrai mon esprit; et, retenant en
» arrêt sa mobilité indiscrète et précipitée, je douterai
» du moins s'il ne m'est pas permis de connoître au
» vrai les choses. Mais, ô Dieu, quelle foiblesse et
» quelle misère ! de crainte de tomber, je n'ose sortir
» de ma place ni me remuer. Triste et misérable refuge
» contre l'erreur, d'être contraint de se plonger dans
» l'incertitude et de désespérer de la vérité (1). »

Qu'on fasse donc aussi les mêmes reproches à Bossuet, qu'on lui dise donc aussi avec aigreur qu'il
est pyrrhonien, qu'il détruit toute certitude, car c'est
Bossuet qui dit tout cela devant Louis XIV, au siècle
des vraies lumières : c'est Bossuet qui dit que si
notre raison se contente de suivre les sens, elle n'a-
perçoit que l'écorce : c'est Bossuet qui dit que si
elle s'engage plus avant, sa propre subtilité la confond : c'est Bossuet qui dit que les plus habiles sont
contraints à chaque pas de demeurer court, et que ceux
qui n'en conviennent pas en imposent, ou ne savent
ce qu'ils disent : c'est Bossuet qui dit qu'à peine croit-il
voir ce qu'il voit et tenir ce qu'il tient, tant il a trouvé
souvent sa raison fautive : c'est Bossuet qui dit que

---

(1) *Bossuet*, troisième Sermon pour la fête de tous les Saints,
prêché devant le roi; tom. II , pag. 69 , *édit. de Versailles.*

notre raison, laissée à elle seule, n'a d'autre refuge contre l'erreur que l'incertitude et le doute; doute insupportable et impossible, puisqu'il ne permettroit ni de sortir de sa place ni même de remuer. Qu'on adresse donc aussi à Bossuet les reproches, les critiques, les censures, qu'on a lancés contre le treizième chapitre de l'*Essai*, puisque ce chapitre tant critiqué, tant censuré, n'est que la paraphrase exacte d'une page de l'aigle de Meaux.

Une des causes qui me paroissent le plus indisposer contre votre doctrine certaines personnes, c'est qu'elles prennent leur raison pour la raison, et qu'elles regardent en conséquence comme des attaques et des insultes à la raison même, ce que vous dites simplement de leur raison particulière. Cependant vous avez eu grand soin de distinguer la raison de l'individu de la raison générale, ou de la raison par excellence. La raison individuelle est variable, fautive; la raison générale, ou simplement la raison, est éternelle, immuable, infaillible, comme étant quelque chose de Dieu, ou plutôt Dieu même.

Et puisque la raison générale est infaillible, elle est donc la règle de chaque raison individuelle, et le fondement de toute certitude humaine. Il ne sera pas sans intérêt de voir comment cette règle est appliquée à chaque espèce de certitude par un habile et savant apologiste de la religion, Bergier, qui, ayant à combattre corps à corps les ennemis de la foi, ne pouvoit pas, suivant l'expression de Bossuet, éviter les difficultés, ou dissimuler et faire bonne mine, mais étoit obligé, pour lutter avec avantage contre ses innombrables adversaires, de s'appuyer continuellement sur la vraie et unique base de toute certitude, de toute raison, de toute philosophie. Voici donc ce qu'il dit sur les trois espèces de certitude, en traitant cette matière *ex professo*, dans son *Traité de la vraie Religion*, tome IV.

« La certitude métaphysique est fondée sur la
» liaison intime de nos idées clairement aperçues, ou
» sur le sentiment intime. Nous savons, par exemple,
» avec une certitude métaphysique, qu'il est impos-
» sible qu'une chose soit et ne soit pas en même
» temps, qu'il ne peut y avoir d'effet sans cause, que
» le tout est plus grand que sa partie, etc. Les axiomes
» des mathématiques, concernant les propriétés des
» nombres et de l'étendue, sont de même espèce.
» Ainsi nous sommes certains que la ligne droite est
» la plus courte; que les trois angles du triangle sont
» égaux à deux droits. Toutes ces propositions évi-
» dentes, et les conséquences immédiates qu'on en
» tire par un raisonnement simple, sont également
» certaines. Je dis les *conséquences immédiates* : il
» n'en est pas ainsi des conséquences éloignées, qui
» ne peuvent être déduites que par une longue chaîne
» de propositions et de raisonnemens; celles-ci sont
» souvent incertaines et fautives : souvent les géo-
» mètres se disputent sur les conséquences, souvent
» ils prétendent avoir des démonstrations pour et
» contre le même problème. A quelle épreuve faut-il
» donc mettre ces démonstrations prétendues? C'est

» de voir si elles font la même impression sur tous les
» hommes capables de les comprendre ; alors il est
» impossible qu'elles soient fausses. *Ainsi, en dernière*
» *analyse, la certitude métaphysique se réduit, aussi-*
» *bien que les autres, au dictamen du sens commun* (1).

» Une des plus folles prétentions des sceptiques est
» de supposer que nous ne devons croire que ce qui
» est démontré par le raisonnement. Fausse maxime.
» Ce seroit rendre tout raisonnement impossible.
» Tout raisonnement démonstratif doit porter sur
» deux propositions évidentes par elles-mêmes ; au-
» trement elles auroient besoin d'être prouvées par un
» second raisonnement, celui-ci par un troisième, et
» ainsi à l'infini. Or il est absurde de mettre en ques-
» tion une proposition évidente par elle-même, une
» première vérité. On doit regarder comme telle
» toute proposition qu'il est impossible de prouver ou
» de combattre par une autre plus claire et plus évi-
» dente. Si l'on ne s'en tient pas à cet axiome, tout
» raisonnement, toutes disputes sont absurdes et ri-
» dicules. Nous sommes déterminés à croire ces vé-
» rités, non en vertu d'aucune preuve, puisqu'elles
» n'en sont pas susceptibles, mais en vertu du *sens com-*
» *mun,* ou du penchant invincible qui porte l'homme
» à croire ce qui est vrai : résister à ce penchant na-
» turel, sans lequel le genre humain ne pourroit
» subsister, ce n'est plus philosophie, c'est vanité pué-
» rile et démence pure (2).

___

(1) Pag. 461 et suivantes.
(2) Pag. 465, 466.

» La certitude physique est fondée sur le témoi-
» gnage de nos sens, et sur l'ordre constant de la na-
» ture. Nous ajoutons foi à nos sens, non en vertu
» d'aucun raisonnement, mais par une détermination
» irrésistible de la nature, qui a fait dépendre notre
» conservation de la confiance que nous donnons à
» nos sensations. Les sens ne nous trompent point,
» lorsque nous nous en servons avec les précautions
» que la raison et l'expérience nous suggèrent, lors-
» que leur témoignage est réuni et souvent réitéré,
» lorsque *son résultat est le même à l'égard de tous les*
» *hommes,* lorsque l'objet est suffisamment à portée
» des sens. Ainsi (page 488) nous pouvons rectifier
» l'erreur d'un sens par l'application des autres, et
» en comparant nos sensations *avec celles des autres*
» *hommes.* La certitude physique porte donc sur le
» même principe que la certitude métaphysique (1).

» L'auteur anglois de l'*Essai sur la Vérité* a eu rai-
» son de reprocher à *Descartes* qu'il bâtissoit toute sa
» philosophie sur une pétition de principe, lorsqu'il
» vouloit prouver la véracité de nos facultés ; parce
» que c'est un Dieu sage et bon qui nous les a don-
» nées. En effet, pour démontrer l'existence de Dieu,
» selon Descartes, il faut commencer par raisonner :
» mais que prouvera le raisonnement, si nous ne
» sommes pas déjà convaincus que notre faculté de
» raisonner n'est point fautive ?

» Nous ne tombons pas ici dans le même inconvé-

---

(1) Pag. 473 et suivantes.

» nient. Pour donner notre confiance au sentiment
» intérieur et au témoignage des sens, il suffit d'avoir
» le *sens commun;* nous n'avons pas besoin d'autre
» preuve (1).

» La certitude morale est fondée sur le témoignage
» des hommes, c'est-à-dire, *sur leur accord et leur*
» *sens commun;* elle a pour objet les faits, aussi-bien
» que la certitude physique (2). Tous les liens de la
» société humaine, nos devoirs les plus sacrés, nos
» intérêts les plus chers, portent sur des faits. Le
» gouvernement des États, la force des lois, les en-
» gagemens mutuels, ne sont appuyés que sur la cer-
» titude morale. Si ce guide n'étoit pas infaillible,
» plus de confiance, plus d'intérêt commun, plus de
» liaisons réciproques; la société ne tarderoit pas à se
» dissoudre, et le genre humain de périr (3). »

Donc, en dernière analyse, le sens commun est,
selon Bergier, la règle souveraine de toute espèce de
certitude; donc, en dernière analyse, le sens commun
est l'unique fondement de la raison, de la vraie philosophie et de la société humaine ; donc, en dernière
analyse, c'est la foi au sens commun, et cette foi
seule, qui sauve la raison de l'homme d'un scepticisme
universel, et la société des hommes d'une complète
anarchie.

J'ai dit, en commençant, que la doctrine que vous
défendez pouvoit se réduire à cette espèce de symbole:

----

(1) Pag. 493.
(2) Pag. 515.
(3) Pag. 520.

« Je crois le sens commun dans les choses humaines, comme je crois l'Église catholique dans les choses divines, parce que le sens commun et l'Église catholique sont au fond cette même *lumière qui luit en ce monde et qui illumine tout homme.* » En effet, qu'on rapproche de ce que Bergier dit avec vous de la règle fondamentale de toute certitude ; qu'on en rapproche, dis-je, et qu'on y compare la règle de foi, telle que l'explique *Vincent de Lérins* dans son *Avertissement*, et tous les catholiques après lui, et l'on verra que c'est absolument la même règle. « Ce que nous devons
» avoir le plus à cœur dans l'Église catholique, dit ce
» docte et judicieux auteur, c'est de nous attacher à
» ce qui a été cru en tous lieux, en tout temps et par
» tous ; car voilà ce qui est vraiment et proprement
» catholique ou universel, selon la force du nom
» même de catholique, qui signifie la presque totalité.
» Or nous parviendrons à ce but, si nous suivons
» l'universalité, l'antiquité, le consentement. *In ipsa*
» *item catholica Ecclesia magnopere curandum est ut id*
» *teneamus quod ubique, quod semper, quod ab omni-*
» *bus creditum est. Hoc est etenim vere proprieque ca-*
» *tholicum, quod ipsa vis nominis ratioque declarat quæ*
» *omnia fere universaliter comprehendit. Sed hoc ita*
» *demum fiet, si sequamur universalitatem, antiquita-*
» *tem, consensionem.* »

Ainsi le sentiment commun, la croyance commune des fidèles, et surtout des docteurs de tous les pays et de tous les siècles, voilà la règle de foi d'après Vincent de Lérins et les PP. de l'Église ; comme toutes les vérités que tout entendement aperçoit toujours les mêmes, ces premières notions, que tous les hommes ont également des mêmes choses, en un mot le sens commun est la règle de certitude et de raison.

Et de même que le sens commun, cette règle fondamentale de toute certitude, n'est autre chose que Dieu, raison suprême, *lumière éternelle qui illumine tout homme venant en ce monde,* et dont la marque extérieure et sensible est par conséquent cette illumination commune à tout homme; de même cette croyance commune aux chrétiens de tous les siècles et de tous les pays n'est autre chose que ce même Dieu, cette même lumière, cette même raison (λόγος), ce même verbe fait chair, qui a demeuré parmi nous plein de grâce et de vérité, et qui a promis d'être avec nous tous les jours, jusqu'à la fin du monde, pour nous enseigner sans cesse, par l'autorité la plus grande, les vérités éternelles qu'auparavant les ténèbres de l'homme n'avoient point comprises.

Quand j'ai dit que la règle de foi étoit la même que la règle de certitude, le sens commun, je n'ai fait que répéter ce qu'a dit Bergier il y a déjà plus de quarante ans, lorsque, s'étant fait cette demande, *Quelle est donc la règle de foi?* il répond : *Nous disons qu'elle est la même que la règle de la certitude morale*(1). Or nous avons vu que, d'après le même auteur, la certitude métaphysique, la certitude physique et la certitude morale se réduisent en dernière analyse au

---

(1) Tom. X, pag. 461.

dictamen du sens commun. Donc, selon Bergier, le sentiment commun est, non seulement la règle de toute certitude, mais encore la règle de foi; donc, selon Bergier, la règle de foi et la règle de certitude ne sont qu'une même règle,

Mais, si cela est ainsi, ne doit-on pas en conclure que la doctrine qui établit le sens commun comme la règle fondamentale de la certitude et de la raison de l'homme, bien loin d'ébranler la religion catholique, n'est au contraire que la base immuable, éternelle, de cette religion sainte, débarrassée de tous les vains systèmes qui la cachoient sous leurs échafaudages et leurs décombres, et montrée à nu dans son étendue sans bornes, appuyée sur la véracité de Dieu même, et soutenant avec une égale fermeté, et la religion et le monde, et la société des chrétiens et la société des hommes, et la foi et la raison; en un mot que cette doctrine n'est que le principe du catholicisme démontré réellement catholique, ou universel et commun à toute espèce de certitude et de connoissances?

Ne doit on pas en conclure; de plus, que, cette règle de certitude étant la même que la règle de foi, l'une ne détruit pas plus que l'autre la raison individuelle; qu'au contraire l'une et l'autre sont pour elle un même flambeau qui lui montre facilement et avec certitude un grand nombre de vérités nécessaires à savoir, et lui est, pour les autres moins à découvert, une règle toujours sûre à consulter? Mais aussi dès que cette même raison individuelle repousse la lumière de ce commun jour, non seulement elle ne peut plus distinguer d'une manière certaine les vérités un peu cachées, elle ne peut plus même s'assurer de celles qui se présentent comme d'elles - mêmes. Ainsi le catholique, qui prend pour règle le sentiment universel, voit facilement et avec certitude dans l'Écriture sainte les mystères de la Trinité, de l'incarnaiion et de la rédemption, la présence réelle et la nécessité de la grâce; parce que le sentiment commun des chrétiens est si clair, si évident là-dessus, qu'on n'a pas besoin de le consulter, mais qu'il saute, pour ainsi dire, aux yeux de tous ceux qui les ouvrent à la lumière : tandis que les hérétiques, qui préfèrent au sentiment commun leur sens privé, ne peuvent plus découvrir, dans la même Écriture, d'une manière constante et certaine, aucune vérité quelconque, pas même celles qu'ils appellent vaguement fondamentales, sans avoir jamais pu ni osé les définir avec précision. De même l'homme sensé, qui prend pour règle de ses jugemens le sens commun, voit facilement, et avec certitude, comme par lui seul, les vérités les plus importantes, telles que l'existence de Dieu, sa providence, l'immortalité de l'âme, la nécessité d'une autre vie ; parce que le sentiment commun du genre humain est aussi clair là-dessus que le grand jour : tandis que le philosophe, qui préfère au sens commun sa raison particulière, n'aperçoit plus que des ombres fugitives, ne peut plus retenir même ce qu'on appelle les premières vérités, ne trouve plus à quoi se prendre, ne voit enfin de refuge contre l'erreur qu'un doute impossible à la nature.

18.

Ne faut-il pas en conclure aussi que la raison n'est nullement opposée à la foi, ni la foi à la raison ? Car ce qu'on appelle communément raison n'est pour l'individu que l'assentiment, la soumission de son esprit, de sa raison particulière, à l'autorité du sens commun, que Bergier appelle la *raison par excellence* (1); et qui, d'après Bossuet et Fénelon, est quelque chose de Dieu, ou plutôt Dieu lui-même : comme ce qu'on appelle foi proprement dite n'est pour l'individu que l'assentiment, la soumission de son esprit, de sa raison particulière, à l'autorité de l'Église, au sens commun des chrétiens, qui n'est que la parole, le Verbe, la raison de Dieu enseignant toutes les nations par son Église, tous les jours, jusqu'à la fin du monde.

N'en faut-il pas conclure encore que la foi n'est pas une exception dans les connoissances des hommes, mais qu'elle est vraiment la règle catholique : la règle, le fondement unique et universel de toute certitude dans les choses divines et humaines ; en un mot que la foi est toute la science et toute la raison de l'homme, et que, comme il il n'y a qu'un Dieu, il n'y a aussi qu'une foi : un Dieu vérité-mère, si on peut ainsi parler ; une foi pour y parvenir : un Dieu, vérité suprême, lumière éternelle ; une foi pour discerner, d'une manière certaine, les rayons de cette lumière qui éclaire tout homme, des illusions par lesquelles notre raison particulière fautive s'éblouit souvent elle-même ?

____

(1) Tom. III, pag. 303 et 305.

N'en faut-il pas conclure, en outre, que quand les ennemis de la foi accusent le catholique de rejeter et de dégrader la raison, c'est une imposture et une calomnie : puisqu'au contraire c'est le catholique seul qui suit en tout le sens commun, la raison par excellence, qui est quelque chose de Dieu, ou plutôt Dieu lui-même ; tandis que tous les autres, au lieu de suivre la raison commune à tous les hommes et supérieure à eux, ne suivent que leur raison fautive, incertaine, foible et bornée? Le nom même de *catholique*, qui veut dire *universel*, indique un homme qui s'attache au sentiment commun, universel, de tous les pays et de tous les siècles ; tandis que le mot *hérétique*, qui veut dire *qui choisit*, dénote un homme qui, par un choix déraisonnable, préfère au sentiment commun, à la croyance universelle, son sens privé.

N'en faut-il pas conclure enfin que si on rejette une fois la règle du sens commun, du consentement universel, pour suivre de préférence son sens privé, sa raison particulière, la raison humaine n'a plus aucun appui, aucune règle sûre pour parvenir à aucune certitude, et qu'elle roulera par une conséquence nécessaire dans un chaos éternel de doutes, d'incertitudes et d'extravagances? Par conséquent dès qu'on rejette la foi catholique, le consentement universel des chrétiens, pour lui préférer son sens privé dans les choses divines, on ne peut plus dans les choses humaines réclamer le sens commun contre aucune erreur, aucune extravagance, aucune folie ; car si la raison individuelle est assez sûre d'elle-même pour

être une règle infaillible dans les choses divines, qui
semblent plus au-dessus d'elle, combien plus ne doit-
elle pas l'être dans les choses humaines qui paroissent
plus à sa portée ! Si, au contraire, elle est insuffisante
pour être toute seule une règle certaine, s'il lui faut
absolument recourir au sens commun dans les choses
le plus à sa portée, combien plus ne lui faudra-t-il pas
recourir au sentiment commun dans les choses divines,
qui naturellement la surpassent ! Donc tout homme
qui veut être conséquent, doit renoncer au sens
commun ou être catholique.

C'est la conclusion expresse que tiroit déjà Bergier,
t. I, p. 46, 50 et 53. « L'axiome sacré des protes-
» tans, des sociniens, des déistes, des athées, est
» que l'homme ne doit écouter que sa raison, ne se
» rendre qu'à l'évidence, rejeter tout ce qui lui
» paroît faux et absurde. *En conséquence*, les pro-
» testans ont dit : Nous ne devons croire que ce qui
» est expressément révélé dans l'Écriture, et c'est
» la raison qui en détermine le vrai sens. Les soci-
» niens ont répliqué : Donc nous ne devons croire
» révélé que ce qui est conforme à la raison. Les
» déistes ont conclu : Donc la raison suffit pour
» connoître la vérité sans révélation ; toute révéla-
» tion est inutile, par conséquent fausse. Les athées
» ont repris : Or ce que l'on dit de Dieu et des
» esprits est contraire à la raison, donc il ne faut ad-
» mettre que la matière. Les pyrrhoniens viennent
» fermer la marche, en disant : Le matérialisme ren-
» ferme plus d'absurdités et de contradictions que

» tous les autres systèmes, donc il ne faut en ad-
» mettre aucun.

» Ainsi le premier pas dans la carrière de l'erreur
» a conduit nos raisonneurs téméraires au dernier
» excès d'aveuglement ; ainsi la raison livrée à elle-
» même ne trouve plus de bornes où elle puisse s'ar-
» rêter, elle est entraînée, par le fil des consé-
» quences, beaucoup plus loin qu'elle n'avoit prévu.
» Tout homme qui a suivi la naissance et le progrès
» des différentes opinions est convaincu qu'entre la
» vérité établie de la main de Dieu et le pyrrho-
» nisme absolu il n'y a point de milieu où l'esprit
» humain puisse demeurer ferme. Quiconque se
» pique de raisonner doit être chrétien catholique,
» ou entièrement incrédule et pyrrhonien dans
» toute la rigueur du terme. » C'est-à-dire que quiconque se pique de raisonner doit suivre en tout le
sens commun, la raison par excellence, avec les catholiques, ou y renoncer tout-à-fait avec les fous et
les incrédules.

———

LETTRE

A MONSIEUR L'ÉDITEUR DU DÉFENSEUR.

Ornans, le 29 janvier 1821.

MONSIEUR,

Dans le troisième numéro du quatrième volume du *Défenseur* vous nous annoncez que vous ne parlerez plus de l'*Essai sur l'Indifférence*, et que vous en laissez désormais la défense à son auteur, puisqu'on a pris le parti de l'attaquer par des livres, et, pour ainsi dire, en bataille rangée. Mon intention n'est pas de combattre votre résolution, mais je voudrois au moins vous demander une petite exception en ma faveur. J'ai toujours été très partisan du *sens commun*, comme unique motif de la certitude raisonnée et même de la certitude de fait, et j'ai cent fois prouvé aux *opposans*, qu'ils n'avoient pas lu le premier chapitre du second volume ni le troisième, ou qu'ils ne l'avoient pas compris. Mais c'est une terrible chose que le *préjugé*, surtout quand il a été puisé dans une chaire de philosophie ou de théologie. On crie chez nous, Monsieur, comme ailleurs, au *scandale*, au *pyrrhonisme*, à la *destruction de la religion* : le *poison gagne*, dit-on ; et en attendant que quelque champion ressuscité de la philosophie d'Aristote vienne prouver par son *sens intime*, par l'*évidence*, par les *sensations*, par le *raisonnement*, en un mot par les *quatre* moyens infaillibles d'acquérir la certitude, que M. de La Mennais *n'est qu'un rêveur insensé*, ce *poison* s'étend, à l'ombre d'un grand nom, à l'appui de grandes autorités. Enfin, un grand professeur de philosophie a bien voulu accorder : 1° que l'autorité du genre humain doit passer pour infaillible; 2° qu'elle accompagne toutes les vérités certaines : mais il ne veut pas qu'on rejette pour cela, ni le *sens intime*, ni l'*évidence*, ni les *sensations*, ni *surtout* le *raisonnement*. On pourroit voir une contradiction ou une chicane dans ses *raisonnemens* : mais il ne l'y reconnoît pas : donc elle n'y est pas.

Si vous trouvez, Monsieur, que les réflexions que je vous envoie puissent encore contribuer à l'éclaircissement des difficultés qu'on oppose à M. de La Mennais sans le comprendre, je serai bien aise de les voir insérées dans le *Défenseur*, parce que c'est le bon moyen de les répandre au loin; si vous en jugez autrement, je serai également bien aise de vous avoir fait connoître qu'il y a au fond des provinces les plus reculées des admirateurs et des partisans du *pyrrhonisme nouveau* de M. de La Mennais, qui cependant ne recommande rien tant que la *foi*, et même la foi la plus humble et la plus ferme.

I. *Différence entre les* moyens *de connoître et les*
motifs *de croire.*

Toutes les vérités, excepté celles qui sont immédiatement du ressort du *sens intime*, sont hors de
l'âme, puisqu'elles sont distinguées d'elle ; il faut
donc un *moyen* ou *milieu* par où ces vérités soient
communiquées à l'intelligence, afin qu'elle en acquière la connoissance : mais ce *moyen* ou *milieu* ne
peut transmettre à l'intelligence qu'une *image* ou une
idée qui n'est pas la vérité elle-même, mais seulement
sa *représentation ;* or on convient qu'il n'y a jamais
rapport et connexion nécessaire entre telle ou telle
idée ou *image* de l'âme et tel ou tel objet ou vérité
hors de l'âme. Effectivement, les *images* les plus distinctes et les plus claires sont souvent trompeuses : on
en convient ; et pourquoi n'en seroit-il pas de même
des *idées*, par rapport aux objets intellectuels? On
peut défier toute la philosophie et toute la théologie
scolastique de faire voir une différence raisonnable
entre le rapport des *images* au corps et des *idées* aux
choses insensibles. Il faut donc ajouter, aux *moyens*
qui nous apportent la *connoissance* des vérités, des
motifs ou raisons qui déterminent l'esprit à croire la
réalité extérieure des choses dont il a la *représentation*
intérieure.

Les *moyens* de connoître sont les *sens* ou organes
du corps, les *yeux*, les *oreilles*, etc., la *parole* et le
raisonnement, c'est-à-dire, en général, l'*attention*,

la *réflexion*, la *comparaison*, l'*abstraction*, etc. Les *motifs* de croire son la *révélation divine*, le *témoignage universel*, et, si l'on veut, l'*analogie ;* mais seulement dans les choses où elle est universellement admise.

Disons un mot du *sens intime*, de l'*évidence* et des *sensations*.

1° Le *sens intime* est la conscience des choses qui se passent dans l'âme ; or ce n'est pas un *motif* de juger, il ne porte jamais à juger. D'abord toutes les philosophies conviennent que ce n'est pas une raison de juger *de rebus in ordine ad se*, parce qu'il n'y a point de liaison nécessaire entre telle affection de l'âme et tel objet extérieur. Quant aux choses considérées *in ordine ad nos*, le *sens intime* ne *juge* pas ; et voilà pourquoi on ne dit jamais, on ne peut pas dire : *Je crois que je sens*, que je soufre, etc. Aussi celui qui dit je *souffre*, je *pense*, etc., ne prononce pas un *jugement*, mais il énonce un *fait* privé, dont lui seul est témoin, que personne ne peut contredire, mais qu'il ne lui est pas non plus possible de prouver à celui qui le nieroit.

Les *sentimens* intérieurs sont donc des *faits* et non des *jugemens ; faits* que la parole énonce, mais que les *actions* prouvent, et qui ne peuvent se démontrer euxmêmes. Quelle certitude, en effet, avez-vous, quand vous dites : *Je sens, puisque je sens ?* La première partie est vraie, si la seconde l'est ; mais c'est la question.

Une chose que l'on ne remarque pas assez, c'est que, dans l'énoncé d'un *sentiment* intérieur, il y a un *jugement* par lequel on prononce la ressemblance qu'on croit exister entre le *sentiment* qu'on éprouve et les *sentimens* que les autres ont éprouvés, et qu'ils ont appelés, par exemple, *douleur, joie, crainte,* etc. Or il est *évident* que ce jugement est fondé sur la *foi* des autres, puisqu'il est *exprimé par leurs paroles* et d'après leur témoignage *oral* et *pratique.*

2° L'évidence dans l'esprit est la *perception claire d'une chose;* or cette *perception* n'est pas un *motif* de juger *de rebus in ordine ad se :* 1° parce que c'est un vrai *sentiment intérieur,* une véritable *affection* de l'ame, et qu'il n'y a point de liaison entre une affection de notre ame et une vérité extérieure, comme on en convient ; 2° parce qu'on ne peut rien prouver à quelqu'un par cette raison qu'*on voit clairement,* puisque ce seroit imposer sa raison comme règle de croyance aux autres ; 3° parce qu'en disant *je crois fermement, puisque je vois clairement,* on suppose doublement la question, car on suppose : 1° qu'on voit, et même qu'on voit clairement ; 2° qu'une *vue claire* est infaillible, que nos perceptions sont essentiellement vraies : ce qui est précisément la question. A la vérité il faut qu'une chose soit, avant que d'être ni vue ni sentie : mais, 1° nous n'avons aucune vue immédiate du vrai ; nous ne voyons la vérité que dans son *idée* ou son *image :* c'est même ce que nous indique le mot *évidence (videre ex);* 2° la difficulté reste toujours de savoir s'il est bien vrai que nous voyons. Quels moyens d'ailleurs de distinguer l'*évidence réelle* de l'*évidence apparente?* L'*impression,* dit-on, qu'elles font sur nous : mais n'est-ce pas cette impression que l'on confond et qui cause l'erreur ?

3° **L'**évidence *objective*, qui consiste en ce qu'une vérité est manifestée, sensible, *mise en évidence*, dans les paroles et les actions humaines, exprimée dans tout ce qui nous environne, est un motif de juger ; mais c'est le *sens commun*. Aussi, si l'on veut bien y faire attention, quand on dit, à la fin d'une preuve : *Cela est évident,* le sens est celui-ci : *Cette vérité est crue et avouée de tout le monde.* Si c'est un autre sens, on dit une sottise, et l'adversaire a autant de droit de *nier* que vous d'affirmer.

4° Quant aux *sensations,* on convient : 1° que nous n'avons pas une certitude raisonnée de l'existence actuelle d'aucun corps en particulier, quoique nous y croyions sur le rapport de nos sens ; 2° que nous n'avons certitude que lorsque les sensations sont *uniformes, constantes* et *universelles :* donc la certitude ne résulte pas de la *sensation* (qui d'ailleurs est un *sentiment,* et ne peut faire juger *de rebus ad extra)*, mais des *conditions* de la sensation, et surtout de l'*universalité ;* on est donc encore ici d'accord avec nous.

Je ne dis rien du *raisonnement,* qui est fondé sur les mêmes *motifs* que le simple *jugement.*

II. *Différence entre la certitude de fait et la certitude de droit.*

1° La certitude de fait, c'est la croyance ferme et inébranlable d'une chose : cette certitude existe ; toutes les actions humaines en font foi : les pyrrhoniens seuls pourroient le nier.

2° La certitude de droit, c'est l'assurance démontrée que les·choses sont en elles-mêmes comme elles nous paroissent et comme nous les voyons.

Cette certitude ne peut se démontrer, parce que la vérité elle-même est *indémontrable,* puisqu'il seroit impossible de la prouver, que *par elle-même,* ou par *autre chose* qu'elle-même, c'est-à-dire, sans supposer la question ; d'ailleurs, pour *démontrer,* il faut des *principes* ou des *faits* convenus ou admis avant toute preuve.

Cela posé, voici le raisonnement de M. de La Mennais dans son premier chapitre : Il est de fait que tous les hommes croient invinciblement comme vraies une multitude de choses, et qu'il y en a beaucoup d'autres qu'ils ne croient qu'imparfaitement ; or on ne croit pas sans *motif,* et les *motifs* sont toujours proportionnés à la force de la croyance : donc il y a des motifs *certains* et d'autres qui ne le sont pas. Mais la *croyance* est un fait intérieur et privé, dont le *sens intime* est seul témoin : le sens intime seul peut constater, 1° si l'on croit avec assurance ; 2° quel est le motif qui donne cette assurance, quand on l'a : or, en me consultant, je sens que c'est la *vue* du *sentiment commun* qui me la donne, et que *je crois plus ou moins certainement,* suivant que *j'aperçois un consentement plus ou moins unanime;* en consultant les autres, il me semble, *je crois* (le sens intime m'en assure), que les autres sont déterminés par le même motif, et toute la prudence dans les choses de la vie consiste à discerner la plus ou moins grande autorité : donc le *sens commun* est le vrai, le dernier fondement de la certitude de fait... Que chacun se consulte avec bonne foi, dans le silence du préjugé et des passions ; et si le sens intime ne lui répond pas la même chose qu'à moi, je consens à passer pour un *rêveur insensé*... M. de La Mennais ne *nie* donc pas le *sens intime* ni l'*évidence;* il reconnoît l'*existence indémontrable* de l'un, et la *nécessité* de l'autre, puisqu'il ne peut y avoir croyance sans *connoissance* ou sans *perception :* mais autre chose est la *perception,* autre chose est le *motif* de croire à l'objet qu'on croit aperçu. Il ne nie pas non plus ni les *sens* ni les *sensations,* par la même raison.

Mais, dit-on, on ne connoît le *témoignage universel* que par les sens ; donc la certitude repose en dernier lieu sur les sens. D'autre part, les sens sont faillibles ; donc il n'y a point de certitude... Cet argument prouve très bien qu'on ne peut pas démontrer la certitude, et qu'il faut *croire* avant de raisonner ; ce n'est pas une *objection,* mais une *confirmation...* De plus, M. de La Mennais peut l'*omettre;* il a constaté un *fait,* mais il n'a pas entrepris de chercher ni l'origine ni la nature de ce fait.

L'argument fût-il insoluble, il ne prouveroit rien, puisque la connoissance de l'existence peut être certaine, avec l'ignorance de la nature et du *mode.* Mais comment sais-je que le *sens commun* est infaillible? Je sais, par le sens intime, qu'il me *force à croire* et qu'il me donne la *certitude de fait* ou le *fait de la certitude;* mais je ne peux pas démontrer *à priori* qu'il

soit infaillible. Seulement je crois que l'erreur n'é-
tant pas *croyable* de sa nature, elle ne peut subjuguer
tous les esprits à perpétuité, et que d'ailleurs l'auteur
de notre nature, si nous en reconnoissons un, ne
doit pas être présumé nous avoir condamnés à errer
universellement.

En dernière analyse, 1° a-t-on raison *avec* le *sens
commun?* 2° a-t-on raison *contre* le *sens commun?*
3° a-t-on raison *sans* le *sens commun?*

1° Qu'on ait toute la certitude qu'on peut raisonnablement demander, quand on est d'accord avec le
sens commun, qu'il soit prudent de s'y confier, qu'on
s'y confie réellement et dans le fait, c'est ce que personne ne nie; on n'ose pas d'ailleurs assurer que l'é-
vidence d'*un* soit préférable et plus *probable* que l'évidence de *tous.*

2° Que s'il arrivoit qu'un homme fût invinciblement porté à croire *contre* le *sens commun,* on le regarderoit, il se regarderoit lui-même, s'il étoit raisonnable, comme une intelligence viciée et un cerveau
malade; la plus grande présomption possible seroit
évidemment contre lui; tout le monde croiroit qu'il a
tort; il ne pourroit croire lui-même qu'il a raison ; il
seroit dans d'étranges perplexités. On n'a donc jamais
raison *contre* le *sens commun.*

3° Enfin, sans le témoignage universel *oral* et *pratique,* 1° il n'y a point de certitude réelle des *vérités
morales,* qui ne sont connues que par la *parole* et par
l'*analogie :* et plus les *conséquences* sont particulières,
moins elles sont certaines ; 2° il n'y a de certitude

physique qu'à l'appui du sens commun, comme nous l'avons vu. Quant aux choses particulières, qui ne peuvent avoir cet appui, elles peuvent être crues, mais sans certitude réelle, sans le sens commun. En général les vérités sont plus ou moins *importantes*, suivant qu'elles sont plus ou moins générales, soit dans l'ordre physique, soit dans l'ordre moral ; plus elles sont *importantes*, plus elles ont besoin d'être crues *fermement*, mais aussi plus elles sont universellement admises, *pratiquées*, *parlées*. *La croyance de chaque chose est proportionnée à son importance, à sa généralité et à l'universalité* plus ou moins grande de ceux qui l'admettent. J'abandonne ces dernières considérations à la sagacité des lecteurs.

Je suis avec une parfaite considération, Monsieur, votre très humble serviteur.

Doney, prêtre.

———————

LETTRE

A M. L'ABBÉ DE LA MENNAIS.

Monsieur,

J'ai lu avec tant de satisfaction le second volume de l'*Essai sur l'Indifférence*, que je ne résiste pas au désir de vous témoigner la reconnoissance que m'inspire ce nouveau présent que vous faites aux amis de la bonne philosophie. Quoique je n'aie pas l'honneur d'être connu de vous, je me flatte que vous ne dédaignerez point l'expression d'un sentiment qu'a fait naître la lecture de votre ouvrage.

Cependant l'apparition du deuxième volume a produit une autre sensation que celle dont fut accompagnée la naissance de son aîné. La doctrine que vous y développez sur la *certitude* n'entre pas facilement dans tous les esprits. Parmi les personnes instruites que j'ai vues, il en est plusieurs qui la rejettent comme insoutenable, ou qui la condamnent comme erronée.

J'ai cru remarquer, Monsieur, que cette opposition vient de ce que votre pensée n'a point été saisie. Je me suis même permis de le faire observer quelquefois, proposant ensuite mes idées sur cet objet. Je serois trop fier d'avoir rencontré juste : pour m'en assurer, permettez, Monsieur, que je vous expose ce que j'ai compris. Le voici en peu de mots.

Il y a deux sortes de certitudes, l'une rationnelle ou intrinsèque, l'autre extrinsèque ou d'*autorité*, et que j'appellerois volontiers *instinctive*.

Une intelligence ne peut vivre sans connoître la vérité; la vérité est son élément essentiel : il faut donc qu'elle puisse avoir de la vérité au moins l'une de ces deux espèces de certitudes.

La certitude rationnelle est inaccessible à l'homme, peut-être même à toute intelligence créée ; car l'homme, dans son état présent, ne peut rien démontrer par le fond des choses.

L'essence des êtres est un sanctuaire dont l'entrée lui est interdite. Il ne voit que les surfaces; l'*intime* des objets est impénétrable pour lui. Son sens intime, sa mémoire, ses sens, se bornent, chacun dans son langage, à lui raconter des faits; et sa raison n'a d'autre pouvoir que celui de combiner ces faits entre eux.

L'intelligence humaine ne peut donc prétendre qu'à la certitude d'*autorité;* puisque la certitude rationnelle ne lui appartient point, dans l'ordre actuel des choses.

Or ici l'autorité, c'est la même croyance dans nos semblables; laquelle est manifestée par les signes que le Créateur a établis pour cela. Ces signes sont la parole, les actions, la conduite habituelle, le silence même; le repos, etc.

Pour qu'une vérité soit certaine, il n'est point né-

cessaire que la croyance universelle du genre humain
la confirme, mais il suffit d'un plus ou moins grand
nombre de suffrages, selon l'importance de cette
vérité, et ici s'applique tout ce que l'on a dit de sensé
sur les conditions requises pour la validité du témoignage des hommes.

Pour qu'une croyance soit suffisamment connue,
il n'est pas non plus nécessaire que tous les signes
manifestatifs de la pensée concourent à la produire au
dehors. Qu'un seul la dévoile, et cela peut suffire.
S'il y avoit contradiction dans les signes, il faudroit
examiner; et ici encore reviennent les règles établies
pour discerner un témoignage vrai de celui qui ne l'est
pas.

Enfin on ne prétend point démontrer rationnellement que l'*autorité* est la base de la certitude; une
pareille démonstration nous est impossible. Mais nous
affirmons que l'autorité est le *criterium unique* de la
vérité, parce que nous sommes portés par un instinct
invincible à la regarder comme la seule garantie que
nous ayons de la vérité de nos jugemens individuels.

Mais, dit-on, cette théorie mène tout droit au
scepticisme absolu. Si l'on admet le principe qu'elle
avance, tout devient douteux, l'autorité elle-même,
mon intelligence, mes sensations, mon existence, etc.,
puisque l'autorité ne peut me démontrer ces objets.

Ainsi sous prétexte de donner une base solide à la
certitude, cette doctrine en ruine de fond en comble
tous les fondemens.

Ces difficultés ou plutôt ces scrupules portent sur

un faux supposé, et les observations suivantes suffisent, ce me semble, pour les détruire.

La théorie de l'*Essai* prend et laisse les choses telles qu'elles sont, elle ne les change point : elle suppose l'homme intelligent et doué de toutes ses facultés ; elle suppose même la réalité de ses affections considérées en elles-mêmes, ou comme de *simples faits*, à quelque faculté de l'âme qu'elles appartiennent. Occupée uniquement de ce que l'intelligence humaine met d'*actif* dans nos connoissances, cette théorie ne s'applique qu'à nos jugemens et à nos inductions. Vous éprouvez le sentiment du plaisir ou de la douleur ; une sensation, une idée quelconque vous affecte : jusquelà rien dont on prétende, dont on puisse même vous contester la vérité. Mais si votre intelligence s'emparant de ces matériaux, les travaille, les assemble, en bâtit un nouvel édifice ; si, comparant les données que lui présentent le sens intime, les sens, etc., elle prononce que les unes demandent à s'unir entre elles, et que les autres, incompatibles, y répugnent ; si, en un mot, elle *juge* ou *raisonne*, qui vous assurera que tout convient dans son ouvrage, et qu'en le contemplant vous pouvez dire : *J'ai vu ce que j'ai fait, et il étoit très bon ?* Une démonstration par le fond des choses vous est impossible ; il n'est rien au dedans de vous qui vous réponde de l'infaillibilité de vos jugemens individuels. Que reste-t-il donc, si ce n'est l'*autorité*, seule base de la certitude que vous cherchez ?

Ainsi votre propre existence en tant qu'elle est un fait, un sentiment, est vraie par rapport à vous, indépendamment de toute autorité ; et l'auteur de l'*Essai*, si je ne me trompe, n'eut jamais la pensée qu'elle pût vous être contestée. Sa théorie ne s'applique qu'à l'actif, nullement au passif de nos connoissances. Toutefois il soutient que vous ne pouvez point, sans l'autorité, affirmer avec certitude que vous existez, parce qu'une affirmation est un jugement, une opération de votre intelligence dont la justesse ne peut vous être pleinement garantie que par l'autorité ; et parce que d'ailleurs l'autorité seule vous a transmis, par le moyen du langage, les idées abstraites qu'il vous faut avoir pour juger, pour raisonner.

L'existence de l'autorité n'est pas plus incertaine. Que mes semblables soient des êtres réels ou fantastiques, peu m'importe ; dans l'une et l'autre hypothèse je suis également frappé de leur présence et des signes qui me révèlent leurs pensées vraies ou imaginaires : voilà l'*autorité* pour moi. Mais mon intelligence n'est point active dans cette manifestation ; c'est donc encore un simple fait étranger à la théorie de la certitude.

Ce seroit autre chose, si, de mes sensations, je venois à conclure l'existence réelle des objets qui les excitent ; car, outre le fait de mes sensations, il y auroit ici un acte de mon intelligence associant ensemble des idées. La vérité avoueroit-elle cet ouvrage? Je puis être fondé à le penser ; mais il n'appartient qu'à l'autorité, c'est-à-dire, à des jugemens conformes au mien, en nombre et de force suffisans pour me rassurer, de décider péremptoirement la question.

Voilà, Monsieur, ce que j'ai compris : je ne sais si je me trompe, mais il me semble que j'ai saisi votre pensée, et, s'il le falloit, je prouverois, je crois, chaque proposition de cette analyse par des passages de votre livre. Si toutefois je m'étois trompé, oserois-je vous prier de me montrer mon erreur ?

On dit qu'il a paru des réfutations. Je ne les connois point ; mais, je l'avoue, votre théorie me paroît si évidente, que je cherche vainement à deviner de quelles armes vos adversaires auront fait usage contre vous. Je suis convaincu que tous les coups qu'ils croient vous porter tombent à faux.

Faites, je vous prie, de cette lettre tel usage qu'il vous plaira, et veuillez agréer, etc.

Cl.-Ign. Busson, prêtre.

DE LA DOCTRINE PHILOSOPHIQUE

DÉVELOPPÉE

DANS L'ESSAI SUR L'INDIFFÉRENCE.

Il y auroit lieu d'être étonné peut-être de toutes les erreurs que beaucoup de personnes ont cru trouver dans le treizième chapitre de l'*Essai sur l'Indifférence,* si l'on ne savoit combien il est facilé de se méprendre sur le sens d'un livre, lorsque, perdant de vue l'ensemble des idées, on s'arrête à quelques passages isolés. Avant d'analyser la doctrine développée par M. l'abbé de La Mennais, il nous paroît donc nécessaire de montrer la liaison qui existe entre les deux parties de son ouvrage, et de rappeler le plan général de l'*Essai.*

En réfutant, dans son premier volume, les trois systèmes généraux d'indifférence ou d'incrédulité, M. de La Mennais a montré que le principe fondamental de l'hérésie, du déisme, et de l'athéisme, est la souveraineté de la raison individuelle.

L'hérétique, qui ne reconnoît d'autre règle de sa foi que l'Écriture expliquée par lui-même, qui rejette les définitions de l'Église, ou ne les admet que lorsqu'il juge lui-même comme l'Église, déclare la raison de l'Église faillible, et sa raison souveraine.

Le déiste, en rejetant la règle même de l'Écriture, refuse de faire fléchir sa raison devant la raison de Jésus-Christ. Il suppose que la raison de Jésus-Christ, qui a dicté l'Évangile, a pu se tromper, et que sa raison individuelle, qui lui dicte seule ce qu'il doit croire, est infaillible.

L'athée cite au tribunal de sa raison Dieu même, et la raison sociale qui atteste que Dieu existe. En niant l'autorité de la raison divine et de la raison sociale, il brise la dernière règle qui puisse diriger la raison individuelle, et renverse le fondement de toute certitude.

Ces trois systèmes d'incrédulité, envisagés dans leur principe, ne sont donc qu'une seule erreur, qui change de nom suivant qu'elle est plus ou moins développée, et dont le dernier terme est le septicisme universel. L'hérétique nie moins de vérités que le déiste, le déiste n'en nie pas autant que l'athée; leur symbole diffère en apparence, il est le même dans la réalité. Il est tout contenu dans ces courtes paroles, *Je crois à ce que dit ma raison;* comme tout le symbole du fidèle est renfermé dans celles-ci, *Je crois à ce que dit l'Église.*

Ainsi donc, si la raison de chaque homme est le fondement et la règle de ses croyances, si vous admettez que l'on n'est obligé de croire aucune vérité qui ne soit claire et démontrée; l'hérétique, le déiste, l'athée, ne sont pas coupables de rejeter des vérités que leur raison ne leur démontre pas clairement. C'est vous qui, en les condamnant, commettez une injustice, un attentat contre les droits de leur raison souveraine. Mais si l'homme doit chercher hors de lui le fondement de sa propre raison, la seule règle qui puisse fixer ses incertitudes; s'il n'est pas d'égarement où ne tombe un esprit foible et vain, lorsqu'il s'isole de toute autorité pour chercher la vérité au dedans de lui-même; les apologistes de la religion, comme les véritables philosophes, ne doivent-ils pas essayer, avant tout, de couper, en retranchant un principe funeste, la racine commune du scepticisme et de toutes les erreurs?

Tel a été le dessein de M. de La Mennais dans son second volume. Heureux si dans cette partie de son ouvrage il n'avoit dû entrer en lice que contre les ennemis du christianisme ! Mais ce n'est pas sa faute si des philosophes chrétiens, après s'être laissé séduire par un principe dont ils n'ont pas prévu les conséquences, ont assigné à l'homme, comme le seul chemin de la vérité, des méthodes qui ne peuvent le mener qu'au doute.

Il y a long-temps que la philosophie s'est isolée de la religion et de l'autorité, pour chercher dans la raison individuelle le fondement de la certitude; et dès-lors elle a dû proclamer le principe des sectaires, Ne rien croire qui ne soit clair et démontré. Elle a appris à l'homme que, pour arriver à quelque vérité certaine, il devoit d'abord rejeter toutes celles dont il ne trouveroit pas la raison au dedans de lui-même; et, loin de Dieu et de ses semblables, se considérer seul avec sa raison isolée, instrument unique avec lequel il pourra essayer de refaire l'édifice de ses connoissances.

Il a paru à M. de La Mennais que cet homme de la philosophie, qui n'a, pour sortir d'un doute universel, que sa raison seule, est un être condamné à y rester toujours, et qu'il n'existe de certitude que pour l'homme de la société qui trouve dans une raison supérieure le fondement et la règle de sa propre raison.

Suivons les développemens de ces deux doctrines, en les opposant l'une à l'autre, pour nous faire de chacune une idée plus distincte.

Les philosophes définissent leur art, la *recherche de la vérité*. A un chercheur de vérité il faut deux choses, un premier principe dont il soit assuré, et une règle qui lui serve à déduire de ce premier principe des conséquences certaines. Les philosophes peuvent-ils trouver dans leur raison isolée le premier principe de leurs connoissances et une règle infaillible de leurs jugemens? Quel est dans la doctrine de M. de La Mennais, ou plutôt, dans l'ordre social, dont M. de La Mennais ne prétend qu'exposer les lois, le fondement sur lequel reposent les connoissances de l'homme? quelle est la règle qui assure la certitude de ses jugemens?

Du principe des connoissances de l'homme.

On dit d'une vérité qu'elle est le principe d'une autre vérité, lorsque la première peut servir à établir la seconde. L'esprit de l'homme ne voit pas, comme

Dieu, la raison des choses en elles-mêmes : pour se démontrer une vérité il lui faut toujours une autre vérité qui serve de preuve; il ne peut que déduire des conséquences, qui ne sont certaines pour lui que par leur liaison avec un premier principe déjà connu avec certitude. L'homme donc qui entreprend d'élever avec sa raison seule l'édifice de ses connoissances doit s'assurer d'abord d'une vérité première, dont la certitude serve de fondement à toutes les autres vérités; sans quoi il bâtiroit un édifice en l'air.

Or la première erreur des philosophes que M. de La Mennais réfute a été de ne pas comprendre que ce premier principe, sans lequel la raison ne peut rien se démontrer, ne sauroit être lui-même démontré par la raison. Un homme déterminé à ne rien croire qu'il ne se fût prouvé devroit chercher la raison de la raison à l'infini, son esprit rouleroit dans un cercle sans qu'il lui fût possible de jamais s'arrêter; il seroit forcé de demeurer sceptique ou de devenir inconséquent.

Toute philosophie commence donc nécessairement par admettre sans preuve une première vérité. Ce premier principe doit cependant être certain; sans quoi, l'édifice ne pouvant être plus solide que la base, toutes nos connoissances deviendroient douteuses : or la certitude de cette vérité première ne peut pas se déduire de la certitude d'une vérité antérieure, puisqu'il n'en existe aucune; elle ne peut donc reposer que sur le témoignage d'une autorité qui nous l'atteste, et que nous devons supposer infaillible. L'homme isolé de Dieu et de ses semblables, ne connoissant plus aucune raison supérieure à sa raison , devra donc croire sans preuve une vérité première sur le témoignage de sa raison. Il sortira de son doute universel, en disant : *Je crois à ma raison.* Et comme la première vérité que sa raison lui témoigne est sa propre existence, le premier jugement qu'il prononcera sera celui-ci : *J'existe;* plaçant ainsi dans l'ordre de la certitude sa raison avant toute autorité, et se plaçant lui-même à la tête de tous les êtres.... Mais cet acte de foi dans la raison individuelle est-il raisonnable dans la bouche de l'homme, dans l'état où le placent les philosophes ? n'est-il pas une véritable inconséquence ?

Il me semble que, pour s'en convaincre, il suffit de songer que l'homme ne peut arriver au doute méthodique que les philosophes lui conseillent, que par deux actes : le premier, par lequel, refusant d'admettre le témoignage de la raison générale comme motif de certitude, jusqu'à ce qu'il l'ait démontré à l'aide de sa seule raison , il suppose qu'il est possible que la raison de tous les hommes le trompe , et que sa raison individuelle ne peut l'égarer ; le second, par lequel il déclare douteuse l'existence de Dieu, puisqu'il attend, pour la croire, qu'il l'ait prouvée, et qu'il prétend, en effet, remonter de son existence à l'existence d'un premier être, dire : *Je suis, donc Dieu existe....* Or il est facile de montrer qu'en récusant le témoignage du genre humain l'homme se met dans la nécessité de récuser le témoignage de sa propre raison ; que, du moment qu'il suppose douteuse l'existence d'un premier être, il faut qu'il doute, s'il est conséquent, de l'existence de tous les êtres et de lui-même.

Tâchons de rendre ceci sensible. Je dirai à Descartes : Vous étiez homme avant de songer à devenir philosophe. Élevé dans le sein de la société, vous aviez reçue d'elle, vous aviez cru sur l'autorité de son témoignage, une foule de vérités; vous avez rejeté ces vérités loin de votre esprit, parce que rien ne vous démontroit que le témoignage de la société, de qui vous les teniez, fût infaillible. Vous avez donc pris l'engagement de ne vous arrêter dans le doute que lorsque vous aurez trouvé un motif de croire dont la certitude vous soit démontrée, ou que vous ayez plus de raison de supposer infaillible que le témoignage du genre humain ? — Il est vrai, répond Descartes; et comme ce motif pour me déterminer doit se trouver au dedans de moi-même, c'est dans ma raison que je le cherche. Après m'être détaché de tout le reste, me voilà donc seul, doutant de tout (et vous parlez à un homme qui ignore s'il existe un Dieu et aucuns hommes au monde). Mais vous, êtes-vous certain que vous existez ? — Y a-t-il quelque chose hors de moi, je n'en sais rien. « Mais moi à tout le moins ne suis-je pas quelque chose ? » C'est la question que je m'occupe dans ce moment à résoudre. — Et comment espérez-vous y parvenir ? — Voici un trait de lumière. Que fais-je depuis quelques instans ? Je doute; or douter, c'est penser. Mais le néant ne peut pas penser. *Je pense, donc j'existe ;* je me sens revivre à cette parole, et je retiens mon être qui m'échappoit. — Eh bien, votre être que vous croyez retenir; fort de vos principes, j'entreprends de vous le disputer. Philosophe, répondez. Je pense, dites-vous, donc j'existe. Est-ce un raisonnement que vous faites? Est-ce un simple fait que vous affirmez?

Si c'est un raisonnement que vous prétendez faire, j'oserai trancher le mot, et dire que c'est là une chose absurde; car qu'est-ce que raisonner? c'est détruire une vérité d'une autre vérité déjà connue. Il y a donc quelque vérité que vous connoissez avec certitude avant votre existence; nommez cette vérité. Vous ne pouvez pas la chercher hors de vous, vous êtes seul; c'est donc au dedans de vous qu'il faut que vous trouviez quelque chose dont vous soyez plus assuré que de vous-même : cela me paroît assez difficile. Je vous écoute cependant. Je suis, dites-vous, car je pense. — Mais qui vous assure que vous pensez? — Je pense, car je doute. — Comment êtes-vous certain que vous doutez? Je vois bien que vous pourrez reculer la difficulté à l'infini, mais je me demande encore comment vous pourrez la résoudre.

Si, en disant *Je pense, donc je suis*, vous ne prétendez qu'affirmer un fait, je vous demanderai quel motif vous détermine à croire ce fait, et le rend certain pour vous. — Ma raison, direz-vous, qui me témoigne que j'existe. — Vous n'y pensez pas, de croire ainsi sans preuve, sur un simple témoignage! N'avez-vous pas rejeté le témoignage de la raison de tous les hommes, parce qu'il n'étoit pas démontré? Mais qui vous démontre donc le témoignage de votre raison individuelle?

L'autorité de votre raison, voilà cependant le seul fondement possible de la certitude de votre existence, puisque cette certitude ne peut être démontrée, et que, quand même elle seroit susceptible d'être raisonnée, avant de raisonner il faudroit commencer par croire à votre raison. Je crois à ma raison, voilà le seul acte par où vous pouvez sortir de ce doute universel où vous vous êtes jeté, parce que vous n'avez pas voulu dire : Je crois à la raison humaine. Sur le témoignage de la raison de tous les hommes, vous n'avez pas voulu assurer que Dieu existe, et vous dites, *J'existe*, sur le témoignage de votre seule raison. Comment prétendez-vous justifier cette inconséquence? Direz-vous que l'idée de votre existence est si lumineuse au dedans de vous, qu'elle vous frappe de son éclat comme le soleil? Il s'agiroit de prouver qu'entre une idée claire de votre ame et la vérité il y a une liaison nécessaire; et de plus, qu'un homme qui suppose qu'il est possible que tous les hommes aient confondu la lumière avec les ténèbres peut s'assurer qu'il est impossible qu'il prenne lui-même les ténèbres pour la lumière. En vain vous vous fiez à cette inclination irrésistible qui vous porte à affirmer que vous existez. N'arrive-t-il pas qu'un fou soit entraîné par la même force irrésistible à affirmer qu'il est mort? N'avez-vous jamais éprouvé, dans le sommeil, un penchant invincible à prendre des illusions pour des réalités? Par où savez-vous que le sentiment continu de votre existence n'est pas de toutes les folies la plus étrange, de tous les rêves le plus menteur?

Je suppose que vous trouviez des réponses à toutes ces difficultés, vous n'en serez pas plus avancé. Car c'est votre raison seule qui feroit toutes ces réponses; votre raison, qui vous diroit que votre raison ne vous trompe pas; votre raison, dont il faudroit supposer le témoignage infaillible, après avoir rejeté le témoignage de la raison du genre humain. Mais quels sont donc enfin les motifs que vous avez de croire à votre raison plutôt qu'à la raison de tous les hommes? Eh! qu'êtes-vous donc, égaré loin de Dieu et de vos semblables? et qu'est-ce que votre raison pour que vous deviez l'écouter comme un oracle de vérité? Qu'elle montre ses titres, qu'elle dise son origine, qui l'a faite, et si celui qui l'a mise en vous a prétendu vous donner un instrument de vérité, et non pas un instrument de mensonge. Jusque-là comment s'assurer si les principes de droiture qu'elle croit renfermer en elle ne sont pas des principes d'erreur? O homme qui avez refusé d'écouter la raison des autres hommes, et qui ignorez l'auteur de votre être, soyez conséquent, condamnez votre raison au silence, et vous-même à un doute éternel!

Mais il y a au dedans de vous quelque chose de plus fort que vous-même, qui se soulève à cette pensée. Aussi je ne prétends pas qu'il vous soit possible de douter, ni de votre existence, ni d'une foule d'autre vérités. Tout ce que j'ai voulu, c'est forcer votre raison de reculer devant un principe qui entraîne des conséquences devant lesquelles la nature vous force de reculer. Que ferez-vous donc? Si vous

vous défiez du témoignage de la raison sociale, le témoignage de votre raison vous devient suspect ; si vous doutez de l'existence d'un premier être, vous êtes forcé de douter de tout et de vous-même : votre principe d'une part vous entraîne, de l'autre la nature vous repousse ; il faut se décider. Mais, que dis-je ? êtes-vous libre dans ce choix ? et, quand vous le voudriez, pourriez vous tenir à votre principe plus qu'à vous-même, et cesser d'être homme pour devenir philosophe ?

Non, Dieu n'a pas permis qu'il fût donné à l'homme d'anéantir la plus noble portion de lui-même, en détruisant en lui la vérité, qui est la vie de son intelligence. Aussi, tandis que les savans cherchent la certitude et ne trouvent que des principes de doute ; qu'ils disputent sans s'entendre sur le fondement des connoissances de l'homme : la question qui les divise, Dieu la résout pour tout homme qui vient au monde. Savans, simples, ignorans, tous sont arrivés à la connoissance certaine de toutes les vérités nécessaires par une loi invariable. Montrer cette loi , étudier la Providence dans la manière dont elle fixe les esprits dans la vérité, constater un fait là où les philosophes ont cru devoir inventer des hypothèses : voilà à quoi se réduit la philosophie de M. de La Mennais. Elle échappe peut-être à certains esprits comme les lois même de la Providence, à cause de sa simplicité.

Il existe des vérités communes à tous les esprits, lien nécessaire de la société des hommes considérés en tant qu'êtres raisonnables : c'est là un fait sensible et dont tout le monde convient. Ces vérités, admises par tous les hommes, et qui forment le fond de la raison humaine, sont ce qu'on appelle *sens commun*. On dit d'un homme qui, sur les principes universels, croit comme le reste des hommes, qu'il a le *sens commun;* on dit d'un homme qui doute des vérités généralement admises, qu'il n'a pas le *sens commun*, qu'il a perdu la raison, qu'il est fou. Tout homme que la folie n'a pas exclu de la société des êtres raisonnables connoît donc avec certitude une foule de vérités nécessaires au commerce de la vie et à sa propre conservation. Mais comment se forme dans l'esprit de chaque homme cette série de principes inébranlables au doute? quel est le fondement de la certitude qui existe dans tous les hommes à l'égard de ces principes universels? C'est ici qu'il est impossible de méconnoître l'action de la raison sociale sur la raison individuelle.

Et d'abord, sans se jeter, sur l'origine des connoissances de l'homme, dans des systèmes qui ne sauroient expliquer un mystère, n'est-ce pas un fait incontestable que l'enfant privé du langage, instrument nécessaire de la pensée, porte en naissant une ame vide de vérités? La parole éveille sa raison, et semble lui donner la naissance. Or l'enfant reçoit et ne juge pas les premières notions que le langage lui transmet. D'après quelles notions antérieures pourroit-il les juger? Le besoin de connoître se confond chez lui avec le besoin de croire; être physique, l'enfant mourroit, s'il vouloit raisonner avant de se

20.

nourrir du lait qu'on fait couler sur ses lèvres ; être moral, il n'arriveroit jamais à la vie, s'il prétendoit n'admettre les vérités qu'on lui transmet qu'après les avoir jugées. L'enfant croit donc sur le témoignage de ce qui l'entoure, et la certitude avec laquelle on affirme devant lui certaines vérités est le seul fondement de la certitude avec laquelle il affirme lui-même ces vérités.

L'homme est donc forcé de recevoir de confiance les premières vérités que lui transmet la raison sociale ; il les croit sans les examiner, parce que tout le monde les croyoit avant lui : la certitude générale suffit pour donner un fondement inébranlable à sa propre certitude. Essayez de faire douter de quelqu'une de ces vérités généralement reconnues l'homme le plus simple et le plus ignorant. Que pourra-t-il opposer à vos raisonnemens que cette simple réponse : « La vérité que vous contestez, tout le monde l'admet comme moi? » L'idée que sa conviction n'est que la conviction du reste des hommes suffit pour le rendre plus fort que tous vos sophismes.

On ne remarque pas assez que les mots d'*évidence*, de *sens intime*, et même celui de *raison*, ne sont guère d'usage que dans la langue philosophique. Quel est l'homme qui ne se mêla jamais de philosophie, et qui, interrogé sur le motif qui le décide à croire quelqu'une des premières vérités, essaiera de la démontrer par l'*évidence*, par le *sens intime*, ou par le *raisonnement?* Non, la réponse générale qui indique le motif général qui détermine la conviction des

hommes à l'égard de ces principes universels est celle-
ci : Cette vérité est admise de tout le monde, il faut
être fou pour le nier.

Nous avons vu si les philosophes sont heureux,
lorsque, rejetant ce principe de certitude, trop vûl-
gaire sans doute, parce que c'est celui que la Providence a donné indistinctement à tous lès hommes, ils
cherchent à s'en faire un avec leur raison, et qui leur
soit propre. Mais ne sont-ils pas forcés, pour peu
qu'on les presse, d'en revenir au motif général et à la
réponse du peuple? Car que peuvent faire les philosophes? Lier une suite de conséquences à un premier
principe qu'il leur est impossible de démontrer, et
qu'ils ne peuvent cependant supposer incontestable
qu'autant qu'il est universellement admis. Ainsi, il
faut bien le remarquer, les axiomes, ou ces vérités
générales qui servent à prouver toutes les autres et
qu'on se croit dispensé de prouver, ne présentent pas
une base certaine au raisonnement, précisément à
cause de l'évidence dont ils sont environnés, mais
parce que cette évidence est sensible pour tous les
esprits. Qu'un sceptique vienne et vous conteste
l'axiome le plus évident, vous ne prétendrez pas sans
doute que votre conviction individuelle doive déterminer sa conviction; mais vous lui opposerez la conviction générale de tous les hommes, vous lui direz :
La vérité que vous ne voulez pas accorder, tout le
monde l'admet; cédez, ou vous êtes fou.

Ainsi donc le caractère essentiel des vérités fondamentales, que nous devons croire sans chercher à

les démontrer, c'est qu'elles soient admises par tous les hommes raisonnables. C'est de ce consentement général que ces vérités empruntent une force qui leur donne, à l'égard de tous les esprits, une certitude inébranlable. La raison générale est donc le fondement sur lequel repose la conviction des raisons particulières à l'égard de ces vérités, les seules dont il s'agit dans ce moment.

Il est donc vrai que le premier principe de notre certitude est hors de nous et dans la raison sociale. Je l'avois cherché dans ma raison isolée, et, ne trouvant que le néant et le doute, j'avois désespéré presque de la vérité. Je rentre dans le sein de la société, et je trouve dans la raison des autres hommes le fondement de ma propre raison. Homme social, je sais que je crois à plusieurs principes; que ces principes, tout le monde les admet comme moi : ce consentement de la raison de tous les hommes entraîne ma raison, la soutient contre ses propres incertitudes et contre tous les sophismes. Ma raison unie à la raison générale, possède donc une certitude de fait inébranlable; que me faut-il davantage? Que m'importe cette certitude rationnelle que l'on veut que j'acquière à l'égard de quelques-uns de ces principes qui ont tous pour moi une certitude à laquelle on ne sauroit rien ajouter? D'ailleurs pour examiner de nouveau quelqu'une de ces vérités premières que je connois déjà, il faudroit la supposer douteuse, et me défier par conséquent du témoignage qui l'atteste. Mais du moment que j'ébranle ce fondement commun, sur lequel reposent pour moi toutes les vérités, toutes m'échappent, et je me sens retomber dans le scepticisme, état contraire à ma nature, et qui détruiroit mon intelligence, s'il étoit possible. Je me défendrai donc au moral comme au physique ; pour retenir la vérité, qui est la vie impérissable de mon âme, de même que pour ne pas laisser éteindre la vie d'un corps mortel, je n'aurai besoin que de ne pas lutter contre je ne sais quelle horreur naturelle de la destruction. Ma réponse à celui qui me diroit, *Cessez de croire*, sera la même que je ferois à celui qui me diroit, *Cessez de respirer*.

Cependant si, me repliant sur moi-même, je considère l'ensemble des vérités que je tiens de la raison sociale, je trouve que, formant une série de connoissances, elles se lient, s'enchaînent, se rattachent toutes à un premier principe. Il existe un premier être, à la fois raison de lui-même et de tous les êtres : de cette vérité féconde jaillit la lumière dans laquelle je vois toutes les vérités ; elle est comme le flambeau qui éclaire le monde moral, et qui, en s'éteignant, laisseroit tout dans les ténèbres.

En effet tout est contingent hors de Dieu, tout vit d'une vie empruntée. Source unique de l'être, s'il n'est pas rien n'existe, je n'existe pas moi-même. Comment serois-je ? je n'étois pas hier. Qui m'a donné de vivre ? moi-même ? Non. Des êtres d'un jour ? Mais eux-mêmes, qui les avoit faits ? Je ne vois que le néant ; et tant que je ne remonte pas à l'idée d'un premier être en qui se trouve la cause de lui-même et de tous les êtres, tant que je ne nomme pas Dieu, je

ne trouve la raison de rien, tout m'échappe, je m'é-
vanouis avec tout le reste.

De plus, si j'efface de ma raison l'idée de Dieu,
d'une intelligence souveraine en qui se trouve la
source de la vérité comme la source de l'être, dois-je
chercher la vérité? suis-je assuré qu'elle existe? Cette
soif de la vérité que je ressens, ce penchant irrésistible
qui m'entraîne à la poursuivre, ne prouve rien, tant
que je ne sais pas si je suis l'ouvrage d'un Dieu sage
et bon, qui n'a pas voulu me tourmenter par des désirs sans objet. Et, d'ailleurs, quand la vérité seroit
quelque chose, est-elle faite pour moi? quels moyens
aurois-je d'arriver à elle? Ma raison? mais qu'est-ce
que ma raison si elle ne vient pas de Dieu? est-ce un
témoin de vérité que je possède au dedans de moi-
même, ou une voix de mensonge qu'un génie mal-
faisant a mise au dedans de moi pour m'abuser? Me
voilà donc forcé encore de douter de tout, dans l'impuissance où je suis de m'assurer que je possède des
moyens certains de connoître quelque chose.

Hors de Dieu il n'y a donc que doute, il n'y a que
néant. Il existe un Dieu, voilà donc le fondement nécessaire de toute certitude rationnelle. Aussi cette
vérité première, proclamée par tous les hommes dans
tous les siècles, placée à la tête des croyances de tous
les peuples, n'est pas seulement attestée par le témoignage le plus général qui puisse exister, mais elle
semble être le fond de la raison humaine; pour la nier
il faudroit renoncer à la qualité d'être raisonnable, il
faudroit s'exclure de la société des hommes.

L'homme social croit donc à l'existence de Dieu, sans raisonner, entraîné par la raison de tous les hommes qui atteste que Dieu existe. Il croit à l'existence de Dieu, parce qu'il sent qu'en ébranlant cette vérité première il ébranleroit le fondement de toutes les vérités; que, ne pouvant plus se rien prouver, se rendre raison de rien, il seroit forcé de douter de tout, de tomber dans un état contraire à sa nature.

J'admire cette loi par laquelle Dieu s'est placé à la tête de toutes les vérités comme à la tête de tous les êtres. Auteur du monde moral aussi-bien que du monde physique, comme cet artiste célèbre de l'antiquité Dieu a gravé son nom sur son ouvrage, et on ne peut effacer ce nom divin sans que tout périsse. Dans l'esprit de l'homme, comme dans le monde matériel, si Dieu se retire il n'y a plus que le néant. L'idée de Dieu que l'homme porte au fond de son âme, n'est donc pas l'ouvrage de l'homme; ce n'est pas la raison qui bâtit ce fondement nécessaire de la raison. Dieu ne se livre pas au hasard d'un syllogisme; il n'attend pas, pour régner sur l'intelligence de l'homme qu'il a créé, que l'homme ait déduit péniblement une conséquence de ses prémisses d'après les règles d'une logique incertaine. C'est au milieu des hommages de la raison de tous les peuples et de tous les siècles que Dieu se montre à la raison de chaque homme, qu'il la subjugue; c'est ainsi que cette grande vérité, d'où partent les rayons qui éclairent toutes les vérités, commence notre intelligence, en est le fond, que nous ne pouvons détruire sans détruire notre être. Lorsque l'athée, après avoir long-temps secoué en vain cette idée importune, se flatte, dans le délire de son orgueil, de l'avoir enfin arrachée, au même instant son esprit éperdu s'étonne de voir cette vérité première entraîner avec elle toutes les vérités ensemble.

Ainsi l'existence de Dieu est le premier principe des connoissances de l'homme, parce que l'homme ne peut nier Dieu sans nier la raison humaine qui atteste que Dieu existe, sans se condamner à rejeter, s'il est conséquent, le témoignage de sa propre raison, sans devenir sceptique. L'existence de Dieu est le premier principe de nos connoissances, parce que cette vérité est la raison dernière de toutes les vérités, qu'on ne peut l'ébranler sans les ébranler toutes, que dans cette vérité première se trouve la lumière nécessaire qui nous découvre toutes les vérités. Enfin, l'existence de Dieu est le premier principe de nos connoissances, parce que tous les hommes croient à l'existence de Dieu avant tout raisonnement, qu'ils ont sur cette vérité une certitude de fait inébranlable à tous les sophismes. Descartes ne croyoit pas moins fermement à l'existence de Dieu, avant d'avoir cherché à la dé-montrer par l'idée de l'être infini. Les trois quarts du genre humain ne connoissent aucunes des preuves mé-taphysiques, physiques et morales, par lesquelles les philosophes démontrent qu'il existe un premier être; très peu d'esprits sont capables d'apprécier la force de ces preuves : cependant tous sont certains que Dieu existe; ils savent que leur conviction est la convic-tion de tout le genre humain, et c'est assez pour leur faire mépriser tous les sophismes qu'on pourroit leur opposer. Que faut-il de plus que cette certitude de fait, constante, inébranlable, dans tous les hommes, pour établir l'édifice de nos connoissances? Pourquoi renverser cette base divine pour nous procurer la jouissance de la replacer de nos propres mains au risque d'échouer dans cette vaine entreprise? Pourquoi nous déposséder d'une vérité nécessaire, le plus beau présent que nous tenons de la société, pour l'exposer à des chances où beaucoup d'hommes avant nous l'ont perdue, ou du moins ont cru la perdre?

De la règle de nos jugemens.

Le philosophe qui trouveroit au dedans de lui-même une première vérité dont il lui seroit possible de s'assurer indépendamment de tout témoignage extérieur, feroit plus, comme nous l'avons vu, que n'ont fait tous les autres philosophes; mais il ne seroit guère plus avancé. Il lui faudroit trouver encore un moyen de déduire de ce principe des conséquences certaines, sans quoi une vérité unique, stérile entre ses mains, seroit à la fois le commencement et le terme de sa science. Après avoir jeté un fondement inutile, il se verroit obligé de renoncer à élever le reste de l'édifice.

Aussi tous les philosophes anciens et modernes se sont appliqués à chercher une règle immuable qui dirige d'une manière infaillible les jugemens de l'homme, un *criterium* qui lui serve à discerner avec certitude la vérité de l'erreur. Cette règle, ils l'ont cherchée dans l'homme isolé; n'est-ce pas la raison qui fait qu'ils ne l'ont pas encore trouvée?

Et d'abord n'y a-t-il pas une véritable contradiction à vouloir trouver dans la raison individuelle la règle qui doit servir à réprimer les écarts de la raison? Ou la raison de chaque homme est infaillible, et alors elle n'a pas plus besoin d'une règle qui la dirige que la raison de Dieu même; ou bien elle est sujette à tomber dans l'erreur, et alors qui vous assure qu'elle ne s'égare pas au moment même où elle croit trouver un moyen de ne pas s'égarer? On ne s'arrête pas à cette difficulté. La raison individuelle peut errer; comment ne pas en convenir, lorsqu'on voit sans cesse la raison de différens hommes et souvent celle du même homme soutenir le *oui* ou le *non* sur la même chose? Il faut donc lui imposer une règle. Mais où la prendra-t-on, cette règle? dans une raison supérieure? On n'en veut pas. C'est chaque raison qui se fera elle-même sa règle, adoptant ou rejetant, selon qu'il lui paroîtra convenable, celles qu'on lui propose. Ainsi c'est une raison sujette à errer dans ses jugemens, qui prononce qu'en jugeant d'une certaine manière elle ne pourra jamais errer. Les décisions de la raison empruntent leur certitude de la règle, et la règle emprunte sa certitude des décisions de la raison; expédient ingénieux, par lequel n'obligeant la raison d'obéir qu'à elle-même, on la déclare souveraine, en paroissant la soumettre à une autorité. Cependant examinons quelques unes des règles à l'aide desquelles la raison faillible des plus célèbres philosophes a cru pouvoir se promettre de devenir infaillible.

L'évidence, voilà, dit Descartes, la lumière qui discerne la vérité de l'erreur dans nos jugemens; une idée claire et distincte ne sauroit nous tromper. Mais d'abord comment Descartes est-il certain qu'une idée claire et distincte ne peut pas le tromper, lui qui ignore encore si Dieu existe, et qui avoue que, si Dieu le vouloit, ses perceptions les plus évidentes ne seroient que des illusions? D'ailleurs, j'admets qu'une évidence véritable ne peut pas tromper ; mais comment saurai-je si j'ai cette évidence? Ne me faut-il pas encore un caractère auquel je puisse distinguer l'évidence véritable de celle qui ne seroit qu'apparente?

Ce caractère existe, répondent quelques philosophes. Si l'évidence produit en vous un sentiment de vérité qui entraîne votre raison d'une manière irrésistible, vous êtes sûr de ne pas vous égarer. Pascal répond : « Tout notre raisonnement se réduit à cé-
« der au sentiment. Mais la fantaisie est semblable
« et contraire au sentiment : semblable, parce qu'elle
« ne raisonne point; contraire, parce qu'elle est
« fausse : de sorte qu'il est bien difficile de distingner
« entre ces contraires. L'un dit que mon sentiment
« est fantaisie, et que sa fantaisie est sentiment, et
« j'en dis de même de mon côté. On auroit besoin
» d'une règle. La raison s'offre ; mais elle est pliable
» à tout sens... » Ainsi cette nouvelle règle a besoin

d'une autre règle, comme Pascal le prouve; elle est donc insuffisante et inutile. Qui oseroit dire en effet que la force de la conviction mesure le degré de la certitude? alors il n'y a qu'à avoir un esprit entièrement faux pour pouvoir acquérir la certitude entière de l'erreur.

Aristote vient, et nous montre huit préceptes écrits de sa main; c'est la loi dernière des esprits, dont l'observation assure l'infaillibilité à notre raison. Les philosophes modernes effacent sept de ces préceptes, et réduisent à une seule toutes les règles du raisonnement. Je demanderai aux philosophes modernes, comme au prince des anciens philosophes, comment je puis m'assurer qu'en observant leurs règles je raisonnerai toujours d'une manière exacte. Par quelques simples raisonnemens, répondent-ils. Mais qui me dit qu'en voulant me prouver les règles du raisonnement, il ne m'arrivera pas de mal raisonner? Et supposé que je me démontre la certitude de vos règles, suis-je certain de les bien appliquer? N'est-il jamais arrivé qu'un homme ait fait un mauvais syllogisme en croyant ne manquer à aucune des règles d'Aristote? Qui m'assure que je serai plus heureux?

Ainsi je ne conteste pas qu'un bon raisonnement ne soit un moyen de certitude; je conteste encore moins que la raison individuelle ne puisse faire des raisonnemens exacts : mais comme on est aussi forcé d'admettre qu'il peut lui arriver de faire des sophismes, il lui faut une règle qui lui serve à discerner un rai-

sonnement d'un sophisme; de même qu'il ne faut
pas conclure, de ce qu'il circule de fausses monnoies,
qu'il n'y en a pas de bonnes, mais qu'on risque d'ê-
tre trompé à chaque moment, s'il n'y a pas un signe
qui distingue les pièces véritables. Or tant qu'on
cherche dans la raison la règle de la raison, on est
forcé de faire soi-même un fort mauvais raisonnement,
un cercle vicieux, puisqu'on ne pourra s'assurer de
la règle que par la raison, et de la raison que par la
règle. Voilà un inconvénient commun à tous les systèmes des philosophes.

Voici un inconvénient plus grave encore. Si vous
placez dans la raison individuelle la règle dernière qui
doit diriger la raison de chaque homme, vous vous
ôtez tout moyen de redresser une raison qui s'égare.
De quel droit voudriez-vous imposer la vérité la plus
claire pour vous à une raison à qui vous avez appris
à ne rien admettre qui ne soit clair pour elle? Tout
homme pourra rejeter les principes les plus incontestables, du moment qu'ils ne lui paroîtront pas suffisamment démontrés. On l'a dit, et il est très vrai :
« Deux esprits partant du même point, et marchant
« vers le même but, ne sauroient faire quatre pas sans
« se séparer. » Mais si l'on admet le principe des philosophes, il faut désespérer de jamais réunir les esprits opposés. Cette vérité est évidente pour moi, direz-vous. Je réponds qu'à mes yeux elle n'a pas la
même évidence ; votre raison dit oui, et sur la même
question ma raison dit non : raison pour raison, l'une
vaut bien l'autre ; je laisse la mienne me conduire :

deux raisons souveraines ne doivent pas chercher à se faire la loi. Vous laisserez donc dans son erreur cet esprit qui s'égare; ou bien, supposant que ce qui est évident pour vous l'est nécessairement pour tout le monde, vous serez réduit à accuser la bonne foi de tout homme qui ne sera pas de votre avis, et à faire toujours succéder les injures aux raisons, ce qui n'est guère raisonnable.

Eh quoi! n'est-il pas souverainement injuste qu'un esprit foible et borné, après avoir supposé sans raison que son évidence est une lumière infaillible, ose encore défier tous les esprits de dire sans imposture qu'ils ne voient pas comme lui? Non, si vous voulez soumettre ma raison, ce n'est pas ainsi qu'il faut vous y prendre. Montrez-lui dans une raison supérieure une autorité qui lui impose : toute autre règle, j'ai le droit de la rejeter avec mépris.

Au reste, ce qu'on peut conclure de tous les systèmes des philosophes, c'est que tous ont senti le besoin d'une règle qui terminât les querelles des raisons individuelles, en redressant celles qui s'égarent. Mais comment n'ont-ils pas vu qu'il étoit absurde de chercher cette règle dans les raisons opposées, que c'étoit remettre aux parties intéressées le jugement du procès?

La règle qui doit redresser la raison ne peut donc se trouver que dans une raison supérieure. Quelle est cette raison dont l'autorité seule peut réformer et réforme en effet sans appel les jugemens des raisons individuelles? Ici encore, au lieu de nous jeter dans des systèmes, étudions la nature, ou plutôt la Providence, dans la manière dont elle fixe les esprits dans la certitude.

L'homme, être foible et sujet à errer, trouve au dedans de lui un sentiment de foiblesse qui le porte à se défier de lui-même. De là sa raison, timide, incertaine, lorsqu'elle se voit seule, cherche naturellement un appui dans la raison des autres hommes : les vérités lui inspirent plus ou moins de confiance suivant qu'elle les voit plus généralement admises; et lorsque ses jugemens se trouvent conformes à la manière de juger du plus grand nombre, ils acquièrent à son égard une certitude inébranlable.

De là ce sentiment naturel qui nous porte à nous défier des idées nouvelles qui naissent dans notre esprit. Un homme seul dans la retraite croit découvrir une conséquence importante d'un principe déja certain pour lui ; la clarté avec laquelle cette vérité nouvelle brille à ses yeux entraîne au premier moment, je le veux, l'assentiment de sa raison : mais je le vois revenir bientôt sur un premier jugement, examiner encore. Qu'il rencontre d'autres hommes, il sent le besoin de s'assurer si cette idée, évidente pour lui, les affectera de la même manière. Sa conviction s'affermit, si elle se trouve conforme à leur conviction; elle diminue, si elle y est opposée Le nombre des témoignages décidera de la confiance que cette idée nouvelle doit lui inspirer : unanimes en sa faveur, ils la lui feront admettre avec une conviction inébranlable; unanimes contre, ils le forceront au moins à demeurer dans le doute. L'évidence générale est donc l'épreuve à laquelle l'homme se sent porté à soumettre son évidence avant de la croire infaillible.

N'est-ce pas ce que l'on aperçoit encore dans la plupart des discussions ?. « Que deux ou plusieurs » personnes diffèrent de sentiment, que font-elles » après avoir mutuellement essayé de se convaincre ? » Elles cherchent un arbitre, c'est-à-dire une auto- » rité qui détermine, sinon la certitude, du moins la » vraisemblance en faveur de l'un des sentimens con- » testés... Nous nous défions des idées mêmes qui » nous paroissent les plus claires, quand nous les » voyons repoussées généralement par les autres hom- » mes ; et la dernière raison, souvent la seule et tou- » jours la plus forte que nous puissions opposer aux » sophistes et aux disputeurs opiniâtres, est ce mot » accablant : Vous êtes le seul qui pensiez ainsi (1). »

Voilà donc la règle de vérité que la nature elle-même nous indique, l'accord des jugemens de notre raison avec les jugemens de la raison des autres hommes. *Infaillible,* cette règle est le dernier moyen de certitude ; car si la raison générale peut errer, combien plus toute raison individuelle ! *Souveraine,* elle impose par une autorité que personne ne peut récuser : prétendre avoir raison contre le genre humain, ce seroit se déclarer fou, s'exclure de la société des hommes. *Décisive,* enfin, cette règle peut seule mettre un terme aux différends des raisons particulières.

---

(1) *Essai sur l'Indifférence,* etc. tom, II, pag. 27.

Deux hommes disputent l'un contre l'autre ; c'est une raison *individuelle* qui est opposée à une raison individuelle : d'un côté ni de l'autre, il n'y a aucun motif de céder ; il faut un juge. Il se trouve que la chose a été déjà jugée par le genre humain, qu'on ne fait que soutenir d'une part une vérité admise par tous les hommes ; il y aura folie de l'autre part, si l'on ne cède pas.

La raison générale, envisagée comme règle de vérité, peut être donc considérée comme le tribunal où ressortissent les querelles des raisons individuelles, et dont la sanction imprime le dernier degré de certitude à nos jugemens. Il peut arriver ou que notre conviction soit opposée à celle du genre humain, et alors on convient que nous devons la déclarer fausse ; ou qu'elle soit la même que celle de tout le reste des hommes, et alors il n'y a aucune difficulté. Mais puisque, dans le conflit, notre raison doit céder à la raison générale, ne devons-nous pas conclure que, dans les choses où toutes deux sont conformes, c'est de la seconde que la première emprunte sa force ?

Mais, direz-vous, combien de questions sur lesquelles la raison générale n'est pas fixée ! votre règle ne s'étend pas à toutes les vérités ; elle est donc insuffisante. « On ne remarque pas assez, comme on l'a » très bien dit, qu'il ne s'agit pas plus de donner à » l'homme la certitude de toutes les vérités, que de » l'enrichir de toutes les vertus ; de le rendre infail- » lible, que de le rendre impeccable. Sans doute nos » lumières seront toujours mêlées de beaucoup de

» ténébres, comme nos vertus de beaucoup de dé-
» fauts; c'est la condition de notre nature présente.»
A quoi donc l'homme doit-il raisonnablement prétendre? A arriver à une conviction entière sur ces
questions plus curieuses qu'utiles, que Dieu, comme
dit l'Écriture, a abandonnées aux disputes des philosophes, et qu'ils débattent en effet depuis quatre
mille ans sans pouvoir encore s'accorder? Non, sans
doute. Mais il est des vérités d'un autre ordre qui se
lient directement avec les intérêts de notre avenir et
notre bonheur dès la vie présente, qui sont le fondement de la religion et de l'ordre social; voilà les
questions sur lesquelles il importoit que l'homme ne
pût jamais élever des doutes raisonnables. Or tous les
principes qui intéressent véritablement l'homme,
ayant appelé l'attention des hommes de tous les siècles,
ont été toujours décidés par la raison sociale, ou plutôt ne sont que la raison sociale elle-même. On peut
dire en général que l'homme doit désirer une certitude
plus inébranlable à mesure que les vérités l'intéressent
davantage, et on peut aussi assurer que, selon que les
vérités sont plus ou moins importantes, elles ont été
plus invariablement *connues, transmises, parlées*, et
qu'elles reposent par conséquent sur des décisions de
la raison générale plus claires, plus sensibles, plus
irréfragables.

Il faut encore remarquer que dès qu'il s'agit d'é-
tablir quelqu'une de ces vérités religieuses ou sociales
sur lesquelles il importe surtout qu'il ne puisse rester
aucune incertitude, l'application de la règle indiquée

par M. de La Mennais ne peut souffrir aucune difficulté. Votre force est alors toute dans un fait qui
n'est ni douteux ni contesté. L'athée convient que
tout le genre humain croit à l'existence d'un premier
être ; le matérialiste avoue que l'universalité morale
des hommes croit à l'immortalité de l'âme. Il ne s'a-
git pas de prouver au matérialiste ou à l'athée, par
des raisonnemens dont sa raison demeureroit juge,
que la raison générale est une règle de vérité à laquelle il doit se soumettre : il ne faut que lui montrer
sa position; seul contre tous les hommes, roidissant
sa foible raison contre la raison de tout le genre humain, c'est-à-dire, dans un véritable état de folie.
S'il lui reste quelque lueur de bon sens, il doit céder ;
s'il persiste, vous devez renoncer à raisonner avec
lui : on ne raisonne pas avec les fous.

Nous essaierions de faire sentir l'avantage de cette
méthode sur la méthode commune, en les appliquant l'une et l'autre contre un déiste ou contre un
athée, si nous ne craignions d'allonger encore un écrit
qui dépasse déjà les limites où nous aurions voulu
nous renfermer.

L'abbé de ***.

FIN DU TOME CINQUIÈME.

TABLE.

FIN DE LA TABLE DU TOME CINQUIÈME.